高等院校医药物流专业系列教材

孙前进 曾 渝 / 主编

# Medical
## Cold Chain Logistics
# 医药冷链物流

孙前进 孙 静 陈学英 编著

中国发展出版社
CHINA DEVELOPMENT PRESS

**图书在版编目（CIP）数据**

医药冷链物流/孙前进，孙静，陈学英编著．—北京：中国发展出版社，2017.9

ISBN 978－7－5177－0756－1

Ⅰ.①医…　Ⅱ.①孙…　②孙…　③陈…　Ⅲ.①药品—冷藏—物流管理—高等学校—教材　Ⅳ.①F724.73

中国版本图书馆CIP数据核字（2017）第221456号

书　　　名：医药冷链物流
著作责任者：孙前进　孙　静　陈学英
出 版 发 行：中国发展出版社
联 系 地 址：北京经济技术开发区荣华中路22号亦城财富中心1号楼8层（100176）
标 准 书 号：ISBN 978－7－5177－0756－1
经　销　者：各地新华书店
印　刷　者：北京市密东印刷有限公司
开　　　本：787mm×980mm　1/16
印　　　张：16.75
字　　　数：303千字
版　　　次：2021年4月第1版
印　　　次：2021年4月第1次印刷
定　　　价：42.00元

联 系 电 话：（010）68990642　68990692
购 书 热 线：（010）68990682　68990686
网 络 订 购：http：//zgfzcbs.tmall.com
网 购 电 话：（010）68990639　88333349
本 社 网 址：http：//www.develpress.com
电 子 邮 件：fazhanreader@163.com

---

# 总　　序

“高等院校医药物流专业系列教材”在有关各方的关注、指导、支持与编写人员努力下终于出版，这是物流教材内容跨学科——从一般综合管理向某特定行业的深入进展与高度融合，同时是一种挑战与尝试，需要物流专业与医药专业的结合与配合。

2005年4月19日，国家食品药品监督管理总局发布了《关于加强药品监督管理促进药品现代物流发展的意见》（〔2005〕160号）。文件指出：“发展药品现代物流，是深化药品流通体制改革，促进药品经营企业规模化、规范化和进一步规范药品流通秩序的重要措施。对促进药品生产、经营企业的结构调整，提高药品生产、经营企业的管理水平和效益，将会起到积极的作用，同时也有助于提高我国的药品监管水平。”医药物流是物流体系的一个重要组成部分，具有物流业的一般共性，更具有药品物流的特性。

药品的特殊性是除了自身的商品属性外，还具有自然属性、法律属性、社会属性。正因如此，为保证消费者的用药安全，国家制定了一系列的法律法规、标准规范，从药品的生产审批，一直到患者消费的全过程实行监管。如《中华人民共和国药品管理法》第2～9章的章名分别是药品生产企业管理、药品经营企业管理、医疗机构的药剂管理、药品管理、药品包装的管理、药品价格和广告的管理、药品监督与法律责任。

本套教材完全遵循、执行《中华人民共和国药品管理法》（2019 年 8 月 26 日修订通过）、《中华人民共和国药品管理法实施条例》（2019 年 3 月 18 日第 2 次修订版）、《药品经营质量管理规范》（2016 年 6 月 30 日修正）、《药品经营质量管理规范现场检查指导原则及评定标准》（食药监药化监〔2014〕20 号）、中华人民共和国国家标准《药品物流服务规范》（GB/T 30335—2013）、中华人民共和国国家标准《药品冷链物流运作规范》（GB/T 28842—2012）、中华人民共和国国内贸易行业标准《药品物流设施与设备技术要求》（SB/T 11036—2013）等法律法规、标准规范的基本要求编写，不做分析，不倡导“创新”与“变通”。例如，《药品经营质量管理规范》是药品经营管理和质量控制的基本准则。其明确要求：企业应当在药品采购、储存、销售、运输等环节采取有效的质量控制措施，确保药品质量，并按照国家有关要求建立药品追溯系统，实现药品可追溯。它由总则、药品批发的质量管理（质量管理体系、组织机构与质量管理职责、人员与培训、质量管理体系文件、设施与设备、校准与验证、计算机系统、采购、收货与验收、储存与养护、销售、出库、运输与配送、售后管理）、药品零售的质量管理（质量管理与职责、人员管理、文件、设施与设备、采购与验收、陈列与储存、销售管理、售后管理）、附则四部分构成。

由于各种规范、政策经常有更新、修订的可能，使用本教材时请查询政策发布单位的最新修订版本。

本套丛书现由《药品营销网络与物流配送》《医药电子商务》《医药冷链物流》《医药配送中心规划与运营》《医药采购供应管理》五册构成，后续还有可能增添。

本套丛书遵循我国高等教育应用型人才的教育要求，本着实用为主的原则，在兼顾了理论内容的广泛性、知识框架的系统性的同时，加强了实践知识内容的典型性与实用性，每章中设置了案例导读、拓展阅读以及案例分析等模块，注重培养学生对所学知识理解与实践应用的能力。

本套教材由北京秦藤物流咨询有限公司、中日物流合作联盟策划实施，海南医学院管理学院在写作前期有一定程度的参与。

由于编者学识所限，书中难免有遗漏或是不妥之处，恳请广大读者批评指正。

主 编

2020 年 5 月

# 前　言

医药冷链包括部分医疗器械与药品的冷链运输。医疗药品冷链物流是指采用专用设施设备，使冷藏药品在生产与流通过程中温度始终控制在规定范围内的物流过程。

教材内容是由《药品经营质量管理规范》、药品冷链物流国家或行业规范标准、冷链物流国家行业标准三部分内容综合构成。它们是药品经营企业必须遵守的指导性文件。

例如，《药品经营质量管理规范》对储存、运输冷藏、冷冻药品的经营企业做了明确而又详细的规定：配备与其经营规模和品种相适应的冷库，储存疫苗的应当配备两个以上独立冷库；用于冷库温度自动监测、显示、记录、调控、报警的设备；冷库制冷设备的备用发电机组或者双回路供电系统；冷藏车具有自动调控温度、显示温度、存储和读取温度监测数据的功能；冷藏箱及保温箱具有外部显示和采集箱体内温度数据的功能；等等。所有从事药品经营的企业，都要按照文件规定的要求配备适当的设施设备，并按照文件要求从事相关业务。

本书内容包括10章，具体为：第1章药品流通与物流俯瞰；第2章药品冷链物流基本规范与标准；第3章药品冷链物流设施设备；第4章疫苗、血液以及特殊管理药品物流；第 5 章医药仓库与药品物流中心；第 6 章药品冷库与制冷系统设备；第 7 章药品冷链运输与配送；第 8 章药品的储存养护与接收验证；第 9 章冷链药品的温湿度监测和控制；第 10 章药品物流信息系统。10 章内容以总分形式讲述了药品冷链物流的相关知识。本书框架与结构是编者根据自己的理解和认识所编排的，是一种认真探索与摸索过程。

使用本教材时须同时对照标准、规范、政策文献原文，一是规范等到一定年限之后会有修订，二是作为参考文献阅读，从整体上把握与理解。

由于编者学识所限，书中难免有遗漏或是不妥之处，恳请广大读者特别是在医药冷链物流第一线人士批评指正。

编　者

2020 年 9 月

# 目　录

# 第 1 章 药品流通与物流俯瞰

原国家食品药品监督管理局①《关于加强药品监督管理促进药品现代物流发展的意见》（国食药监市〔2005〕160 号）提出，发展药品现代物流，是深化药品流通体制改革，促进药品经营企业规模化、规范化和进一步规范药品流通秩序的重要措施。对促进药品生产、经营企业的结构调整，提高药品生产、经营企业的管理水平和效益，将会起到积极的作用，同时也有助于提高我国的药品监管水平。

## 1.1 药品流通发展现状

药品供应链是指药品流通渠道的整体，是从药品生产企业、药品经营企业（批发、零售）、医院一直到最终消费者的药品流通过程。

### 1.1.1 专业术语与定义

《中华人民共和国药品管理法实施条例》（2016 年 2 月 6 日修订）对于药品相关的术语做了规定。

**1. 药品合格证明和其他标识**

它是指药品生产批准证明文件、药品检验报告书、药品的包装、标签和说明书。

**2. 新药**

它是指未曾在中国境内上市销售的药品。

---

① 2003 年，在国家药品监督管理局（SDA）基础上组建国家食品药品监督管理局（SFDA）。2013 年 3 月 10 日，国家食品药品监督管理局改为国家食品药品监督管理总局（CFDA）。2018 年 3 月，根据第十三届全国人民代表大会第一次会议批准的国务院机构改革方案，国家食品药品监督管理总局不再保留，但考虑到药品监管的特殊性，将单独组建国家药品监督管理局，由国务院直属机构国家市场监督管理总局管理。

**3. 处方药**

它是指凭执业医师和执业助理医师处方方可购买、调配和使用的药品。

**4. 非处方药**

它是指由国务院药品监督管理部门公布的，不需要凭执业医师和执业助理医师处方，消费者可以自行判断、购买和使用的药品。

**5. 医疗机构制剂**

它是指医疗机构根据本单位临床需要经批准而配制、自用的固定处方制剂。

**6. 药品认证**

它是指药品监督管理部门对药品研制、生产、经营、使用单位实施相应质量管理规范进行检查、评价并决定是否发给相应认证证书的过程。

**7. 药品经营方式**

它是指药品批发和药品零售。

**8. 药品经营范围**

它是指经药品监督管理部门核准经营药品的品种类别。

**9. 药品批发企业**

是指将购进的药品销售给药品生产企业、药品经营企业、医疗机构的药品经营企业。

**10. 药品零售企业**

它是指将购进的药品直接销售给消费者的药品经营企业。

### 1.1.2 我国药品管理

**1. 国家基本药物目录**

2013 年 3 月 13 日，原卫生部①发布了《国家基本药物目录》（以下简称《目录》）。

---

① 前身为 1949 年 11 月成立的中央人民政府卫生部。2013 年 3 月，根据第十二届全国人民代表大会第一次会议审议的国务院机构改革方案，将卫生部的职责、国家计划生育委员会的职责整合，组建国家卫生和计划生育委员会，不再保留卫生部，现为国家卫生健康委员会。

《目录》分为化学药品和生物制品、中成药、中药饮片三个部分，其中，化学药品和生物制品 317 种，中成药 203 种，共计 520 种。《目录》中的化学药品和生物制品数量与世界卫生组织现行推荐的基本药物数量相近，并坚持中西药并重。基本药物是适应基本医疗卫生需求，剂型适宜，价格合理，能够保障供应，公众可公平获得的药品。《目录》是各级医疗卫生机构配备使用药品的依据。

**2. 药品采购中“两票制”的界定**

根据《关于在公立医疗机构药品采购推行“两票制”的实施意见（试行）》，药品采购中的“两票制”是指药品生产企业到流通企业开一次发票，流通企业到医疗机构开一次发票。药品生产企业或科工贸一体化的集团型企业设立的仅销售本企业（集团）药品的全资或控股商业公司（全国仅限 1 家商业公司）、境外药品国内总代理（全国仅限 1 家国内总代理）可视同生产企业。药品流通集团型企业内部向全资（控股）子公司或全资（控股）子公司之间调拨药品可不视为一票，但最多允许开一次发票。药品生产、流通企业要按照公平、合法和诚实信用原则合理确定加价水平。鼓励公立医疗机构与药品生产企业直接结算药品货款、药品生产企业与流通企业结算配送费用。

为应对自然灾害、重大疫情、重大突发事件和病人急（抢）救等特殊情况，紧急采购药品或国家医药储备药品，可特殊处理。

麻醉药品和第一类精神药品的流通经营仍按国家现行规定执行。

### 1.1.3　我国药品流通企业的转型升级

2017 年 2 月 9 日，《国务院办公厅关于进一步改革完善药品生产流通使用政策的若干意见》（国办发〔2017〕13 号）下发。文中提出了以下两点要求。

**1. 推动药品流通企业转型升级**

打破医药产品市场分割、地方保护，推动药品流通企业跨地区、跨所有制兼并重组，培育大型现代药品流通骨干企业。整合药品仓储和运输资源，实现多仓协同，支持药品流通企业跨区域配送，加快形成以大型骨干企业为主体、中小型企业为补充的城乡药品流通网络。鼓励中小型药品流通企业专业化经营，推动部分企业向分销配送模式转型。鼓励药品流通企业批发零售一体化经营。推进零售药店分级分类管理，提高零售连锁率。鼓励药品流通企业参与国际药品采购和营销网络建设。

**2. 推进“互联网+药品流通”**

以满足群众安全便捷用药需求为中心，积极发挥“互联网+药品流通”在减少交易成本、提高流通效率、促进信息公开、打破垄断等方面的优势和作用。引导“互联网+药品流通”规范发展，支持药品流通企业与互联网企业加强合作，推进线上与线下融合发展，培育新兴业态。规范零售药店互联网零售服务，推广“网订店取”“网订店送”等新型配送方式。鼓励有条件的地区依托现有信息系统，开展药师网上处方审核、合理用药指导等药事服务。食品药品监管、商务等部门要建立完善的互联网药品交易管理制度，加强日常监管。

### 1.1.4 发展药品现代物流的具体措施

《关于加强药品监督管理促进药品现代物流发展的意见》（国食药监市〔2005〕160号）从六个方面对发展药品现代物流做了具体规定。

第一，各级药品监督管理部门要提高对加强和发展药品现代物流的认识，要从社会主义市场经济体制改革与建设的角度来认识加强药品监管、促进药品现代物流的重要性。原国家食品药品监督管理总局通过严格控制药品经营企业准入标准和实施《药品经营质量管理规范》认证等工作，淘汰了一部分条件差、水平低的药品经营企业，促进了一批药品经营企业扩大发展，但是规范化、规模化的现代药品大流通体系还未真正形成。造成药品经营企业规模小、数量多、地域性强、经营水平低等情况的主要原因之一是药品流通体制问题。推行药品现代流通模式，促进医药商业现代化，是改变我国药品流通现状、规范药品流通秩序的治本之策。

第二，对于申请新开办药品批发的企业，要按照《药品经营许可证管理办法》和《药品经营质量管理规范》（Good Supply Practice，GSP）的规定，坚持药品批发企业的现代物流准入条件，坚持药品批发企业要具有适合药品储存和实现药品入库、传送、分拣、上架、出库等现代物流系统的装置和设备，具有独立的计算机管理信息系统，能覆盖企业药品的购进、储存、销售各环节管理以及经营全过程的质量控制。

第三，鼓励具有现代物流条件的药品批发企业通过兼并、重组、联合发展，促进规范化、规模化，使企业做大做强。允许其接受已持有许可证的药品企业委托进行药品的储存、配送服务业务。委托和被委托的药品批发企业要向省级药品监督管理部门申请。跨辖区申请委托的，委托企业和被委托企业均要向被委托企业所在地省级药品监督管理部门申请，并向委托企业所在地省级药品监督管理部门备案。委托储存、配送的药品范围要与委托方企业的经营范围相一致。接受委托的药品经营企业必须具备委托储存、配送药品特性要求的储存、配送条件。双方应签订有效的合同，合同应包括委托储存、配送药品的范围、质量责任、委托期限等内容。药品监督管理部门执行《药品经营质量管理规范》的跟踪检查应包括对受委托方企业的检查。

第四，允许有实力并具有现代物流基础设施及技术的企业为已持有许可证的药品企业开展第三方药品现代物流配送。第三方药品现代物流企业应在不同区域设有储运设施，能够为药品企业提供跨区、市的药品储存、配送服务。仓储、运输条件要优于《开办药品批发企业验收实施标准（试行）》中相关条件的要求。

第五，积极支持具有现代物流基础设施及技术的药品企业参与农村药品配送，在农村"两网"（即药品供应网和监管网）建设中实现更大规模、更大区域的集中配送、连锁经营。通过发展现代流通方式，使农村药品流通由分散化转变为流通渠道集中、透明、规范，保证供应到农村的药品安全、有效、及时。

第六，加强药品监督管理信息化建设。现代物流的重要特征就是信息流与现代储运业务的紧密结合。药品现代物流企业要具备先进的管理技术和手段，要采用互联网技术实现资源共享、数据共用、信息互通。药品监督管理部门要加强信息化建设，逐步使药品监管信息与药品企业的信息有机地结合起来。要加强药品经营许可软件的管理和使用，加强使用人员的管理和培训，加强现代药品物流的监管。

### 1.1.5 我国医药物流发展目标

**1. 发展现代医药物流**

2011年5月5日，商务部发布了《全国药品流通行业发展规划纲要（2011—2015年）》，提出了以下发展现代医药物流的具体要求。

（1）以信息化带动现代医药物流发展。广泛使用先进的信息技术，运用企业资源计划管理系统（ERP）、供应链管理等新型管理方法，优化业务流程，提高管理水平。发展基于信息化的新型电子支付和电子结算方式，降低交易成本。构建全国药品市场数据、电子监管等信息平台，引导产业发展，实现药品从生产、流通到使用全过程的信息共享和反馈追溯机制。

（2）用现代科技手段改造传统的医药物流方式。鼓励积极探索使用无线射频（RFID）、全球卫星定位（GPS）、无线通信、温度传感等物联网技术，不断提高流通效率，降低流通成本。促进使用自动分拣、冷链物流等先进设备，加快传统仓储、配送设施改造升级。完善医疗用毒性药品、麻醉药品、精神药品、放射性药品和生物制品等特殊药品物流技术保障措施，确保质量安全。

（3）推动医药物流服务专业化发展。鼓励药品流通企业的物流功能社会化，实施医药物流服务延伸示范工程，引导有实力的企业向医疗机构和生产企业延伸现代医药物流服务。在满足医药物流标准的前提下，有效利用邮政、仓储等社会物流资源，发展第三方医药物流。

**2. 发展现代绿色医药物流**

在发展现代绿色医药物流方面，《全国药品流通行业发展规划（2016—2020年）》提出了下述目标。

（1）发展现代绿色医药物流。支持药品流通企业推广使用射频识别、自动分拣输送、卫星定位等先进的物流技术，发展上下游供应链紧密衔接、仓储资源和运输资源有效整合、多仓协同配送、物流成本经济的新型现代绿色医药物流。支持药品冷链物流体系建设，鼓励通过协同物流、共同配送等方式，实现企业间冷链资源互联共享。建设集初加工包装、仓储养护、物流配送及追溯管理于一体的中药材现代物流体系，提高中药材物流的组织化、标准化和现代化水平。推动实施城市配送车辆统一标识管理，方便药品配送车辆通行。

（2）加强行业基础建设。完善行业标准体系，指导药品流通行业协会提升行业标准的科学性、先进性和前瞻性，进一步健全行业管理和服务标准规范。建立药品流通编码规则或电子数据交互规范，逐步实现药品高效流转和全程可追溯。制定零售药店分级管理制度，开展零售药店经营服务能力分级评定。制定常用中药材商品规格等级标准和中药材包装、仓储、养护、追溯等相关标准。通过开展标准宣传培训、标识使用许可、执行情况监督等工作，引导药品流通企业贯彻行业标准。

### 1.1.6　开办药品经营企业的必要条件

《中华人民共和国药品管理法实施条例》（2016 年 2 月 6 日修订）对开办药品批发企业、药品零售企业及其经营范围做了详细规定，具体如下。

**1. 开办药品批发企业**

申办人应当向拟办企业所在地省（自治区、直辖市）人民政府药品监督管理部门提出申请。省（自治区、直辖市）人民政府药品监督管理部门应当自收到申请之日起 30 个工作日内，依据国务院药品监督管理部门规定的设置标准作出是否同意筹建的决定。

申办人完成拟办企业筹建后，应当向原审批部门申请验收。原审批部门应当自收到申请之日起 30 个工作日内，依据《中华人民共和国药品管理法》第 15 条规定的开办条件组织验收；符合条件的，发给《药品经营许可证》。

**2. 开办药品零售企业**

开办药品零售企业，申办人应当向拟办企业所在地设区的市级药品监督管理机构或者省（自治区、直辖市）人民政府药品监督管理部门直接设置的县级药品监督管理机构提出申请。受理申请的药品监督管理机构应当自收到申请之日起 30 个工作日内，依据国务院药品监督管理部门的规定，结合当地常住人口数量、地域、交通状况和实际需要进行审查，作出是否同意筹建的决定。

申办人完成拟办企业筹建后，应当向原审批机构申请验收。原审批机构应当自收到申请之日起 15 个工作日内，依据《中华人民共和国药品管理法》第 15 条规定的开办条件组织验收；符合条件的，发给《药品经营许可证》。

**3. 经营范围的核定**

（1）药品经营企业的经营范围。根据 2014 年 2 月 4 日颁布的《药品经营许可证管理办法》（国家食品药品监督管理总局令第 6 号）规定，药品经营企业的经营范围包括：麻醉药品、精神药品、医疗用毒性药品；生物制品；中药材、中药饮片、中成药、化学原料药及其制剂、抗生素原料药及其制剂、生化药品。

（2）从事药品零售的，应先核定经营类别，确定申办人经营处方药或非处方药、乙类非处方药的资格，并在经营范围中予以明确，再核定具体的经营范围。

（3）医疗用毒性药品、麻醉药品、精神药品、放射性药品和预防性生物制品的核定，按照国家特殊药品管理和预防性生物制品管理的有关规定执行。

### 1.1.7 药品流通主体和渠道及其冷链物流系统

**1. 药品流通主体**

在药品流通市场中，主要存在制药企业、批发企业、医疗机构、零售药店、消费者5个基本的交易主体，其流通渠道如图1.1所示。其中，第五种即制药企业—批发企业—医疗机构—消费者模式是我国目前药品最主要的流通渠道，适用于所有处方药与非处方药，占药品销售总量的85%以上。通过第六种即制药企业—批发企业—零售药店—消费者模式销售的药品占药品销售总量的10%左右，其主要集中在非处方药上。[①]

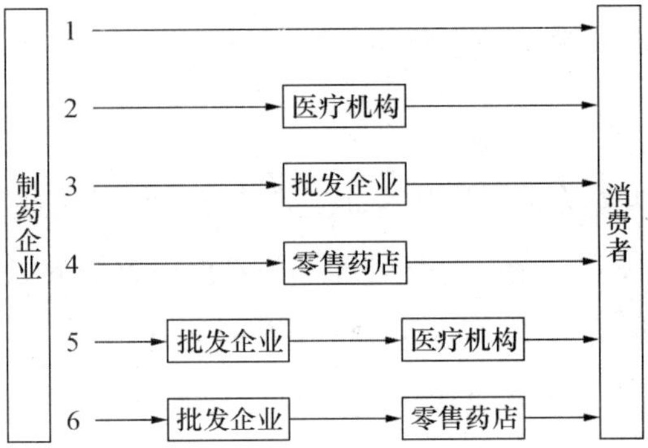


图1.1 我国药品流通主体

**2. 药品流通渠道**

在我国现行的药品流通环境下，药品主要是通过药厂，批发商、零售商，医院、药店等环节，最终到消费者手中。其流通渠道如图1.2所示。

**3. 药品冷链物流系统**

药品冷链物流系统是指药品从制药厂到最终消费者间除交易采购活动以外所有活动的总称，包括医药监管、运输与配送、仓储、温湿度监控等子系统，如图1.3所示。

---

① 陈文玲等著：《药品现代流通研究报告》，中国经济出版社2010年版，第93页。

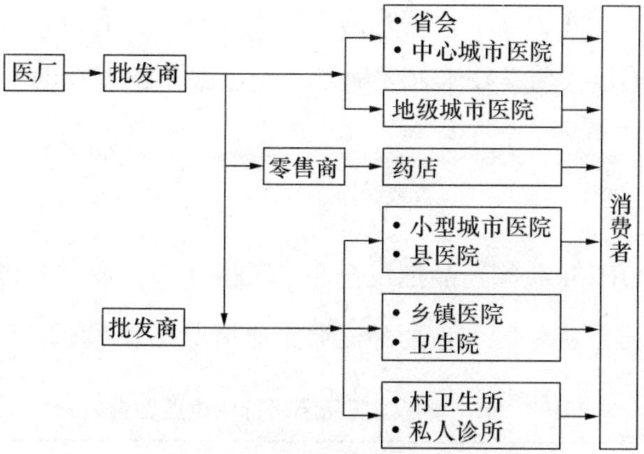


图 1.2　我国药品流通渠道示意

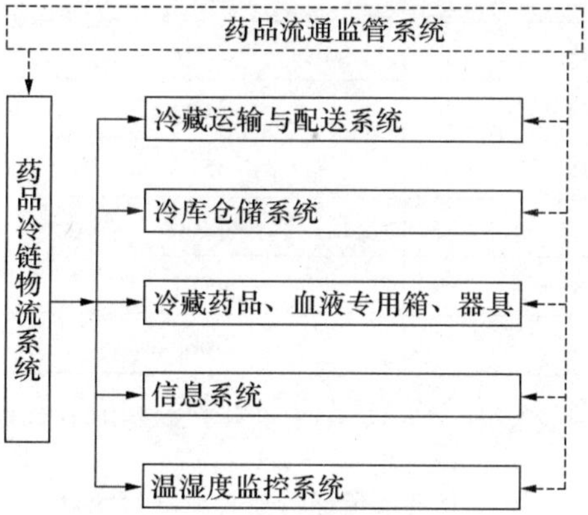


图 1.3　药品冷链物流系统

### 1.1.8　目前我国药品流通存在的问题及现状

#### 1. 存在的问题

《全国药品流通行业发展规划（2016—2020 年）》指出，我国药品流通行业发展存在一些突出问题。

（1）行业结构不合理。药品批发企业的供应能力总体上远大于需求，而在部分边远地区药品供应又明显不足；药品零售企业小、散问题仍然突出；行业集中度和药品零售连锁经营率有待进一步提高。

（2）流通现代化水平不高。现代医药物流技术尚未广泛采用，流通成本较高；中药材现代流通仓储设施缺乏，流通方式落后；药品供应链管理和信息化水平不高。

（3）行业服务能力不足。企业以客户为中心的经营理念有待提升；部分企业经营管理不规范，品牌竞争力不足；药学技术人才缺乏，专业服务能力较弱，行业服务大健康的功能未充分发挥。

**2. 流通现状**

据统计，2010～2016年我国药品批发企业、零售连锁企业、零售单体药店的数量如表1－1所示。2016年全国各省、区、市药品流通企业情况见表1－2。

**表1－1　2010～2016年我国药品流通行业企业数量统计**　单位：家

| 年份 | 批发企业数量 | 零售连锁企业数量 | 零售单体药店数量 |
|---|---|---|---|
| 2010 | 13500 | 2310 | 262000 |
| 2011 | 13900 | 2607 | 277100 |
| 2012 | 16300 | 3107 | 271100 |
| 2013 | 14900 | 3570 | 274415 |
| 2014 | 13274 | 4266 | 263489 |
| 2015 | 13508 | 4981 | 243162 |
| 2016 | 12975 | 5609 | 226331 |

资料来源：《中国药品流通行业发展报告（2017）》，社会科学文献出版社2017年版，第359页。

**表1－2　2016年药品流通行业企业数量统计**　单位：家

| 序号 | 省、区、市 | 企业数量 | | |
|---|---|---|---|---|
| | | 企业总数 | 其中：批发企业数 | 其中：零售企业数 |
| 1 | 北　京 | 5872 | 255 | 5617 |
| 2 | 天　津 | 4505 | 326 | 4179 |
| 3 | 河　北 | 21283 | 684 | 20599 |
| 4 | 山　西 | 10431 | 334 | 10097 |
| 5 | 内蒙古 | 12366 | 188 | 12178 |
| 6 | 辽　宁 | 19477 | 343 | 19134 |
| 7 | 吉　林 | 13919 | 473 | 13446 |
| 8 | 黑龙江 | 19143 | 498 | 18645 |
| 9 | 上　海 | 3589 | 176 | 3413 |
| 10 | 江　苏 | 25958 | 376 | 25582 |

续表

| 序 | 省、区、市 | 企业数量 | | |
|---|---|---|---|---|
| | | 企业总数 | 其中：批发企业数 | 其中：零售企业数 |
| 11 | 浙　江 | 19581 | 362 | 19219 |
| 12 | 安　徽 | 16400 | 543 | 15857 |
| 13 | 福　建 | 8316 | 256 | 8060 |
| 14 | 江　西 | 10157 | 314 | 9843 |
| 15 | 山　东 | 37437 | 612 | 36825 |
| 16 | 河　南 | 21876 | 297 | 21579 |
| 17 | 湖　北 | 14633 | 745 | 13888 |
| 18 | 湖　南 | 18111 | 417 | 17694 |
| 19 | 广　东 | 54134 | 1592 | 52542 |
| 20 | 广　西 | 16641 | 336 | 16305 |
| 21 | 海　南 | 2086 | 277 | 1809 |
| 22 | 重　庆 | 16795 | 620 | 16175 |
| 23 | 四　川 | 32684 | 1102 | 31582 |
| 24 | 贵　州 | 10738 | 198 | 10540 |
| 25 | 云　南 | 17533 | 400 | 17133 |
| 26 | 西　藏 | 470 | 86 | 384 |
| 27 | 陕　西 | 9962 | 428 | 9534 |
| 28 | 甘　肃 | 6552 | 335 | 6217 |
| 29 | 青　海 | 3560 | 97 | 3463 |
| 30 | 宁　夏 | 2664 | 121 | 2543 |
| 31 | 新　疆 | 7952 | 182 | 7770 |
| 32 | 新疆生产建设兵团 | 793 | 2 | 791 |
| 合　计 | | 465618 | 12975 | 452643 |

资料来源：《中国药品流通行业发展报告（2017）》，社会科学文献出版社 2017 年版，第 359 ~ 360 页。

（1）医药物流资源分布情况。基于商务部药品流通行业统计系统，以中国医药商业协会医药数据库中的 733 家医药企业的物流资源数据为有效样本，从医药物流网点仓储运输资源的地理分布观察，约36.6%的医药物流中心仓储资源、26.2%的医药物流运输资源集中在浙江、北京、广东、江苏、上海五大省份，如表1－3所示。

表1－3　　各省份物流中心面积占比　　单位:%

| 省　份 | 样本数量占比 | 仓库面积占比 | 省　份 | 样本数量占比 | 仓库面积占比 |
|---|---|---|---|---|---|
| 浙　江 | 10.4 | 8.9 | 吉　林 | 3.1 | 2.1 |
| 北　京 | 4.1 | 8.1 | 河　北 | 2.2 | 2.0 |
| 广　东 | 5.5 | 7.0 | 新　疆 | 2.6 | 1.9 |
| 上　海 | 4.8 | 6.5 | 广　西 | 1.9 | 1.3 |
| 江　苏 | 4.9 | 6.1 | 甘　肃 | 1.9 | 1.2 |
| 湖　北 | 4.8 | 5.5 | 贵　州 | 3.0 | 1.1 |
| 山　东 | 4.2 | 5.5 | 黑龙江 | 0.8 | 1.1 |
| 四　川 | 6.1 | 5.4 | 山　西 | 3.7 | 1.0 |
| 重　庆 | 2.5 | 4.8 | 陕　西 | 1.9 | 1.0 |
| 河　南 | 4.5 | 4.6 | 江　西 | 1.1 | 1.0 |
| 云　南 | 4.1 | 4.6 | 宁　夏 | 3.6 | 0.8 |
| 安　徽 | 2.7 | 4.3 | 内蒙古 | 1.2 | 0.6 |
| 福　建 | 4.8 | 3.5 | 海　南 | 1.8 | 0.4 |
| 辽　宁 | 3.0 | 3.4 | 青　海 | 0.4 | 0.1 |
| 天　津 | 1.6 | 3.3 | 西　藏 | 0.1 | 00 |
| 湖　南 | 2.7 | 2.9 | | | |

资料来源：《中国药品流通行业发展报告（2017）》，社会科学文献出版社2017年版，第173页。

（2）我国医药物流配送情况。据《药品流通行业运行统计分析报告（2016）》，2016年全国医药物流直报企业（192家）无税销售额9006亿元，其中具有独立法人资质的企业销售额占83.0%；配送客户数量逾122万家；共拥有674个物流中心，仓库面积约723万平方米，其中常温库占26.0%、阴凉库占71.8%、冷库占2.2%；仓库存储标准托盘货位数约279万个，托盘数量约188万个；拥有专业运输车辆13534辆，其中冷藏车占11.1%，特殊药品专用车占2.2%。基本药物本省配送额占88.8%，对外省配送额占11.2%。

（3）医药物流运营效率及服务功能持续提升。据《药品流通行业运行统计分析报告（2016）》，2016年全国拥有仓库管理系统的现代医药物流企业数量占比74.5%，拥有温湿度自动监测系统的占比 93.8%，拥有订单管理系统的占比 85.4%，拥有数码拣选系统（DPS）的占比 50.5%，拥有射频识别系统（RFID）的占比 55.2%，拥有仓库控制系统（WCS）的占比 55.7%，拥有运输管理系统（TMS）的占比 53.6%，拥有可追溯温湿度监控系统的占比 84.9%，拥有客户关系管理系统（CRM）的占比 49.5%，拥有货主管理系统（TPL）的占比 45.3%。物流费用占医药物流企业三项费用（营业费用、管理费用、财务费用）总额的比例为 8.9%，占营业费用的 15.1%；账货相符率、准时送达率均达到 98.5% 以上，出库差错率为 0.1%。

## 1.2　药品经营资质与质量管理

根据《中华人民共和国药品管理法》（2015 年 4 月 24 日修正）规定，药品是指用于预防、治疗、诊断人的疾病，有目的地调节人的生理机能并规定有适应症或者功能主治、用法和用量的物质，包括中药材、中药饮片、中成药、化学原料药及其制剂、抗生素、生化药品、放射性药品、血清、疫苗、血液制品和诊断药品等；辅料是指生产药品和调配处方时所用的赋形剂和附加剂；药品生产企业是指生产药品的专营企业或者兼营企业；药品经营企业是指经营药品的专营企业或者兼营企业。

### 1.2.1　《药品经营质量管理规范》（GSP）

GSP 是英文 Good Supply Practice 的缩写，在中国称为《药品经营质量管理规范》。

为加强药品经营质量管理，规范《药品经营质量管理规范》认证（简称 GSP 认证）工作，根据《中华人民共和国药品管理法》及《中华人民共和国药品管理法实施条例》，原国家食品药品监督管理总局制定了本规范。

GSP 认证是药品监督管理部门依法对药品经营企业药品经营质量管理进行监督检查的一种手段，是对药品经营企业实施《药品经营质量管理规范》情况的检查、评价并决定是否发给认证证书的监督管理过程。

原国家食品药品监督管理总局负责全国 GSP 认证工作的统一领导和监督管理，负责与国家认证认可监督管理部门在 GSP 认证方面的工作协调，负责国际药品经营质量管理认证领域的互认工作。

## 1.2.2 《药品生产质量管理规范》（GMP）

GMP 是英文 Good Manufacturing Practice 的缩写，意思是“药品生产质量管理规范”，是一种特别注重在生产过程中实施对产品质量与卫生安全的自主性管理制度。

**【拓展阅读】** 《药品经营质量管理规范》

《药品经营质量管理规范》的章节安排如下。

**表 1－4 《药品经营质量管理规范》章节构成**

| 章 | 节 | 条 |
|---|---|---|
| 第一章　总则 | | 第 1～4 条 |
| 第二章　药品批发的质量管理 | 第一节　质量管理体系 | 第 5～12 条 |
| | 第二节　组织机构与质量管理职责 | 第 13～17 条 |
| | 第三节　人员与培训 | 第 18～30 条 |
| | 第四节　质量管理体系文件 | 第 31～42 条 |
| | 第五节　设施与设备 | 第 43～52 条 |
| | 第六节　校准与验证 | 第 53～56 条 |
| | 第七节　计算机系统 | 第 57～60 条 |
| | 第八节　采购 | 第 61～71 条 |
| | 第九节　收货与验收 | 第 72～82 条 |
| | 第十节　储存与养护 | 第 83～88 条 |
| | 第十一节　销售 | 第 89～93 条 |
| | 第十二节　出库 | 第 94～99 条 |
| | 第十三节　运输与配送 | 第 100～112 条 |
| | 第十四节　售后管理 | 第 113～119 条 |
| 第三章　药品零售的质量管理 | 第一节　质量管理与职责 | 第 120～123 条 |
| | 第二节　人员管理 | 第 124～132 条 |
| | 第三节　文件 | 第 133～142 条 |
| | 第四节　设施与设备 | 第 143～151 条 |
| | 第五节　采购与验收 | 第 152～158 条 |
| | 第六节　陈列与储存 | 第 159～164 条 |
| | 第七节　销售管理 | 第 165～172 条 |
| | 第八节　售后管理 | 第 173～177 条 |
| 第四章　附则 | | 第 178～184 条 |

资料来源：根据《药品经营质量管理规范》（2016 年 7 月 20 日版）整理。

根据《中华人民共和国药品管理法》及《中华人民共和国药品管理法实施条例》规定，我国颁布实施《药品生产质量管理规范》（简称药品 GMP）。为了加强药品生产和质量的监督管理，确保人民用药安全有效，决定在我国实施药品 GMP 认证制度。

药品 GMP 认证是国家依法对药品生产企业（车间）和药品品种实施药品 GMP 监督检查并取得认可的一种制度，是国际药品贸易和药品监督管理的重要内容，也是确保药品质量的稳定性、安全性和有效性的一种科学的、先进的管理手段。

药品 GMP 系质量管理体系的一部分，是药品生产管理和质量控制的基本要求，旨在最大限度地降低药品生产过程中污染、交叉污染以及混淆、差错等风险，确保持续稳定地生产出符合预定用途和注册要求的药品。[①]

### 1.2.3　药品监督管理的政府行政部门

国家药品监督管理局主管全国药品经营许可的监督管理工作。

省、自治区、直辖市（食品）药品监督管理部门负责本辖区内药品批发企业《药品经营许可证》发证、换证、变更和日常监督管理工作，并指导和监督下级（食品）药品监督管理机构开展《药品经营许可证》的监督管理工作。

设区的市级（食品）药品监督管理机构或省、自治区、直辖市（食品）药品监督管理部门直接设置的县级（食品）药品监督管理机构负责本辖区内药品零售企业《药品经营许可证》发证、换证、变更和日常监督管理等工作。

**1. 申领《药品经营许可证》的条件**

按照《中华人民共和国药品管理法》第 14 条规定，开办药品批发企业，应符合省、自治区、直辖市药品批发企业合理布局的要求，并符合以下设置标准。

（1）具有保证所经营药品质量的规章制度。

（2）企业、企业法定代表人或企业负责人、质量管理负责人无《中华人民共和国药品管理法》第 76 条、第 83 条规定的情形。

（3）具有与经营规模相适应的一定数量的执业药师。质量管理负责人具有大学以上学

---

① 《中国药典》（2015 年版），第三部“凡例”。

历，且必须是执业药师。

（4）具有能够保证药品储存质量要求的、与其经营品种和规模相适应的常温库、阴凉库、冷库。仓库中具有适合药品储存的专用货架和实现药品入库、传送、分拣、上架、出库等现代物流系统的装置和设备。

（5）具有独立的计算机管理信息系统，能覆盖企业内药品的购进、储存、销售以及经营和质量控制的全过程；能全面记录企业经营管理及实施《药品经营质量管理规范》方面的信息；符合《药品经营质量管理规范》对药品经营各环节的要求，并具有可以实现接受当地（食品）药品监管部门（机构）监管的条件。

（6）具有符合《药品经营质量管理规范》对药品营业场所及辅助、办公用房以及仓库管理、仓库内药品质量安全保障和进出库、在库储存与养护方面的条件。

国家对经营麻醉药品、精神药品、医疗用毒性药品、预防性生物制品另有规定的，从其规定。

**2. 申请开办药品零售企业需具备的条件**

开办药品零售企业，应符合当地常住人口数量、地域、交通状况和实际需要的要求，符合方便群众购药的原则，并符合以下设置规定。

（1）具有保证所经营药品质量的规章制度。

（2）具有依法经过资格认定的药学技术人员。

经营处方药、甲类非处方药的药品零售企业，必须配有执业药师或者其他依法经过资格认定的药学技术人员。质量负责人应有一年以上（含一年）药品经营质量管理工作经验。经营乙类非处方药的药品零售企业，以及农村乡镇以下地区设立药品零售企业的，应当按照《中华人民共和国药品管理法实施条例》第 15 条的规定配备业务人员，有条件的应当配备执业药师。企业营业时间，以上人员应当在岗。

（3）企业、企业法定代表人、企业负责人、质量负责人无《中华人民共和国药品管理法》第 76 条、第 83 条规定的情形。

（4）具有与所经营药品相适应的营业场所、设备、仓储设施以及卫生环境。在超市等其他商业企业内设立零售药店的，必须具有独立的区域。

（5）具有能够配备满足当地消费者所需药品的能力，并能保证 24 小时供应。药品零售企业应备有的国家基本药物品种数量由各省、自治区、直辖市（食品）药品监督管理部门结合当地具体情况确定。

国家对经营麻醉药品、精神药品、医疗用毒性药品、预防性生物制品另有规定的，从其规定。

**【拓展阅读】**　　《中华人民共和国药品管理法》第 76 条、83 条

第 76 条　医疗机构配制的制剂，应当是本单位临床需要而市场上没有供应的品种，并应当经所在地省、自治区、直辖市人民政府药品监督管理部门批准；但是，法律对配制中药制剂另有规定的除外。

医疗机构配制的制剂应当按照规定进行质量检验；合格的，凭医师处方在本单位使用。经国务院药品监督管理部门或者省、自治区、直辖市人民政府药品监督管理部门批准，医疗机构配制的制剂可以在指定的医疗机构之间调剂使用。

医疗机构配制的制剂不得在市场上销售。

第 83 条　药品上市许可持有人应当对已上市药品的安全性、有效性和质量可控性定期开展上市后评价。必要时，国务院药品监督管理部门可以责令药品上市许可持有人开展上市后评价或者直接组织开展上市后评价。

经评价，对疗效不确切、不良反应大或者因其他原因危害人体健康的药品，应当注销药品注册证书。

已被注销药品注册证书的药品，不得生产或者进口、销售和使用。

已被注销药品注册证书、超过有效期等的药品，应当由药品监督管理部门监督销毁或者依法采取其他无害化处理等措施。

### 1.2.4　药品流通企业

根据《药品流通企业诚信经营准则》（SB/T 10764—2012）规定，药品流通企业（pharmaceutical distribution enterprise）是指具有《药品经营许可证》《药品经营质量管理规范认证证书》《企业法人营业执照》，将购进的药品、医疗器械等医药商品销售给合法的药品生产企业、药品经营企业、医疗机构以及消费者的药品经营企业的总称。它既包括

药品批发企业和药品零售企业（含药品零售连锁企业和药品零售单体企业），也包括具有《互联网药品交易服务机构资格证书》的互联网药品交易服务机构。

药品批发企业（pharmaceutical wholesale enterprises）是指具有《药品经营许可证》《药品经营质量管理规范认证证书》《企业法人营业执照》，将购进的药品销售给合法的药品经营企业、药品生产企业、医疗机构的药品经营企业。

供应商（supplier）是指直接向经营企业提供商品及相应服务的企业及其分支机构，包括生产企业、商业企业或其他企业等。

供应商管理（supplier management）是指对供应商的了解、选择、开发、培训、合作与规范等综合性管理工作的总称。

零售药店（retail pharmacy）是指取得国家有关部门批准开办和经营许可，以销售药品及健康相关产品为主要业务，并为消费者直接提供药学和健康领域专业服务的零售营业场所。其按形态可分为零售单体药店门店和零售连锁药店门店。

### 1.2.5 药品经营企业管理规定

**1. 开办药品经营企业的规定**

（1）必须办理《药品经营许可证》。开办药品批发企业，须经企业所在地省（自治区、直辖市）人民政府药品监督管理部门批准并发给《药品经营许可证》；开办药品零售企业，须经企业所在地县级以上地方药品监督管理部门批准并发给《药品经营许可证》。无《药品经营许可证》的，不得经营药品。《药品经营许可证》应当标明有效期和经营范围，到期重新审查发证。

（2）遵循合理布局和方便群众购药的原则。开办药品经营企业还应当遵循合理布局和方便群众购药的原则。

（3）营业场所、人员方面的要求。

- 具有依法经过资格认定的药学技术人员；
- 具有与所经营药品相适应的营业场所、设备、仓储设施、卫生环境；
- 具有与所经营药品相适应的质量管理机构或者人员；
- 具有保证所经营药品质量的规章制度。

**2. 药品经营企业经营药品的规定**

药品经营企业必须按照国务院药品监督管理部门制定的《药品经营质量管理规范》经营药品。药品监督管理部门按照规定对药品经营企业是否符合《药品经营质量管理规范》的要求进行认证；对认证合格的，发给认证证书。

（1）药品经营企业购进药品，必须建立并执行进货检查验收制度，验明药品合格证明和其他标识；不符合规定要求的，不得购进。

（2）药品经营企业购销药品，必须有真实完整的购销记录。购销记录必须注明药品的通用名称、剂型、规格、批号、有效期、生产厂商、购（销）货单位、购（销）货数量、购销价格、购（销）货日期及国务院药品监督管理部门规定的其他内容。

（3）药品经营企业销售药品必须准确无误，并正确说明用法、用量和注意事项；调配处方必须经过核对，对处方所列药品不得擅自更改或者代用。对有配伍禁忌或者超剂量的处方，应当拒绝调配；必要时，经处方医师更正或者重新签字，方可调配。

（4）药品经营企业销售中药材，必须标明产地。

（5）药品经营企业必须制定和执行药品保管制度，采取必要的冷藏、防冻、防潮、防虫、防鼠等措施，保证药品质量。

（6）药品入库和出库必须执行检查制度。

（7）城乡集市贸易市场可以出售中药材，不得出售中药材以外的药品，但持有《药品经营许可证》的药品零售企业在规定的范围内可以在城乡集市贸易市场设点出售中药材以外的药品。

## 1.3　药品流通监管与监督

国务院药品监督管理部门主管全国药品监督管理工作。国务院有关部门在各自的职责范围内负责与药品有关的监督管理工作。

省、自治区、直辖市人民政府药品监督管理部门负责本行政区域内的药品监督管理工作。省、自治区、直辖市人民政府有关部门在各自的职责范围内负责与药品有关的监督管理工作。

国务院药品监督管理部门应当配合国务院经济综合主管部门，执行国家制定的药品行业发展规划和产业政策。

### 1.3.1 我国药品管理的法律规定

#### 1.《中华人民共和国药品管理法》

1984 年 9 月 20 日第六届全国人民代表大会常务委员会第七次会议通过，根据 2015 年 4 月 24 日第十二届全国人民代表大会常务委员会第十四次会议《关于修改〈中华人民共和国药品管理法〉的决定》第二次修正。

《中华人民共和国药品管理法》全文共十章，具体内容如表 1－5 所示。

表 1－5　《中华人民共和国药品管理法》章节构成

| 章 | 章　名 | 条 |
|---|---|---|
| 第一章 | 总则 | 第 1～6 条 |
| 第二章 | 药品生产企业管理 | 第 7～13 条 |
| 第三章 | 药品经营企业管理 | 第 14～21 条 |
| 第四章 | 医疗机构的药剂管理 | 第 22～28 条 |
| 第五章 | 药品管理 | 第 29～51 条 |
| 第六章 | 药品包装的管理 | 第 52～54 条 |
| 第七章 | 药品价格和广告的管理 | 第 55～62 条 |
| 第八章 | 药品监督 | 第 63～71 条 |
| 第九章 | 法律责任 | 第 72～99 条 |
| 第十章 | 附则 | 第 100～104 条 |

资料来源：根据《中华人民共和国药品管理法》整理。

《中华人民共和国药品管理法》规定，在中华人民共和国境内从事药品的研制、生产、经营、使用和监督管理的单位或者个人，必须遵守本法。

#### 2.《中华人民共和国药品管理法实施条例》

该条例于 2002 年 8 月 4 日中华人民共和国国务院令第 360 号公布，根据 2016 年 2 月 6 日国务院第 666 号令《国务院关于修改部分行政法规的决定》修订。

#### 3.《药品流通监督管理办法》

《药品流通监督管理办法》（国家食品药品监督管理局令第 26 号）2007 年 5 月 1 日起

施行。它规定，在中华人民共和国境内从事药品购销及监督管理的单位或者个人，应当遵守本办法；药品生产、经营企业、医疗机构应当对其生产、经营、使用的药品质量负责；药品生产、经营企业在确保药品质量安全的前提下，应当适应现代药品流通发展方向，进行改革和创新。

药品监督管理部门鼓励个人和组织对药品流通实施社会监督。对违反本办法的行为，任何个人和组织都有权向药品监督管理部门举报和控告。

### 1.3.2　国家药品监督管理局主要职责与部委分工①

国家药品监督管理局（以下简称“国家药监局”）的主要职责与国务院相关部委分工如下。

**1. 国家药监局的主要职责**

（1）负责起草食品（含食品添加剂、保健食品，下同）安全、药品（含中药、民族药，下同）、医疗器械、化妆品监督管理的法律法规草案，拟订政策规划，制定部门规章，推动建立落实食品安全企业主体责任、地方人民政府负总责的机制，建立食品药品重大信息直报制度，并组织实施和监督检查，着力防范区域性、系统性食品药品安全风险。

（2）负责制定食品行政许可的实施办法并监督实施。建立食品安全隐患排查治理机制，制定全国食品安全检查年度计划、重大整顿治理方案并组织落实。负责建立食品安全信息统一公布制度，公布重大食品安全信息。参与制定食品安全风险监测计划、食品安全标准，根据食品安全风险监测计划开展食品安全风险监测工作。

（3）负责组织制定、公布国家药典等药品和医疗器械标准、分类管理制度并监督实施。负责制定药品和医疗器械研制、生产、经营、使用质量管理规范并监督实施。负责药品、医疗器械注册并监督检查。建立药品不良反应、医疗器械不良事件监测体系，并开展监测和处置工作。拟订并完善执业药师资格准入制度，指导监督执业药师注册工作。参与制定国家基本药物目录，配合实施国家基本药物制度。制定化妆品监督管理办法并监督实施。

---

①　国家药品监督管理局网站（https：//www. nmpa. gov. cn/jggk/jgzhn/zhyzhz/index. html）。

（4）负责制定食品、药品、医疗器械、化妆品监督管理的稽查制度并组织实施，组织查处重大违法行为。建立问题产品召回和处置制度并监督实施。

（5）负责食品药品安全事故应急体系建设，组织和指导食品药品安全事故应急处置和调查处理工作，监督事故查处落实情况。

（6）负责制定食品药品安全科技发展规划并组织实施，推动食品药品检验检测体系、电子监管追溯体系和信息化建设。

（7）负责开展食品药品安全宣传、教育培训、国际交流与合作，推进诚信体系建设。

（8）指导地方食品药品监督管理工作，规范行政执法行为，完善行政执法与刑事司法衔接机制。

（9）承担国务院食品安全委员会日常工作。负责食品安全监督管理综合协调，推动健全协调联动机制。督促检查省级人民政府履行食品安全监督管理职责并负责考核评价。

（10）承办国务院以及国务院食品安全委员会交办的其他事项。

**2. 国务院部委分工**

（1）国家卫生和计划生育委员会。国家卫生和计划生育委员会会同国家食品药品监督管理总局组织国家药典委员会，制定国家药典，建立重大药品不良反应事件相互通报机制和联合处置机制。

（2）商务部。商务部负责拟订药品流通发展规划和政策，并发放药品类易制毒化学品进口许可，但应当征得国家食品药品监督管理总局同意。

（3）公安部。公安部负责组织指导食品药品犯罪案件侦查工作。国家食品药品监督管理总局与公安部建立行政执法和刑事司法工作衔接机制。食品药品监督管理部门发现食品药品违法行为涉嫌犯罪的，应当按照有关规定及时移送公安机关，公安机关应当迅速进行审查，并依法作出立案或者不予立案的决定。公安机关依法提请食品药品监督管理部门作出检验、鉴定、认定等协助的，食品药品监督管理部门应当予以协助。

## 1.3.3 药品监督管理的基本规定

**1. 药品监督管理部门的职责**

药品监督管理部门有权按照法律、行政法规的规定对报经其审批的药品研制和药品的生产、经营以及医疗机构使用药品的事项进行监督检查，有关单位和个人不得拒绝和隐瞒。

药品监督管理部门进行监督检查时，需注意以下几点。

（1）必须出示证明文件，对监督检查中知悉的被检查人的技术秘密和业务秘密应当保密。

（2）根据监督检查的需要，可以对药品质量进行抽查检验。抽查检验应当按照规定抽样，并不得收取任何费用，所需费用按照国务院规定列支。

（3）对有证据证明可能危害人体健康的药品及其有关材料，可以采取查封、扣押的行政强制措施，并在 7 日内作出行政处理决定；药品需要检验的，必须自检验报告书发出之日起 15 日内作出行政处理决定。

（4）应当定期公告药品质量抽查检验的结果；公告不当的，必须在原公告范围内予以更正。

当事人对药品检验机构的检验结果有异议的，可以自收到药品检验结果之日起 7 日内向原药品检验机构或者上一级药品监督管理部门设置或者确定的药品检验机构申请复验，也可以直接向国务院药品监督管理部门设置或者确定的药品检验机构申请复验。受理复验的药品检验机构必须在国务院药品监督管理部门规定的时间内作出复验结论。

（5）应当按照规定，依据《药品生产质量管理规范》《药品经营质量管理规范》，对经其认证合格的药品生产企业、药品经营企业进行认证后的跟踪检查。

（6）不得以要求实施药品检验、审批等手段限制或者排斥非本地区药品生产企业依照《中华人民共和国药品管理法》规定生产的药品进入本地区。

（7）设置的药品检验机构和确定的专业从事药品检验的机构不得参与药品生产经营活动，不得以其名义推荐或者监制、监销药品。

**2. 抽样药品、掺假嫌疑药品的监督管理**

为加强药品监督管理，规范药品流通秩序，保证药品质量，根据《中华人民共和国药品管理法》《中华人民共和国药品管理法实施条例》和有关法律、法规的规定，对药品抽样、掺假嫌疑药品作出以下具体规定。

（1）药品抽样必须由 2 名以上药品监督检查人员实施，并按照国务院药品监督管理部门的规定进行抽样；被抽检方应当提供抽检样品，不得拒绝。

药品被抽检单位没有正当理由，拒绝抽查检验的，国务院药品监督管理部门和被抽检单位所在地省、自治区、直辖市人民政府药品监督管理部门可以宣布停止该单位拒绝抽检的药品上市销售和使用。

（2）对有掺杂、掺假嫌疑的药品，在国家药品标准规定的检验方法和检验项目不能检验时，药品检验机构可以补充检验方法和检验项目进行药品检验；经国务院药品监督管理部门批准后，使用补充检验方法和检验项目所得出的检验结果，可以作为药品监督管理部门认定药品质量的依据。

国务院和省、自治区、直辖市人民政府的药品监督管理部门应当根据药品质量抽查检验结果，定期发布药品质量公告。药品质量公告应当包括抽验药品的品名、检品来源、生产企业、生产批号、药品规格、检验机构、检验依据、检验结果、不合格项目等内容。药品质量公告不当的，发布部门应当自确认公告不当之日起 5 日内，在原公告范围内予以更正。

当事人对药品检验机构的检验结果有异议，申请复验的，应当向负责复验的药品检验机构提交书面申请、原药品检验报告书。复验的样品从原药品检验机构留样中抽取。

**3. 对药品流通的监督管理**

根据《药品流通监督管理办法》规定，药品生产、经营企业购销药品时，药品说明书要求低温、冷藏储存的药品，药品生产、经营企业应当按照有关规定，使用低温、冷藏设施设备运输和储存。药品监督管理部门发现药品生产、经营企业违反这一规定的，应当立即查封、扣押所涉药品，并依法进行处理。

医疗机构储存药品应当制定和执行有关药品保管、养护的制度，采取必要的冷藏、防冻、防潮、避光、通风、防火、防虫、防鼠等措施，保证药品质量；应当将药品与非药品分开存放，中药材、中药饮片、化学药品、中成药应分别储存、分类存放。

### 1.3.4 药品的标签管理和说明书管理

**1. 药品的标签管理**

2006 年 3 月 15 日，国家食品药品监督管理局发布《药品说明书和标签管理规定》

表 1－6　《药品经营质量管理规范现场检查指导原则》检查项目

<table>
<tr><th>大　类</th><th>中　类</th><th>条　款</th></tr>
<tr><td rowspan="2">第一部分<br>药品批发企业</td><td>一、《药品经营质量管理规范》部分</td><td>总则、质量管理体系、机构和质量管理职责、人员与培训、质量管理体系文件、设施与设备、校准与验证、计算机系统、采购、收货与验收、储存与养护、销售出库、运输与配送、售后管理</td></tr>
<tr><td>二、附录部分</td><td>（一）冷藏冷冻药品的储存与运输管理<br>（二）药品经营企业计算机系统<br>（三）温湿度自动监测<br>（四）药品收货与验收<br>（五）验证管理</td></tr>
<tr><td rowspan="10">第二部分<br>药品零售企业</td><td rowspan="9">一、《药品经营质量管理规范》部分</td><td>总则</td></tr>
<tr><td>质量管理与职责</td></tr>
<tr><td>人员管理</td></tr>
<tr><td>文件</td></tr>
<tr><td>设施与设备</td></tr>
<tr><td>采购与验收</td></tr>
<tr><td>陈列与储存</td></tr>
<tr><td>销售管理</td></tr>
<tr><td>售后管理</td></tr>
<tr><td>二、附录部分</td><td>（一）药品经营企业计算机系统<br>（二）药品收货与验收</td></tr>
<tr><td colspan="2">第三部分<br>体外诊断试剂（药品）经营企业</td><td>总则、质量管理体系、机构和质量管理职责、人员与培训、质量管理体系文件、设施与设备验证与校准、计算机系统、采购、收货与验收、储存与养护、销售、出库、运输与配送、售后管理</td></tr>
</table>

资料来源：根据《药品经营质量管理规范现场检查指导原则》整理。

（国家食品药品监督管理局令第 24 号）。根据这一文件，药品的标签是指药品包装上印有或者贴有的内容，分为内标签和外标签。药品内标签指直接接触药品的包装的标签，外标签指内标签以外的其他包装的标签。

（1）药品的内标签应当包含药品通用名称、适应症或者功能主治、规格、用法用量、生产日期、产品批号、有效期、生产企业等内容。

包装尺寸过小无法全部标明上述内容的，至少应当标注药品通用名称、规格、产品批号、有效期等内容。

（2）药品外标签应当注明药品通用名称、成分、性状、适应症或者功能主治、规格、用法用量、不良反应、禁忌、注意事项、贮藏、生产日期、产品批号、有效期、批准文号、生产企业等内容。适应症或者功能主治、用法用量、不良反应、禁忌、注意事项不能全部注明的，应当标出主要内容并注明“详见说明书”字样。

（3）用于运输、贮藏的包装的标签，至少应当注明药品通用名称、规格、贮藏、生产日期、产品批号、有效期、批准文号、生产企业，也可以根据需要注明包装数量、运输注意事项或者其他标记等必要内容。

（4）原料药的标签应当注明药品名称、贮藏、生产日期、产品批号、有效期、执行标准、批准文号、生产企业，同时还需注明包装数量以及运输注意事项等必要内容。

（5）同一药品生产企业生产的同一药品，药品规格和包装规格均相同的，其标签的内容、格式及颜色必须一致；药品规格或者包装规格不同的，其标签应当明显区别或者规格项明显标注。

同一药品生产企业生产的同一药品，分别按处方药与非处方药管理的，两者的包装颜色应当明显区别。

（6）对贮藏有特殊要求的药品，应当在标签的醒目位置注明。

**2. 药品的说明书管理**

《药品说明书和标签管理规定》对药品说明书作了以下规定。

（1）药品说明书由国家食品药品监督管理局予以核准。

（2）药品生产企业生产供上市销售的最小包装必须附有说明书。

（3）药品的标签应当以说明书为依据，其内容不得超出说明书的范围，不得印有暗示疗效、误导使用和不适当宣传产品的文字和标识。

（4）药品说明书的文字表述应当科学、规范、准确，文字应当清晰易辨，不得有印字脱落等现象，不得以粘贴、剪切、涂改等方式进行修改或者补充。非处方药说明书还应当使用容易理解的文字表述，以便患者自行判断、选择和使用。

**【拓展阅读】**

## 2016 年药品流通秩序整顿和规范

2016 年 4 月 29 日，国家食品药品监督管理总局对药品流通领域违法经营行为开展了集中整治，通过企业自查整改、省局监督检查、总局实施飞检等方式进一步整顿和规范药品流通秩序，严厉打击违法经营行为。2016 年共组织 3 批，对 50 家药品批发企业进行了检查。结果发现，药品流通企业存在的违法违规行为较为普遍，具体情况见表 1－7所示。

**表 1－7　　药品流通领域飞行检查企业违反 94 号公告情况**

| 94 号公告相关条款 | 涉嫌违反企业数（家） | 比例（%） |
|---|---|---|
| （一）为他人违法经营药品提供场所、资质证明文件、票据等条件 | 10 | 18.87 |
| （二）从个人或者无《药品生产许可证》《药品经营许可证》的单位购进药品 | 1 | 1.88 |
| （三）向无合法资质的单位或者个人销售药品，向药品零售企业销售疫苗，知道或者应当知道他人从事无证经营仍为其提供药品 | 1 | 1.88 |
| （四）伪造药品采购来源，虚构药品销售流向，篡改计算机系统、温湿度监测系统数据，隐瞒真实药品购销存记录、票据、凭证、数据等，药品购销存记录不完整、不真实，经营行为无法追溯 | 16 | 30.19 |
| （五）购销药品时，证（许可证书）、票（发票、随货同行票据）、账（实物账、财务账）、货（药品实物）、款（货款）不能相互对应一致；药品未入库，设立账外账，药品未纳入企业质量体系管理，使用银行个人账户进行业务往来等情形 | 19 | 35.85 |
| （六）将麻醉药品、精神药品和含特殊药品复方制剂流入非法渠道，或者进行现金交易 | 3 | 5.66 |
| （七）在核准地址以外的场所储存药品 | 6 | 11.32 |
| （八）未按规定对药品储存、运输、温湿度进行监测 | 21 | 39.62 |
| （九）擅自改变注册地址、经营方式、经营范围销售药品 | 5 | 9.43 |
| （十）向药品零售企业、诊所销售药品未做到开具销售发票且随货同行 | 6 | 11.32 |

存在主要问题有以下三个方面。

（1）未按规定对药品储存、运输进行温湿度监测。

（2）购销药品时，证（许可证书）、票（发票、随货同行票据）、账（实物账、财务账）、货（药品实物）、款（货款）不能相互对应一致；药品未入库，设立账外账，药品未纳入企业质量体系管理，使用银行个人账户进行业务往来等情形。

（3）伪造药品采购来源，虚构药品销售流向，篡改计算机系统、温湿度监测系统数据，隐瞒真实药品购销存记录、票据、凭证、数据等，药品购销存记录不完整、不真实，经营行为无法追溯。

资料来源：国家食品药品监督管理总局：《2015 年度药品检查报告》。

## 课后思考

1. 我国申请开办药品经营企业，需要哪些必备条件？
2. 我国有哪些关于药品经营资质与质量管理的法规文件，具体内容是什么？
3. 我国的药品流通具体由哪个部门监管？
4. 药品的标签和说明书需要列明哪些内容？

# 第 2 章 药品冷链物流基本规范与标准

企业经营冷藏、冷冻药品的，要按照《药品经营质量管理规范》的要求，在收货、验收、储存、养护、出库、运输等环节，根据药品包装标示的贮藏要求，采用经过验证确认的设施设备、技术方法和操作规程，对冷藏、冷冻药品储存过程中的温湿度状况、运输过程中的温度状况，进行实时自动监测和控制，保证药品的储运环境温湿度控制在规定范围内。

## 2.1 药品物流的基本规范与要求

中华人民共和国国家标准《药品物流服务规范》（GB/T 30335—2013）规定了药品物流服务的基本要求，仓储、运输、配送、装卸搬运、货物交接、信息服务等作业要求，以及风险控制、投诉处理、物流服务质量的主要评价指标。

### 2.1.1 药品物流、药品冷链、药品物流服务的定义

**1. 药品物流**

药品物流（drug logistics）是指依托相应的物流设施设备、技术和物流管理信息系统，完成对药品运输、收货、验收、储存、分拣、装卸、搬运、包装、配送和信息管理等基本功能的组织与管理。

**2. 药品冷链**

药品冷链（drug cold chain）是指需冷藏保管的药品在贮藏、运输等流通过程中应始

终处于规定温度环境下，以保证药品质量的特殊供应链管理系统。

加强药品冷链管理是保证冷藏药品质量的重要环节，如贮藏、运输不当，极易影响药品安全，进而给广大人民群众的生命健康带来严重危害。各级食品药品监管部门必须高度重视药品冷链问题，切实加强对冷藏、阴凉等特殊条件保管药品流通、使用等过程的监管。

**3. 药品物流服务**

药品物流服务（pharmaceutical logistics service）是指符合《药品经营质量管理规范》要求，具备与药品批发企业经营规模和经营范围相适应的运输、仓储设备、信息管理系统等条件的企业，通过对药品运输、储存、装卸、搬运、包装、流通加工、配送和信息管理等基本功能的组织与管理，保证药品在流通过程中的质量稳定性，并满足药品生产、批发、零售企业及医疗机构等终端客户药品需求的物流活动。

**【拓展阅读】** 促进冷链运输物流企业健康发展的指导意见

1. 加强冷链物流基础设施建设

鼓励企业购置节能环保的冷链运输车辆，推广全程温湿度自动监测系统和控制设备，提升企业的冷链运输服务能力。加强温度监控和追溯体系建设，确保冷链食品、药品在生产流通各环节的品质可控性和安全性。引导和支持企业使用各种新型冷链物流装备与技术，完善产地预冷、销地冷藏和保鲜运输、保鲜加工等设施，解决冷链物流运输与其他环节的无缝衔接问题。鼓励和支持各类农产品生产加工、冷链物流、商贸流通企业等改造和建设一批适应现代流通和消费需求的冷冻、冷藏和保鲜仓库。中央和地方财政在各自支出责任范围内，对具有公益性、公共性的冷链物流基础设施建设给予支持。

2. 加强和改善行业监管

交通运输主管部门要依法加强对城市冷链运输物流市场的监督管理，完善冷链运输服务规范，对冷链运输物流企业的安全生产、经营行为、服务质量、管理水平等情况进行考核，提升冷链运输服务质量和水平。加强信用记录建设，及时、准确地记录城市冷链运输物流企业的基础信息和信用记录，并作为监督管理的重要参考依据。公安机关交通管理部门要加强对冷链运输物流车辆通行的监督管理，与城市交通运输主管部门联合开展监督检查和集中整治行动，依法严格查处非法改装、假牌假证、无证运输等严重违法行为。食品药品监督管理部门要依法督促食品药品生产经营者落实主体责任，保障其生产经营的需冷链运输产品的质量安全。鼓励药品生产企业建立从生产到销售各个环节的温度保存档案。

资料来源：《关于进一步促进冷链运输物流企业健康发展的指导意见》（发改经贸〔2014〕2933号）。

### 2.1.2 药品物流服务的主要内容

根据《药品物流服务规范》，药品物流服务主要包括仓储作业、运输与配送、装卸与搬运、货物交接、信息服务、风险控制与投诉处理。其主要内容及构成如表2-1所示。

**表2-1 药品物流服务的主要内容**

| | 大类 | 中类 |
|---|---|---|
| 药品物流服务 | 仓储作业 | 1. 信息、单据审核及作业准备<br>2. 药品收货验收<br>3. 药品在库储存、养护<br>4. 药品出库与包装<br>5. 售后退回药品处理<br>6. 不合格药品处理<br>7. 单据信息传输与管理<br>8. 药品仓库环境温湿度的控制<br>9. 作业场所与标识 |
| | 运输与配送 | |
| | 装卸与搬运 | |
| | 货物交接 | |
| | 信息服务 | |
| | 风险控制 | |
| | 投诉处理 | |

资料来源：根据《药品物流服务规范》（GB/T 30335—2013）整理。

### 2.1.3 药品物流服务的标准与规范

**1.《药品物流服务规范》（GB/T 30335—2013）**

《药品物流服务规范》（Service Specification of Drug Logistics）是中华人民共和国国家标准，由中华人民共和国国家质量监督检验检疫总局与中国国家标准化管理委员会于2013年12月31日发布，2014年7月1日实施。

本标准适用于药品流通过程中的药品物流服务。药品生产过程中涉及的药品物流服务可参照执行。

其基本要求如下：

（1）应具有与所从事的药品物流服务相适应的组织机构和岗位人员。

（2）应具有与物流服务相适应的运输、仓储、设施设备，需要温控的药品物流应具备相应的温控设施设备；应具有相应的物流管理信息系统。

（3）特殊管理的药品和国家有专门管理要求的药品，物流服务应符合国家相关规定。

**2.《药品物流设施与设备技术要求》（SB/T 11036—2013）**

《药品物流设施与设备技术要求》（The Requirements of Pharmaceutical Logistics Facilities and Equipment Technologies）是中华人民共和国国内贸易行业标准，由中华人民共和国商务部于2013年12月4日发布，2014年6月1日实施。

本标准规定了药品物流设施与设备的术语和定义、技术要求、检验规则等。

本标准适用于药品批发企业和药品零售连锁企业的现代医药物流中心。

## 2.2 冷链物流的基本概念与要求

中华人民共和国国家标准《冷链物流分类与基本要求》（GB/T 28577—2012）规定了与冷链物流相关的术语与定义、冷链物流分类和冷链物流的基本要求。

### 2.2.1 冷链物流的基本概念

**1. 温度**

温度（temperature）是表示物体冷热程度的物理量，微观上来讲是物体分子热运动的剧烈程度。温度只能通过物体随温度变化的某些特性来间接测量，而用来量度物体温度数值的标尺叫温标。它规定了温度的读数起点（零点）和测量温度的基本单位。国际单位为热力学温标（K）。目前国际上用得较多的其他温标有华氏温标（℉）、摄氏温标（℃）等。

（1）摄氏温度。在标准大气压下，把水的结冰温度作为0℃，把沸点温度作为100℃，在0℃与100℃之间平均分成100份，每一份作为1℃。这个温度标准就称为摄氏温度，用℃表示。

（2）华氏温度。在标准大气压下，把水的结冰温度作为32℉，沸点温度作为212℉，在32℉与212℉之间平均分为180份，每一份作为1℉。这个温度标准确定的温度为华氏温度，用℉表示。

（3）热力学温度。把水在标准大气压下的冻结点作为－273.15K，水的沸点作为373.15K，把物质中的分子全部停止运动支点作为0K。这个温度标准确定的温度称为热力学温度（也称绝对温度），用符号K表示。

温度的相关内容详见表2－2。

**表2－2　温度单位对应**

| 绝对温度（K） | 摄氏温度（℃） | 华氏温度（℉） |
|---|---|---|
| 0 | －273.15 | －459.7 |
| －273.15 | 0 | 32 |
| 223.2 | －50 | －58 |
| 248.15 | －25 | －13 |
| 283.15 | 10 | 50 |
| 288.15 | 15 | 59 |
| 293.15 | 20 | 68 |
| 298.15 | 25 | 77 |
| 305.15 | 32 | 89.6 |
| 311.15 | 38 | 100.4 |
| 343.15 | 70 | 158 |
| 383.15 | 110 | 230 |

注：温差1K＝1℃＝1.8℉。

资料来源：《航空货运保温集装箱热性能要求》（GB/T 18433—2001）附录A。

**2. 其他**

（1）冷链（cold chain）。它是指根据物品特性，为保持其品质而采用的从生产到消费的过程中始终处于低温状态的物流网络。

（2）冷链物品（cold chain article）。它是指冷链中实体流动的物质。

（3）物流（logistics）。它是指物品从供应地向接受地的实体流动过程。根据实际需要，将运输、储存、装卸、搬运、包装、流通加工、配送、信息处理等基本功能实施有机结合。

（4）冷链物流（cold chain logistics）。它是指以冷冻工艺为基础，以制冷技术或蓄冷技术为手段，使冷链物品从生产、流通、销售到消费者的各个环节中始终处于规定的低温环境下，以保证冷链物品质量、减少冷链物品损耗的物流活动。

（5）制冷（refrigeration）。它是指用人工的方法，在一定时间内从一个物体或系统中移去热量而使其低于周围环境温度并维持低温的过程。

（6）绝热放气制冷（adiabatic delivery refrigeration of gases）。它是指利用刚性容器里的高压气体在绝热状态下放出时带走一定的能量，使容器内的气体降温而产生制冷。

## 2.2.2 冷链物流的分类

**1. 冷链物流按温度适用范围分类**

表 2－3　　冷链物流按温度适用范围分类

| 冷链种类 | 适用温度范围一般要求 |
|---|---|
| 超低温物流 | －50℃以下 |
| 冷冻物流 | －18℃以下 |
| 冰温物流 | －2℃～＋2℃ |
| 冷藏物流 | 0℃～10℃ |
| 控制常温物流 | 10℃～25℃ |

资料来源：《冷链物流分类与基本要求》（GB/T 28577—2012）。

**2. 按所服务的物品对象分类**

表 2－4　　冷链物流按所服务的物品对象分类

| 冷链种类 | 冷链物流服务对象 |
| --- | --- |
| 肉类冷链物流 | 主要为畜类、禽类等初级产品及其加工制品提供冷链物流服务的形态 |
| 水产品冷链物流 | 主要为鱼类、甲壳类、贝壳类、海藻类等鲜品及其加工制品提供冷链服务的形态 |
| 冷冻饮品冷链物流 | 主要为雪糕食用冰块等物品提供冷链物流服务的形态 |
| 乳品冷链物流 | 主要为液态奶及其乳制品等物品提供冷链物流服务的形态 |
| 果蔬花卉冷链物流 | 主要为水果、蔬菜和花卉等鲜品及其加工制品提供冷链物流服务的形态 |
| 谷物冷链物流 | 主要为谷物、农作物种子、饲料等提供冷链物流服务的形态 |
| 速冻食品冷链物流 | 主要为米、面类等食品提供冷链物流服务的形态 |
| 药品冷链物流 | 主要为中药材、中药饮片、中成药、化学原料药及其制剂、抗生素、生化药品、放射性药品、血清、疫苗、血液制品和诊断药品等物品提供冷链物流服务的形态 |
| 其他特殊物品冷链物流 | 主要为胶卷、定影液、化妆品、化学危险品、生化试剂、医疗器械等提供冷链物流服务的形态 |

资料来源：《冷链物流分类与基本要求》（GB/T 28577—2012）。

### 2.2.3　冷链物流的基本要求

《冷链物流分类与基本要求》（GB/T 28577—2012）规定，冷链物流应满足社会发展需要，降低物流成本，符合节能环保要求；应建立科学、合理的管理制度，采用必要的设施设备与技术，确保冷链物品品质和消费安全。为遵守以上规定，对冷链物流、温度控制、物品保护、人员要求等作出了具体规定。

**1. 设施设备**

对设施设备的要求如下：

（1）冷链物品储存作业时，应采用冷库、冷藏箱、保温箱、低温冰柜或其他低温储存箱体等设施设备，冷库设计应符合《冷库设计规范》（GB 50072）的规定。

（2）冷链物品运输作业时，应采用冷藏车、保温车、冷藏集装箱、冷藏船、冷藏火车（专列）和附带冷藏箱、保温箱的运输设备。冷藏车、保温车性能应符合《保温车、冷藏车技术条件及试验方法》（QC/T 449）的规定。

（3）冷链物流作业的各环节均应配备专门的设施设备。

**2. 温度控制**

对温度控制的要求如下：

（1）应建立冷链物流温度测量与监控制度。

（2）在冷链物流作业中，应明确物品在不同物流环节的规定温度要求、可允许的温度偏差范围、温度测量方法、温度测量结果的记录要求和保存方法要求。

（3）冷链物流所采用的设施设备应配备温度记录仪并定期检查和校正，应设置温度异常警报系统，应配备不间断电源或应急供电系统。

**3. 物品保护**

对物品保护的要求如下：

（1）应建立冷链物品保护制度，对各作业环节做出包括温度控制、清洁卫生、保质时间限定等在内的关于物品保护的具体运作要求。

（2）冷库作业应建立严格的管理制度。冷库应定期进行清洗消毒，并做好记录。冷库物品应按照物品性质分类、分区域堆放，以防止交叉污染。

（3）低温冰柜或其他低温储存箱体等柜体内部应保持清洁。箱体的空气冷却器或冷冻机应定期清洗、除霜。除霜系统应定期检查，保持除霜水出口清洁、畅通。

（4）冷链物品运输车厢和食品容器应保持清洁，不能有秽物、碎片或异味，并定期消毒。运输作业应符合《易腐食品控温运输技术要求》（B/T 22918）的有关规定。

（5）冷链物品包装及有关物流作业应符合《冷藏、冷冻食品物流包装、标志、运输和储存》（GB/T 24616—2019）的相关规定。

**4. 人员要求**

对从事冷链物流人员的要求如下：

（1）应持有卫生部门发放的有效健康证。

（2）应取得相应的国家职业资格证书，持证上岗。

（3）应定期进行培训。

**5. 质量管理**

对质量管理的要求如下：

（1）应建立冷链物流质量管理部门，并配备相应的管理人员。

（2）应建立、完善冷链物流质量管理体系。

（3）应建立、完善冷链物流信息系统，全面管理和记录冷链作业全过程的各类信息，实现冷链物流作业的可追溯性。

（4）应建立冷链物流应急处理预案，以应对冷链物流服务过程中可能出现的突发情况。

（5）冷链物流服务双方应在服务合同中对双方的责权利做出明确的界定，作为事后处理争议的依据。

（6）冷链物品交接时，应符合服务合同所规定的质量、数量要求，应签署交接凭证并保存交接记录。

### 2.2.4 冷链物流的相关标准与规范

#### 1.《低温仓储作业规范》（GB/T 31078—2014）

《低温仓储作业规范》（Specification for Low Temperature Warehousing Operations）是中华人民共和国国家标准，由中华人民共和国国家质量监督检验检疫总局与中国国家标准化管理委员会于 2014 年 12 月 22 日发布，2015 年 7 月 1 日实施。

本标准规定了低温仓储的入库作业、储存作业、出库作业、环境控制、安全控制及信息处理的要求。

本标准适用于公共低温仓库的仓储作业活动，自营低温仓库的仓储作业活动可参照执行。

本标准不适用于人工调控气体成分的低温仓库、仓储作业自动化的低温仓库、储存危险品或有毒有害物品的低温仓库以及国家相关部门有特殊要求的低温仓库的仓储作业活动。

#### 2.《冷链物流分类与基本要求》（GB/T 28577—2012）

《冷链物流分类与基本要求》（Classification and Basic Specification for Cold Chain Logistics）是中华人民共和国国家标准，由中华人民共和国国家质量监督检验检疫总局与中国国家标准化管理委员会于 2012 年 6 月 29 日发布，2012 年 10 月 1 日实施。

本标准规定了冷链物流的相关术语和定义、冷链物流分类和冷链物流的基本要求。

本标准适用于冷链物流的管理和运营。

【拓展阅读】 保护臭氧层国际日

联合国大会于1994年宣布，把每年的9月16日定为保护臭氧层国际日，以纪念在1987年的这一天签署《关于消耗臭氧层物质的蒙特利尔议定书》（1994年12月19日第49/114号决议）。

大会要求各国用这一天来宣传根据《议定书》及其各项修正案所开展的活动。臭氧层是一个脆弱的气体保护层，防止地球受太阳光线有害部分的损害，有助于保护地球上的生命。

淘汰、控制和减少使用臭氧层消耗物质，不仅有助于保护今世后代生存所依赖的臭氧层，还对解决全球关注的气候变化议题有重大贡献。此外，该项行动还能减少有害人体的紫外线辐射，从而保护人类健康和地球生态系统。

2016年保护臭氧层国际日的主题认可了《维也纳公约》和《议定书》签署国在过去30年为修复臭氧层和履行应对气候变化承诺所做的共同努力。

资料来源：联合国官网—中文版（http：//www. un. org/zh/vents/ozoneday/）。

## 2.3 药品冷链物流的基本要求

中华人民共和国国家标准《药品冷链物流运作规范》（GB/T 28842—2012）规定了冷藏药品物流过程中的基本要求，如药品的收货、验收、贮存、养护、发货、运输、温度监测和控制，以及贮存、运输的设施设备，人员配备等方面的要求。

### 2.3.1 与药品冷链相关的术语和定义

**1. 冷藏药品（cold storage drug）**

它是指对贮存、运输有冷处、冷冻等温度要求的药品。

**2. 冷处（cold condition）**

它是指温度符合2℃～10℃的贮存运输条件。

**3. 冷冻（freezing condition）**

它是指温度符合－25℃～－10℃的贮存运输条件。

**4. 药品冷链物流（drug cold chain logistics）**

它是指采用专用设施设备，使冷藏药品在生产与流通过程中的温度始终控制在规定范围内的物流过程。

**【拓展阅读】**　　《中国药典》“贮藏”项下的相关名词术语

《中国药典》由四部及其增补本组成。第一部收载中药，第二部收载化学药品，第三部收载生物制品，第四部收载通则和药用辅料。除特别注明版次外，《中国药典》均指现行版《中国药典》。

各部的“凡例”条文中，对贮藏项下的名词术语做了规范与解释，详见表 2－5。

**表 2－5　　中国药典贮藏项下的相关名词术语**

| 名词术语 | 第一部（中药） | 第二部（化学药品） | 第三部（生物制品） | 第四部（通则和药用辅料） |
|---|---|---|---|---|
| 目的 | 系对药品贮藏与保管的基本要求，除矿物药应置于干燥洁净处不做具体规定外，一般以下列名词术语表示 | 系为避免污染和降解而对药品贮存与保管的基本要求，以下列名词术语表示 | | |
| 遮光 | 系指用不透光的容器包装，例如棕色容器或黑纸包裹的无色透明、半透明容器 | | | |
| 避光 | 系指避免日光直射 | | | |
| 密闭 | 系指将容器密闭，以防止尘土及异物进入 | | | |
| 密封 | 系指将容器密封，以防止风化、吸潮、挥发或异物进入 | | | |
| 熔封或严封 | 系指将容器熔封或用适宜的材料严封，以防止空气与水分的侵入并防止污染 | | | |
| 阴凉处 | 系指不超过 20℃ | | | |
| 凉暗处 | 系指避光并不超过 20℃ | | | |
| 冷处 | 系指 2℃～10℃ | | | |
| 常温（室温） | 系指 10℃～30℃ | | | |

注：1. 除另有规定外，“贮藏”项未规定贮存温度的一般系指常温。
2. 生物制品的贮藏、运输应符合《生物制品贮藏和运输规程》的规定。

资料来源：根据《中国药典》（2015 年版）各部资料整理制作。

### 2.3.2 冷链药品分类及需要冷链物流的主要药品

**1. 按冷链药品对环境温度的要求分为冷藏和冷冻两大类**

（1）冷藏药品。根据《中国药典》（2015 年版）中药品标准“贮藏”项下的规定，冷藏药品通常指需要在冷处（指温度符合 2℃～10℃）贮藏保管与运输的药品。

（2）冷冻药品。它是指需要在 0℃以下温度条件贮藏运输的药品。

**2. 需要冷链物流的主要药品（部分）**

根据《中国药典》的规定，需要冷链物流的部分主要药品如表 2－6 所示。

表 2－6 需冷藏、冷冻物流的部分药品

| | | 保存、运输条件 |
|---|---|---|
| 预防类 | 伤寒疫苗 | 2℃～8℃避光保存和运输 |
| | 伤寒甲型副伤寒联合疫苗 | 2℃～8℃避光保存和运输 |
| | 伤寒甲型乙型副伤寒联合疫苗 | 2℃～8℃避光保存和运输 |
| | 冻干人用狂犬病疫苗（Vero 细胞） | 2℃～8℃避光保存和运输 |
| | 甲型乙型肝炎联合疫苗 | 2℃～8℃避光保存和运输 |
| 治疗类 | 白喉抗毒素 | 2℃～8℃避光保存和运输 |
| | 破伤风抗毒素 | 2℃～8℃避光保存和运输 |
| | 抗五步蛇毒血清 | 2℃～8℃避光保存和运输 |
| | 抗狂犬病血清 | 2℃～8℃避光保存和运输 |
| | 人纤维蛋白原 | 2℃～8℃避光保存和运输 |
| 体内诊断类 | 结核菌素纯蛋白衍生物 | 2℃～8℃避光保存和运输 |
| | 卡介菌纯蛋白衍生物 | 2℃～8℃避光保存和运输 |
| | 布氏菌纯蛋白衍生物 | 2℃～8℃避光保存和运输 |
| | 锡克试验毒素 | 2℃～8℃避光保存和运输 |
| 体外诊断类 | 乙型肝炎病毒表面抗原诊断试剂盒（酶联免疫法） | 2℃～8℃避光保存 |
| | 人类免疫缺陷病毒抗体诊断试剂盒（酶联免疫法） | 2℃～8℃避光保存 |
| | 梅毒螺旋体抗体诊断试剂盒（酶联免疫法） | 2℃～8℃避光保存 |
| | 梅毒快速血浆反应素诊断试剂 | 2℃～8℃避光保存 |
| | 抗 A 抗 B 血型定型试剂（单克隆抗体） | 2℃～8℃避光保存 |

资料来源：根据《中国药典》（2015 年版）整理。

"制剂通则"适用于中药、化学药和治疗用生物制品（包括血液制品、免疫血清、细胞因子、单克隆抗体、免疫调节剂、微生态制剂等），具体见表 2－7。预防类生物制品，应符合《中国药典》（2015 年版）第三部相应品种项下的有关要求。

除另有规定外，生物制品应于 2℃～8℃避光贮存和运输。

**表 2－7　"制剂通则"规定的制剂贮藏环境要求**

| 编号与制剂 | 贮藏环境要求 |
| --- | --- |
| 0101 片剂 | 除另有规定外，片剂应密封贮存 |
| 0102 注射剂 | 除另有规定外，片剂应密封贮存。生物制品原液、半成品和成品的生产及质量控制应符合相关品种要求 |
| 0103 胶囊剂 | 除另有规定外，胶囊剂应密封贮存，其存放环境温度不高于 30℃，湿度应适宜，防止受潮、发霉、变质。生物制品原液、半成品和成品的生产及质量控制应符合相关品种要求 |
| 0104 颗粒剂 | 除另有规定外，颗粒剂应密封，置于干燥处贮存，防止受潮。生物制品原液、半成品和成品的生产及质量控制应符合相关品种要求 |
| 0105 眼用制剂 | 除另有规定外，眼用制剂应遮光密封贮存 |
| 0106 鼻用制剂 | 除另有规定外，鼻用制剂应密闭贮存 |
| 0107 栓剂 | 除另有规定外，应在 30℃以下密闭贮存和运输，防止因受热、受潮而变形、发霉、变质。生物制品原液、半成品和成品的生产及质量控制应符合相关品种要求 |
| 0109 软膏剂、乳膏剂 | 除另有规定外，软膏剂应避光密封贮存。乳膏剂应避光密封置 25℃以下贮存，不得冷冻 |
| 0112 喷雾剂 | 除另有规定外，喷雾剂应避光密封贮存 |
| 0114 凝胶剂 | 除另有规定外，凝胶剂应避光、密闭贮存，并应防冻 |
| 0115 散剂 | 除另有规定外，散剂应密闭贮存，含挥发性原料药物或易吸潮原料药物的散剂应密封贮存。生物制品应采用防潮材料包装，除另有规定，散剂应置于 2℃～8℃密封贮存和运输 |
| 0118 涂剂 | 除另有规定外，应避光、密闭贮存。对热敏感的品种，应在 2℃～8℃保存和运输 |

资料来源：根据《中国药典》（2015 年版）整理。

### 2.3.3 药品冷链物流的管理与规定

《药品流通监督管理办法》（国家食品药品监督管理局令第 26 号 2007 年 1 月 31 日）规定，药品说明书要求低温、冷藏储存的药品，药品生产、经营企业应当按照有关规定，使用低温、冷藏设施设备运输和储存。药品监督管理部门发现药品生产、经营企业违反本条规定的，应当立即查封、扣押所涉药品，并依法进行处理。

医疗机构设置的药房，应当具有与所使用药品相适应的场所、设备、仓储设施和卫生环境，配备相应的药学技术人员，并设立药品质量管理机构或者配备质量管理人员，建立药品保管制度。

医疗机构购进药品，必须建立并执行进货检查验收制度，并建有真实完整的药品购进记录。药品购进记录必须注明药品的通用名称、生产厂商（中药材标明产地）、剂型、规格、批号、生产日期、有效期、批准文号、供货单位、数量、价格、购进日期等。药品购进记录必须保存至超过药品有效期 1 年。

医疗机构储存药品，应当制定和执行有关药品保管、养护的制度，并采取必要的冷藏、防冻、防潮、避光、通风、防火、防虫、防鼠等措施，保证药品质量。

医疗机构应当将药品与非药品分开存放；中药材、中药饮片、化学药品、中成药应分别储存、分类存放。

**【拓展阅读】** 药品使用说明书的“贮藏”项目示例

按规定，药品使用说明书中的“贮藏”栏目下对该药品的贮藏有明确的要求与说明。比如表 2－8 所列。

**表 2－8 药品使用说明书的“贮藏”示例**

| 药　名 | “贮藏”要求 | “包装”要求 |
|---|---|---|
| 硝苯地平控释片 | 遮光，30℃以下密封保存，从铝塑板中取出后应立即服用。将药品置于儿童触及不到的地方 | 铝塑水泡眼包装，7 片/盒。<br>铝塑水泡眼包装，7 片/板，2 板/盒。<br>铝塑水泡眼包装，7 片/板，4 板/盒 |
| 阿司匹林肠溶片 | 密封，在 25℃ 以下保存。取出后应立即服用。置于儿童触及不到的地方 | 铝塑包装，30 片/盒 |

续表

| 药　名 | "贮藏"要求 | "包装"要求 |
|---|---|---|
| 瑞舒伐他汀钙片 | 遮光，密封，干燥处保存 | 铝包装。6 片 ×1 板/盒，6 片 ×2 板/盒；7 片 ×1 板/盒，7 片 ×2 板/盒；10 片 ×1 板/盒，10 片 ×2 板/盒 |
| 精蛋白生物合成人胰岛素注射液 | 本品在开封使用前应冷藏于 2℃ ~ 8℃的冰箱中（不要放入或靠近冷冻室或制冷元件）。<br>开始使用后，可在室温下（不超过 30℃）存放 6 周。<br>不可冰冻；开封后或携带备用时，不可冷藏；不可在超过 30℃ 的环境中存放。<br>本品应放于包装盒内，避光保存。<br>避免过热和阳光照射 | 笔芯由一型玻璃制成，包括溴丁基橡皮活塞和溴丁基/聚异戊二烯橡胶膜。<br>笔芯内的玻璃珠，用于帮助重复混匀胰岛素。<br>一支/盒 |

资料来源：根据表中各药品的"使用说明书"内容摘录制作。

### 2.3.4　药品冷链物流的基本要求

**1. 药品冷链物流的基本要求**

（1）冷藏药品在生产与流通过程中的温度应始终控制在规定范围内。

（2）应配备确保冷藏药品温度要求的设施、设备和运输工具。

（3）应采用信息技术与设备，提供温度监控记录，确保冷藏药品在生产与流通过程中可追溯。

（4）应制定确保温度要求的管理制度及温度异常应急处理预案。

（5）需要委托贮存或运输冷藏药品的单位，应对受托方的冷链条件进行查验，签订合同时应明确药品在贮存运输和配送过程中的温度要求。

**2. 药品冷链企业应配备的设施设备**

（1）经营冷藏、冷冻药品的，应当配备以下设施设备：

①与其经营规模和品种相适应的冷库，经营疫苗的应当配备两个以上独立冷库；

②用于冷库温度自动监测、显示、记录、调控、报警的设备；

③冷库制冷设备的备用发电机组或者双回路供电系统；

④对有特殊低温要求的药品，应当配备符合其储存要求的设施设备；

⑤冷藏车及车载冷藏箱或者保温箱等设备。

（2）运输药品应当使用封闭式货物运输工具。

（3）运输冷藏、冷冻药品的冷藏车及车载冷藏箱、保温箱应当符合药品运输过程中对温度控制的要求。冷藏车具有自动调控温度、显示温度、存储和读取温度监测数据的功能；冷藏箱及保温箱具有外部显示和采集箱体内温度数据的功能。

（4）储存、运输设施设备的定期检查、清洁和维护应当由专人负责，并建立记录和档案。

### 2.3.5 药品冷链考核指标

药品企业的冷链考核指标主要包括冷藏药品温度控制合格率和药品冷藏专用设备完好率。

**1. 冷藏药品温度控制合格率**

冷藏药品温度控制合格率是指冷藏药品储存温度检测合格次数与温度检测总次数的比值。

其按以下公式计算：

$$P = \frac{N}{M} \times 100\%$$

式中：

$P$——温度控制合格率；

$N$——温度检测合格次数；

$M$——温度检测总次数。

**2. 企业药品冷藏专用设备完好率**

企业药品冷藏专用设备完好率是指企业药品冷藏专用设备完好的台数与设备总台数的

比值。

其按以下公式计算：

$$P = \frac{N}{M} \times 100\%$$

式中：

$P$——冷藏设备完好率；

$N$——完好的冷藏设备台数；

$M$——冷藏设备总台数。

### 2.3.6　药品冷链物流国家规范与标准

#### 1.《药品冷链物流运作规范》（GB/T 28842—2012）

《药品冷链物流运作规范》（Operation Specification for Drug Cold Chain Logistics）是中华人民共和国国家标准，由中华人民共和国国家质量监督检验检疫总局与中国国家标准化管理委员会于2012年11月5日发布，2012年12月1日实施。

本标准规定了冷藏药品物流过程中的基本要求，收货、验收、贮存、养护、发货、运输、温度检测和控制、贮存、运输的设备设施，人员配备等方面的要求。

本标准适用于冷藏药品在生产与流通过程中的物流运作管理。

#### 2.《药品流通企业关键绩效指标（KPI）体系》（ST/B 11184—2017）

《药品流通企业关键绩效指标（KPI）体系》（Company Firm Key Performance Indicator Development of Pharmaceutical Distribution Enterprise）是中华人民共和国国内贸易行业标准，由中华人民共和国商务部于2017年1月13日发布，2017年10月1日实施。

本标准规定了评价药品流通企业运营规模及效率、经济效益、服务质量、发展潜力的关键绩效指标体系，引导药品流通企业从上述四个方面追求绩效，并据此进行绩效考核和评估，准确发现企业经营活动中存在的问题，提高管理与服务水平，增强竞争优势，进而提升药品流通行业的经营管理水平。

本标准适用于中华人民共和国境内所有政府许可的药品批发企业和药品零售企业（包括零售连锁企业、零售单体药店）。经食品药品监督管理部门批准从事药品委托储存、配送的第三方药品物流企业，也可参照本标准执行。

**3. 《药品批发企业对供应商管理规范》（SB/T 11185—2017）**

《药品批发企业对供应商管理规范》是中华人民共和国国内贸易行业标准，由中华人民共和国商务部于2017年1月13日发布，2017年10月1日实施。

本规范规定了药品批发企业对药品供应商的管理原则、管理内容及要求，设定了对供应商的评价指标、评分标准和综合评定依据。本规范适用于中华人民共和国境内的药品批发企业与药品供应商合作中对药品供应商的管理工作。药品零售连锁企业、医药电商企业也可参照本规范执行。

### 2.3.7 药品冷链物流地方标准

**1. 《药品冷链物流技术与管理规范》（DB33/T 713—2008）**

《药品冷链物流技术与管理规范》（Technology and Management Specification for Drug Cold Chain Logistics）是浙江省地方标准，由浙江省质量技术监督局于2008年10月7日发布，2008年11月8日实施。

本标准规定了冷藏药品物流冷链过程中的收货、验收、贮藏、养护、发货、运输、温度控制和监测、设施设备、人员配备等方面的技术与管理要求。

本标准适用于冷藏药品的生产企业、经营企业、物流企业和使用单位。

**2. 《药品冷链物流技术与管理规范》（DB21/T 2518—2015）**

《药品冷链物流技术与管理规范》是辽宁省地方标准，由辽宁省质量技术监督局于2015年8月18日发布，2015年10月18日实施。

本标准规定了药品冷链物流技术与管理规范的术语和定义、组织要求、安全要求、人员要求、设施设备、药品冷链物流环节以及信息管理。

本标准适用于辽宁省行政区内冷藏药品流通过程中的物流运作管理。

**3. 《江苏省药品冷链物流操作规范》**

2010年4月28日，江苏省食品药品监督管理局印发了《江苏省药品冷链物流操作规范》。

本规范制定了冷藏药品在发货、运输、收货、贮藏等物流环节过程中的基本操作标准，规定了有关温湿度控制、温湿度监测、设施设备配备、冷链验证、人员培训、系统管理等技术方面的管理要求。

本规范适用于冷藏药品生产、经营、使用单位以及承担冷藏药品物流运输的企业等。

## 课后思考

1. 药品冷链的设施设备有哪些？分别有什么作用？
2. 药品包装材料有几种？分别适用于哪些药品？
3. 药品冷藏箱和冷藏柜有哪些技术要求？

# 第3章 药品冷链物流设施设备

药品冷链物流设施主要指药品冷库与配送中心。药品冷链物流设备包括冷藏/保温车辆、冷链运输包装（保温箱、冷藏箱/包、蓄冷剂、纸箱、敷料等）、温湿度监控系统/仪器等。

《药品经营质量管理规范》附录1“冷藏、冷冻药品的储存与运输管理”第七条规定，药品冷链是为满足人们治疗疾病而进行的一项冷藏药品运输系统工程。在整个医药冷链物流过程中，需确保药品在各个链条环节的冷藏效果。企业运输冷藏、冷冻药品，应当根据药品数量、运输距离、运输时间、温度要求、外部环境温度等情况，选择适宜的运输工具和温控方式，确保运输过程中温度控制符合要求。冷藏、冷冻药品运输过程中，应当实时采集、记录、传送冷藏车、冷藏箱或保温箱内的温度数据。运输过程中温度超出规定范围时，温湿度自动监测系统应当实时发出报警指令，由相关人员查明原因，及时采取有效措施进行调控。

## 3.1 药品冷链设施设备要求

中华人民共和国国内贸易行业标准《药品物流设施与设备技术要求》（SB/T 11036—2013）规定了药品物流设施与设备的定义、技术要求、检验规则等。

### 3.1.1 药品冷链物流设施设备及药品储存、运输条件

#### 1. 设施与设备

药品冷链物流设施与设备主要包括建筑设施、机械设备、设备器具、系统项目与冷链

运输设备及其附属等，详见表 3－1。

表 3－1　药品冷链物流设施与设备

| 序 | 类　别 | 内　　容 |
|---|---|---|
| 1 | 建筑设施 | 物流中心仓库、自动化立体仓库、冷库 |
| 2 | 机械设备 | 输送分拣系统、拣选辅助设备、装卸货系统（周边设备） |
| 3 | 设备器具 | 托盘货架、箱货架、托盘、叉车、周转箱、药品冷藏箱、血液冷藏箱、药品移动冷藏柜 |
| 4 | 控制与信息系统 | 空气调节系统、信息管理系统、温湿度自动监测系统 |
| 5 | 运输方式与车船 | 冷藏汽车、冷藏火车、冷藏船舶、冷藏集装箱 |
| 6 | 冷链运输设备及其附属 | |

资料来源：根据《药品物流设施与设备技术要求》（SB/T 11036—2013）的内容整理。

**2. 冷藏药品储存、运输的条件**

药品经营企业从事冷藏、运输配送业务，根据《药品冷链物流运作规范》的规定，需要具备如下条件。

（1）应配置与生产经营品种、规模相适应的冷库、冷藏车、冷藏（保温）箱或其他符合药品贮存温度要求的设施设备。

（2）冷藏药品的贮存应有自动监测、自动调控、自动记录及报警装置，温度自动监测布点应经过验证，符合药品冷藏要求。

（3）冷藏（保温）箱应根据不同材质、不同配置方式以及环境温度进行保温性能验证，并在验证结果支持的范围内进行运输。

（4）冷藏车应符合《保温车、冷藏车技术条件及试验方法》（QC/T 449）的规定和要求，并应具有独立制冷（制热）系统、自动温度监控记录功能，实施实时温度监测。

（5）对于使用的冷藏车，要进行空载温度分布验证，达到要求后方可投入使用。正式使用后，要进行冷藏车配送在途（满载）温度分布验证。根据冷藏车温度分布验证结果，制定冷藏车使用操作细则，明确装车要求、货品摆放位置及注意事项。

（6）在用的冷藏车辆，需每年在极端温度环境下进行在途温度验证。

（7）冷藏设施设备应配有备用发电机组或安装双路电路。

（8）冷藏药品贮存、运输设施设备应有校准方案、定期维护方案和紧急处理方案，有专人定期进行检查、校准、清洁、管理和维护，并对其情况进行记录，记录至少保存 5 年。

（9）建立健全冷藏药品贮存运输设施设备档案，并对其运行状况进行记录，记录至少保存 5 年。

### 3.1.2 冷链物流设施设备检验的规则

根据《药品物流设施与设备技术要求》（SB/T 11036—2013）的规定，药品物流设施及设备的检验方式分为三种：出厂检验、现场检验和型式检验。应根据不同的设施及设备选取合适的检验方式。

#### 1. 出厂检验

出厂检验具体包括以下三点。

（1）整机设备须经制造厂质量检验部门检验合格，并出具出厂检验报告和产品合格证方能出厂。

（2）整体运抵安装现场的主要部件和重要零件，应在设备制造厂进行检验；现场安装部分的整机主要性能指标在现场安装完毕后进行检验。

（3）托盘、叉车宜采用出厂检验的方式；托盘货架、箱货架、输送分拣系统、立体仓库、装卸系统、拣选辅助系统、空气调节系统、温湿度自动监测系统等主要部件和重要零件，应在设备制造厂进行检验，其整机主要性能指标宜在现场安装完毕后进行检验。

#### 2. 现场检验

（1）安装工程的施工质量检验，在设备安装调试完毕后进行。现场检验一般应包括设备安装检验、性能测试、试运行和终验等环节。设备经现场检验合格后，方能投入生产使用。

（2）现场检验过程中使用的测量仪器、仪表，应经过校验验证。

（3）托盘货架、箱货架、输送分拣系统、立体仓库、装卸系统、拣选辅助系统、空气调节系统、温湿度自动监测系统、冷库、冷链运输设备及其附属的整机性能指标，应在设备安装调试完毕后进行现场检验。

#### 3. 型式检验

型式检验是为了验证产品能否满足技术规范全部要求所进行的检验，又称为例行检验。

有下列情况之一时，产品应进行型式检验：

①新产品试用或老产品转厂试用的定型鉴定；

②正常运行后，如设计或工艺有较大变更、可能影响产品某些特征和参数发生变化时；

③停止运行一年以上后恢复运行时；

④出厂检验结果与上次型式检验结果有较大差异时；

⑤国家技术监督机构提出型式检验的要求时。

### 3.1.3　零售药店设施设备

《零售药店经营服务规范》（SB/T 10763—2012）从营业场所、环境卫生、信息管理等方面对零售药店的设施设备做了具体规定。

（1）零售药店应有与经营药品规模相匹配的营业场所，提供专业咨询服务的区域和符合药品储藏要求的区域。营业场所、仓库、办公、生活等区域应分开，营业用货架、柜台齐备，店内指示性标志和警示语规范、醒目。

（2）营业场所应保持整洁、卫生，有提供员工洗手和消毒的设施用具。

（3）零售药店应建立信息管理系统，能够记录药品经营的全过程，做到过程可追溯；具有符合政府规定的完善的基本药物信息管理系统。

（4）零售连锁门店与其总部计算机信息系统互联互通。

（5）零售药店应建立消费者用药信息系统及档案，有条件的零售药店应建立慢性病消费者的药历档案信息系统。

### 3.1.4　药品托盘

托盘（pallet）是用于集装、堆放、搬运和运输单元负荷货物和置物的平台装置。《药品物流设施与设备技术要求》（SB/T 11036—2013）对药品托盘的结构、材质、性能等做了如下规定。

**1. 结构型式**

（1）托盘的样式为四面进叉单面使用，顶铺板为格式或密板条式，底部结构为“川”字形，能够适合叉车、手动液压搬运车搬运，适合自动化立体仓库及其附属设备使用，适合货架及平地摆放结构型式。

（2）托盘平面尺寸长（L）×宽（W）为1200毫米×1000毫米；托盘的自由叉孔高度应不小于100毫米，其余叉孔高度应不小于90毫米；托盘平面两对角线长度之差应不超过3毫米。

（3）托盘其他尺寸及公差按《联运通用平托盘主要尺寸及公差》（GB/T 2934—2007）规定执行。

**2. 材质**

托盘可采用木制、塑料或其他能满足医药行业使用要求的材质。木制一般使用铁杉木、松木等，木制托盘需经过高温熏蒸处理，熏蒸原料对药品不产生污染；塑料托盘可采用低压高密度聚乙烯（HDPE）或聚丙烯（PP）等，应无异味。

**3. 性能**

（1）托盘额定承载能力应不小于1000千克，塑料托盘自重不宜大于25千克，木制托盘自重不宜大于35千克。

（2）托盘应在－30℃～50℃温度范围内具有足够的强度和刚度，并应有防滑性能，保证在运输、装卸、堆码、贮存过程中安全作业。空托盘应能稳定地多层堆码。

（3）托盘应进行性能试验，所得各项物理机械性能指标应符合《联运通用平托盘试验方法》（GB/T 4996—2014）中N级（普通级）要求。

（4）木托盘应无虫蚀，应进行高温熏蒸处理，保证木制托盘的含水率为14±2%，相关工艺应符合装载包装药品的卫生要求。

（5）加入金属材质嵌入件的托盘，应具有抗腐蚀和防锈性能。嵌入件应牢固，在贮运过程中不应滑脱。

（6）托盘外观应平整、无毛刺和飞边，无影响使用的裂纹和变形。塑料托盘单个托盘上不应有明显色差，同批产品色泽应基本一致。托盘中心位置可预留有用于无线射频识别（RFID）的电子标签插槽。托盘进叉四面应预留有条码粘贴位置。

（7）其他材质托盘也应满足上述相应要求。

### 3.1.5　药品周转箱

《药品物流设施与设备技术要求》（SB/T 11036—2013）对药品周转箱的类型、材质和性能做了如下规定。

**1. 类型**

药品周转箱分为可插式周转箱和可堆式周转箱两类。

**2. 材质**

药品周转箱的材质一般为抗冲击改性 PP 材质。

**3. 性能**

（1）周转箱尺寸应根据运营需求进行配置，宜为 600 毫米 ×400 毫米 ×350 毫米，或其他与运营需求相适应的尺寸。

（2）周转箱单项承载能力应根据产品作业特性进行配置；周转箱单箱承载力应不小于 30 千克。

（3）周转箱应防潮、耐用、易清洗，盖子可拆卸，应预留条码粘贴位置和 RFID 标签位置。

（4）周转箱外表面平整光滑，无毛刺；外廓无锐角，边缘应圆滑；下表面适合在输送线上输送。

### 3.1.6　药品批发企业设施设备检查

《药品经营质量管理规范现场检查指导原则》（2016 年 12 月 14 日修订稿）规定的药品批发企业计算机系统检查项目如表 3 -2 所示。

**表 3 -2　药品批发企业设施与设备检查项目**

| 序号 | 条款号 | 检查项目 |
|---|---|---|
| 86 | *04301 | 企业应当具有与其药品经营范围、经营规模相适应的经营场所和库房 |
| 87 | 04401 | 库房的选址、设计、布局、建造、改造和维护应当符合药品储存的要求，防止药品的污染、交叉污染、混淆和差错 |
| 88 | 04501 | 药品储存作业区、辅助作业区应当与办公区和生活区分开一定距离或者有隔离措施 |

续表

| 序号 | 条款号 | 检查项目 |
|---|---|---|
| 89 | *04601 | 库房的规模及条件应当满足药品的合理、安全储存，便于开展储存作业 |
| 90 | 04602 | 库房内外环境整洁，无污染源，库区地面硬化或者绿化 |
| 91 | 04603 | 库房内墙、顶光洁，地面平整，门、窗结构严密 |
| 92 | 04604 | 库房有可靠的安全防护措施，能够对无关人员进入实行可控管理，防止药品被盗、替换或者混入假药 |
| 93 | 04605 | 库房有防止室外装卸、搬运、接收、发运等作业受异常天气影响的措施 |
| 94 | 04701 | 库房应当配备药品与地面之间有效隔离的设备 |
| 95 | 04702 | 库房应当配备避光、通风、防潮、防虫、防鼠等设备 |
| 96 | *04703 | 库房应当配备有效调控温湿度及室内外空气交换的设备 |
| 97 | *04704 | 库房应当配备自动监测、记录库房温湿度的设备 |
| 98 | 04705 | 库房应当配备符合储存作业要求的照明设备 |
| 99 | 04706 | 库房应当有用于零货拣选、拼箱发货操作及复核的作业区域和设备 |
| 100 | 04707 | 库房应当有包装物料的存放场所 |
| 101 | 04708 | 库房应当有验收、发货、退货的专用场所 |
| 102 | *04709 | 库房应当有不合格药品专用存放场所 |
| 103 | *04710 | 经营特殊管理的药品，应有符合国家规定的储存设施 |
| 104 | *04801 | 经营中药材、中药饮片的，应当有专用的库房和养护工作场所 |
| 105 | 04802 | 直接收购地产中药材的，应当设置中药样品室（柜） |
| 106 | *04901 | 经营冷藏、冷冻药品的，应当配备与其经营规模和品种相适应的冷库 |
| 107 | **04902 | 储存疫苗的，应当配备两个以上独立冷库 |
| 108 | *04903 | 冷库应当配备温度自动监测、显示、记录、调控、报警的设备 |
| 109 | 04904 | 应当配备冷库制冷设备的备用发电机组或者双回路供电系统 |
| 110 | 04905 | 对有特殊低温要求的药品，应当配备符合其储存要求的设施设备 |
| 111 | *04906 | 经营冷藏、冷冻药品的，应当配备冷藏车 |
| 112 | *04907 | 经营冷藏、冷冻药品的，应当配备车载冷藏箱或者保温箱等设备 |
| 113 | *05001 | 运输药品应当使用封闭式货物运输工具 |
| 114 | *05101 | 运输冷藏、冷冻药品的，冷藏车及车载冷藏箱、保温箱应当符合药品运输过程中对温度控制的要求 |

续表

| 序号 | 条款号 | 检查项目 |
| --- | --- | --- |
| 115 | *05102 | 冷藏车具有自动调控温度、显示温度、存储和读取温度监测数据的功能 |
| 116 | *05103 | 冷藏箱及保温箱具有外部显示和采集箱体内温度数据的功能 |
| 117 | 05201 | 储存、运输设施设备的定期检查、清洁和维护，应当由专人负责，并建立记录和档案 |

注：*代表检查的程度。

## 3.2　药品冷藏箱和冷藏柜

药品冷藏箱主要用于药品、生物制剂、疫苗、血液的冷藏保存和运输，方便对温度的实时监控。中华人民共和国医药行业标准《药品冷藏箱》（YY/T 0086—2007）规定了药品冷藏箱的主要技术、试验方法、检验规则、标志、运输、储藏等要求。

### 3.2.1　相关术语

国际标准《制冷术语》（GB/T 18517—2012）对药品冷藏箱和冷柜的分类及定义做了详细规定。

**1. 药品冷藏箱**

药品冷藏箱根据箱门的位置，分为顶开式冷藏箱和直立式冷藏箱。顶开式冷藏箱（top - opening type refrigerator）是通过顶部的箱门或盖取放药品的冷藏箱。直立式冷藏箱（upright type refrigerator）是通过侧面或前面的箱门取放药品的冷藏箱。

药品冷藏箱涉及的相关概念如下。

（1）有效容积（effective volume）：冷藏箱关闭从内壁包含的容积中减去各部件占据的容积和那些不能用于存放药品的空间后所余的容积。

（2）控制周期（control cycle）：一个受温度控制器控制的制冷系统，在稳定运行状态，相邻的两次开机或两次停机之间的周期，即为一个控制周期。

（3）稳定运行状态（stable operating conditions）：箱内各点温度在控制周期的同时刻，

每次进行测量，在2小时内变化不超过0.5℃。

（4）平均温度（mean temperature）：停、开机时刻各测量点所测温度的算术平均值。

（5）箱内温度（inside temperature）：箱内各个测温点平均温度的算术平均值。

（6）额定有效容积（rating effective volume）：由制造厂标出的有效容积。

**2. 冷柜**

冷柜根据使用性质可分为以下三种。

（1）商用冷柜（commercial refrigerated cabinet）：带有制冷系统，可陈列、储藏冷藏和冷冻食品、药品，并使存放的物品温度保持在规定的温度范围内的冷柜。

（2）冷藏陈列柜（refrigerated display cabinet）：带有制冷系统，可存放、陈列冷藏和冷冻食品，并使存放的食品温度保持在规定的温度范围内的陈列柜。

（3）制冷储藏柜（refrigerated storage cabinet）：带有制冷系统，可存放冷藏和冷冻食品，并使存放的食品温度保持在规定的温度范围内的储藏柜。

**【拓展阅读】** 某品牌药品冷藏柜

1. 产品特点

——标配6层层架（平板）；

——顶置机头设计，冷柜门框内置暗锁，铝合金门边框；

——箱体内置LED节能灯；

——带湿度显示器，湿度有效控制在35%～75%；

——具有独特超温报警功能，温度达到20℃以上时会自动启动报警系统；

——宽气候带和宽电压带设计，不受地域、气温及电压影响。

2. 产品优势

——符合国家新GSP验证要求；

——冷柜门框内置暗锁；

——柜内采用优质节能灯管；

——纯风冷、高效制冷剂、进口压缩机组；

——温度宽泛在0～20℃之间，温差±2℃，湿度控制在35%～75%之间；

——温度达到上限可自动报警；

——不受地域影响，能满足电压不稳定的地区使用；

——产品储存有温度要求的生物制剂、药品，试剂、疫苗、血液制品，或存放需要 0 ~ 20℃冷藏的药品等。

图 3 -1　某品牌药品冷藏柜

资料来源：http：//www. shoxlg. com/chanpin/yiyao/ylg5599. html。

### 3. 2. 2　药品冷藏箱的技术要求

**1. 冷藏箱正常工作的条件**

（1）环境温度：16℃ ~32℃。

（2）环境湿度：相对湿度不大于 90%。

（3）电源波动范围：电压 187V ~242V；三相电压 343V ~418V；电源频率 49Hz ~51Hz。

**2. 有效容积**

冷藏箱的有效容积按规定进行测算，测算值应不小于有效容积的 97%。

**3. 性能**

（1）控温性能：冷藏箱达到稳定运行状态后，箱内温度偏差不大于 2℃。

（2）降温速度：箱内温度降至 4℃ ±1℃时，不超过 8 小时。

（3）波动值：开机与停机时的箱内中点温度差值应不大于 3℃。

（4）均匀性：箱内各测量点的平均温度的最大值与最小值之差不大于 2℃。

（5）启动性能：单相电源电压降到 187V 和升至 242V、三相电源电压降到 343V 和升至418V，机组仍能正常启动。

（6）化霜性能：仅对自动或半自动化霜的冷藏箱进行考核，按规定进行试验。在化霜结束后，冷藏箱应能自动恢复正常运行，并且蒸发器表面及排水管路中不应有正常工作的霜和冰。

（7）绝热性能：冷藏箱外表面（门玻璃除外）不应出现凝露现象。

（8）噪声。有以下两种情况。

①使用全封闭制冷压缩机、自然对流式冷凝器的系统，冷藏箱容积小于250L，其噪声应不大于（A声级）55dB；冷藏箱容积为250L～600L，其噪声应不大于（A声级）60dB。

②使用全封闭制冷压缩机、强制风冷式冷凝器的系统，其噪声应不大于65dB。

（9）震动测定时，其震动速度的有效值不大于0.71mm/s。

### 3.2.3 药品冷藏箱标志

**1. 铭牌标志**

每台药品冷藏箱在适当和明显位置处应有耐久性的铭牌和电路图。铭牌上有以下标志：

（1）产品牌号、名称、型号；

（2）气候类型；

（3）有效容积（L）；

（4）额定电压（V）；

（5）额定频率（Hz）；

（6）输入功率（W）；

（7）耗电量（kW·h/24h）；

（8）制冷剂名称及注入量（kg）；

（9）制造厂名称；

（10）制造日期与编号；

（11）重量（kg）。

**2. 箱内文件**

每台冷藏箱应附有下列文件：

（1）使用说明书；

（2）装箱单（包括附件、配件等清单）；

（3）检验合格证；

（4）产品保修单。

**3. 箱外标志**

包装箱外表面应用不褪色的颜料，清晰地标明下列各项标志：

（1）制造厂名称；

（2）产品名称、型号；

（3）商标；

（4）净重、毛重（kg）；

（5）包装箱外形尺寸，长 × 宽 × 高（cm × cm × cm）；

（6）出厂编号；

（7）储运注意事项应标明："小心轻放""防潮""向上"和可叠放层数等字样或符号、图案等，应符合《包装储运图示标志》（GB/T 191—2008）中的有关规定；

（8）生产许可证号和产品鉴定登记号。

### 3.2.4　药品冷藏箱验证与标准

**1. 药品冷藏箱验证**

《药品经营质量管理规范》规定，企业应当根据验证的内容及目的，确定相应的验证项目。冷藏箱或保温箱验证的项目至少包括以下方面。

（1）箱内温度分布特性的测试与分析，分析箱体内温度变化及趋势；

（2）蓄冷剂配备使用的条件测试；

（3）温度自动监测设备放置位置确认；

（4）开箱作业对箱内温度分布及变化的影响；

（5）高温或低温等极端外部环境条件下的保温效果评估；

（6）运输最长时限验证。

**2. 药品冷藏箱的标准**

《药品冷藏箱》（YY/T 0086—2007，pharmaceutical refrigerator）是中华人民共和国医药行业标准，由原国家食品药品监督管理局于 2007 年 7 月 2 日发布，2008 年 3 月 1 日实施。

本标准适用于容积为600L以下、箱内温度范围为2℃～14℃的电机驱动压缩式全封闭型制冷系统的冷藏箱。该产品供医药卫生、科研部门储存药品与生物制品。

**【拓展阅读】** 某品牌药品冷藏箱

1. 冷藏箱基本信息

产品名称：60L 冷链周转箱

信息化模块型号：EGT－300A

箱外尺寸：660mm×480mm×470mm

箱内尺寸：550mm×380mm×330mm

空箱重量：11.7kg

保温材料：聚氨酯

温度监控：嵌入式远程信息化

验证测试：验证报告、SOPs

2. 新版便携式模块的基本功能

（1）开机自动更新系统时钟，保证采集时间准确、可靠。

（2）断电或者更换电池后可续传存储数据。

（3）有温度超限、电池欠电等指示、预警功能。

（4）通过液晶屏实时显示冷藏箱内温度、工作状态。

（5）可通过 App 和后台软件报警，保证了报警信息的实时性和完整性。

（6）数据存储空间大，数据可配置。

（7）配合冷链监管云平台——中国医药冷链网，可以实时查看温度信息，历史数据追溯。

（8）可实现本地蓝牙打印采集的温度记录。

3. 新版便携式信息化模块优化内容

（1）信息化模块增加保护外壳，降低运输过程中信息化模块外壳的碰撞概率。

（2）采用更大的LED显示屏，显示效果更好。

（3）增加了本地蓝牙打印功能，可现场打印数据。不再受限于信号不好，数据上传不到后台，无法立刻把数据呈现给客户。

（4）实现探头和模块分离，方便探头线的日常维护。

（5）大容量电池，增加电池的蓄能能力。

（6）采用电池内置于模块内的设计方式，防水性能更好，增强电池的使用寿命。可满足夏天、冬天、冬夏交替，－50℃～－40℃、－20℃～－10℃、2℃～8℃、15℃～25℃条件下各保存24时、48小时、72小时、120小时或更长时间。

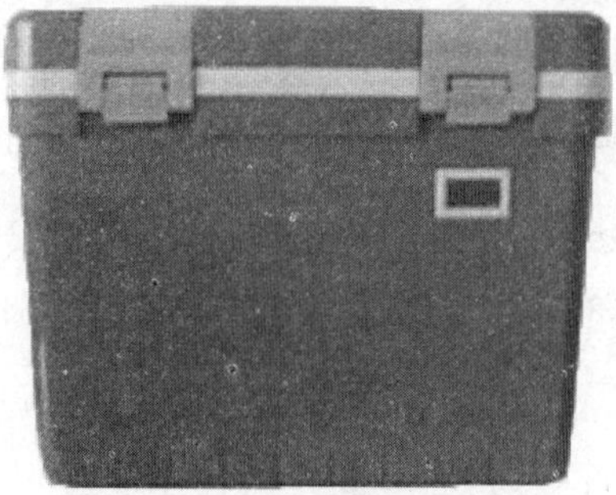

图3－2　某品牌药品冷藏箱

## 3.3　药品包装及包装材料

药品都有特定的包装材料，这与药品的种类和特性有关。它关系到药品的有效性和质量。药品包装材料是指药品生产企业生产的药品和医疗机构配制的制剂所使用的直接接触药品的包装材料和容器。新型药包材是指未曾在中国境内使用的药品包装材料。

### 3.3.1　包装与包装材料

《药品生产管理规范（2010年修订）》（卫生部令第79号）第312条规定，待包装产品变成成品所需的所有操作步骤，包括分装、贴签等。但无菌生产工艺中产品的无菌灌装以及最终灭菌产品的灌装等不视为包装。

药品包装所用的材料，包括与药品直接接触的包装材料和容器、印刷包装材料，但不包括发运用的外包装材料。

药品生产企业生产的药品及医疗机构配制的制剂应使用国家批准的、符合生产质量规范的药包材。药包材的使用范围应与所包装的药品给药途径和制剂类型相适应。药品应使用有质量保证的药包材。药包材在所包装药物的有效期内应保证质量稳定，多剂量包装的药包材应保证药品在使用期间质量稳定。不得使用不能确保药品质量和国家公布淘汰的药包材，以及可能存在安全隐患的药包材。

### 3.3.2 药包材的分类

药包材即直接与药品接触的包装材料和容器，系指药品生产企业生产的药品和医疗机构配制的制剂所使用的直接与药品接触的包装材料和容器。作为药品的一部分，药包材本身的质量、安全性、使用性能以及与药物之间的相容性对药品质量有着十分重要的影响。药包材由一种或多种材料制成的包装组件组合而成，应具有良好的安全性、适应性、稳定性、功能性、保护性和便利性，在药品的包装、贮藏、运输和使用过程中起到保护药品质量、安全、有效、实现给药目的（如气雾剂）的作用。

**1. 药包材的分类**

药包材可以按材质、形制和用途进行分类。

（1）按药包材的材质，可分为塑料类、金属类、玻璃类、陶瓷类、橡胶类和其他类（如纸、干燥剂）等，也可以由两种或两种以上的材料复合或组合而成（如复合膜、铝塑组合盖等）。常用的塑料类药包材如药用低密度聚乙烯滴眼剂瓶、口服固体药用高密度聚乙烯瓶、聚丙烯输液瓶等，常用的玻璃类药包材有钠钙玻璃输液瓶、低硼硅玻璃安瓿、中硼硅管制注射剂瓶等，常用的橡胶类药包材有注射液用氯化丁基橡胶塞、药用合成聚异戊二烯垫片、口服液体药用硅橡胶垫片等，常用的金属类药包材如药用铝箔、铁制的清凉油盒。

（2）按药包材的用途和形制，可分为输液瓶（袋、膜及配件）、安瓿、药用（注射剂、口服或者外用剂型）瓶（管、盖）、药用胶塞、药用预灌封注射器、药用滴眼（鼻、耳）剂瓶、药用硬片（膜）、药用铝箔、药用软膏管（盒）、药用喷（气）雾剂泵（阀门、罐、筒）、药用干燥剂等。

**2. 药包材的通用指导原则**

药包材的命名应按照用途、材质和形制的顺序编制，文字简洁，不使用夸大修饰性语言，尽量不使用外文缩写，如口服液体药用聚丙烯瓶。

药包材在生产和应用中应符合下列要求。

（1）药包材的原料应经过物理、化学性能和生物安全评估，具有一定的机械强度，化学性质稳定，对人体无生物学意义上的毒害。

（2）药包材的生产条件应与所包装制剂的生产条件相适应。

（3）药包材的生产环境和工艺流程应按照所要求的空气洁净度级别进行合理布局。生产不洗即用药包材，从产品成型及以后各工序，其洁净度要求应与所包装的药品生产洁净度相同。

（4）根据不同的生产工艺及用途，药包材的微生物限度或无菌应符合要求。

（5）注射剂用药包材的热原或细菌内毒素、无菌等应符合所包装制剂的要求；眼用制剂用药包材的无菌等应符合所包装制剂的要求。

**3. 药包材与药物的相容性**

药包材与药物的相容性研究是选择药包材的基础。药物制剂在选择药包材时必须进行药包材与药物的相容性研究。药包材与药物的相容性试验应考虑剂型的风险水平和药物与药包材相互作用的可能性，一般应包括以下几部分内容。

（1）药包材对药物质量影响的研究，包括药包材（如印刷物、黏合物、添加剂、残留单体、小分子化合物以及加工和使用过程中产生的分解物等）的提取、迁移研究及提取、迁移研究结果的毒理学评估，药物与药包材之间发生反应的可能性，药物活性成分或功能性辅料被药包材吸附或吸收的情况、内容物的逸出以及外来物的渗透等。

（2）药物对药包材影响的研究，考察经包装药物后药包材完整性、功能性及质量的变化情况，如玻璃容器的脱片、胶塞变形等。

（3）包装制剂后药物的质量变化（药物稳定性），包括加速试验和长期试验药品质量的变化情况。药包材标准是为保证所包装药品的质量而制定的技术要求。国家药包材标准由国家颁布的药包材标准（YBB 标准）和产品注册标准组成。药包材质量标准分为方法标准和产品标准，药包材的质量标准应建立在经主管部门确认的生产条件、生产工艺以及原材料牌号、来源等基础上，按照所用材料的性质、产品结构特性、所包装药物的要求和临床使用要求制定试验方法和设置技术指标。上述因素如发生变化，均应重新制定药包材质量标准，并确认药包材质量标准的适用性，以确保药包材质量的可控性。制定药包材标准应满足对药品的安全性、适应性、稳定性、功能性、保护性和便利性的要求。不同给药途径的药包材，其规格和质量标准要求亦不相同，应根据实际情况在制剂规格范围内确定药包材的规格，并根据制剂要求、使用方式制定相应的质量控制项目。

在制定药包材质量标准时，既要考虑药包材自身的安全性，也要考虑药包材的配合性和影响药物的贮藏、运输、质量、安全性和有效性的要求。药包材产品应使用国家颁布的 YBB 标准，如需制定产品注册标准的，其项目设定和技术要求不得低于同类产品的 YBB 标准。

药包材产品标准的内容主要包括以下三部分。

①物理性能：主要考察影响产品使用的物理参数、机械性能及功能性指标。如橡胶类制品的穿刺力、穿刺落屑，塑料及复合膜类制品的密封性、阻隔性能等，物理性能的检测项目应根据标准的检验规则确定抽样方案，并对检测结果进行判断。

②化学性能：考察影响产品性能、质量和使用的化学指标，如溶出物试验、溶剂残留量等。

③生物性能：考察项目应根据所包装药物制剂的要求制定，如注射剂类药包材的检验项目包括细胞毒性、急性全身毒性试验和溶血试验等，滴眼剂瓶应考察异常毒性、眼刺激试验等。

药包材的包装上应注明包装使用范围、规格及贮藏要求，并应注明使用期限。

### 3. 3. 3 药品包装管理

**1. 药品包装材料的管理**

《药品生产质量管理规范》（2010 年修订）规定，与药品直接接触的包装材料、印刷包装材料的管理和控制要求与原辅料相同。具体如下。

（1）包装材料应当由专人按照操作规程发放，避免混淆和差错，确保用于药品生产的包装材料正确无误。

（2）建立印刷包装材料设计、审核、批准的操作规程，确保印刷包装材料印制的内容与药品监督管理部门核准的一致，并建立专门的文档，保存经签名批准的印刷包装材料原版实样。

印刷包装材料的版本变更时，应当采取措施，确保产品所用印刷包装材料的版本正确无误。收回作废的旧版印刷模板并予以销毁。

（3）印刷包装材料应当设置专门区域妥善存放，未经批准，人员不得进入。切割式标签或其他散装印刷包装材料，应当分别置于密闭容器内储运，以防混淆。由专人保管，并按照操作规程和需求量发放。

（4）每批或每次发放的与药品直接接触的包装材料或印刷包装材料，均应当有识别标志，标明所用产品的名称和批号。

（5）过期或废弃的印刷包装材料应当予以销毁并记录。

**2. 药品包装的管理**

《中华人民共和国药品管理法》（2015 年 4 月 24 日修正）对药品包装做了如下规定。

（1）直接接触药品的包装材料和容器，必须符合药用要求，符合保障人体健康、安全的标准，并由药品监督管理部门在审批药品时一并审批。药品生产企业不得使用未经批准的直接接触药品的包装材料和容器。对不合格的直接接触药品的包装材料和容器，由药品监督管理部门责令停止使用。

（2）药品包装必须适合药品质量的要求，方便储存、运输和医疗使用。发运中的药材必须有包装。在每件包装上，必须注明品名、产地、日期、调出单位，并附有质量合格的标志。

（3）药品包装必须按照规定印有或者贴有标签并附有说明书。标签或者说明书上必须注明药品的通用名称、成分、规格、生产企业、批准文号、产品批号、生产日期、有效期、适应症或者功能主治、用法、用量、禁忌、不良反应和注意事项。

麻醉药品、精神药品、医疗用毒性药品、放射性药品、外用药品和非处方药的标签，必须印有规定的标志。

### 3.3.4　药包材产品的分类

国家药品监督管理局 2000 年 4 月 29 日发布的《药材包装用材料、容器管理办法（暂行)》将药包材产品分为三类，分别为Ⅰ、Ⅱ、Ⅲ类。Ⅰ类药包材指直接接触药品且直接使用的药品包装用材料、容器。Ⅱ类药包材指直接接触药品，但便于清洗，在实际使用过程中经清洗后可以消毒灭菌的药品包装用材料、容器。Ⅲ类药包材指除Ⅰ、Ⅱ类以外其他可能直接影响药品质量的药品包装用材料、容器。具体如下。

**1. 实施Ⅰ类管理的药包材产品**

（1）药用丁基橡胶瓶塞；

（2）药品包装用PTP铝箔；

（3）药用PVC硬片；

（4）药用塑料复合硬片、复合膜（袋）；

（5）塑料输液瓶（袋）；

（6）固体、液体药用塑料瓶；

（7）塑料滴眼剂瓶；

（8）软膏管；

（9）气雾剂喷雾阀门；

（10）抗生素瓶铝塑组合盖；

（11）其他接触药品直接使用的药包材产品。

**2. 实施Ⅱ类管理的药包材产品**

（1）药用玻璃管；

（2）玻璃输液瓶；

（3）玻璃模制抗生素瓶；

（4）玻璃管制抗生素瓶；

（5）玻璃模制口服液瓶；

（6）玻璃管制口服液瓶；

（7）玻璃（黄料、白料）药瓶；

（8）安瓿；

（9）玻璃滴眼剂瓶；

（10）输液瓶天然胶塞；

（11）抗生素瓶天然胶塞；

（12）气雾剂罐；

（13）瓶盖橡胶垫片（垫圈）；

（14）输液瓶涤纶膜；

（15）陶瓷药瓶；

（16）中药丸塑料球壳；

（17）其他接触药品便于清洗、消毒灭菌的药包材产品。

**3. 实施Ⅲ类管理的药包材产品**

（1）抗生素瓶铝（合金铝）盖；

（2）输液瓶铝（合金铝）、铝塑组合盖；

（3）口服液瓶铝（合金铝）、铝塑组合盖；

（4）除实施Ⅰ、Ⅱ类管理以外其他可能直接影响药品质量的药包材产品。

药包材分类目录由国家药品监督管理局制定、公布。药包材必须按法定标准生产，不符合法定标准的药包材不得生产、销售和使用。药包材国家标准或行业标准由国家药品监督管理局组织制订和修订；未制定国家标准、行业标准的药包材，由申请产品注册的企业制定企业标准。药包材标准由药品监督管理部门监督实施。

### 3.4.5 药包材的注册条件、程序及管理

**1. 药包材注册应具备的基本条件**

需要申请药包材注册的企业，应具备下列几个基本条件。

（1）申请单位须具有企业法人营业执照。

（2）申请注册的药包材应符合我国药品包装需要及发展方向；国家已明令淘汰或限期淘汰的产品不予注册。

（3）具备生产该产品的合理工艺、设备、洁净度要求、检验仪器、人员、管理制度等质量保证必备条件。

（4）生产Ⅰ类药包材产品，须同时具备与所包装药品生产相同的洁净度条件，并经国家药品监督管理局或省、自治区、直辖市药品监督管理部门指定的检测机构检查合格。

**2. 药包材注册的程序**

符合药包材注册条件的企业，应根据所申请注册药包材的类别，向相关管理部门申请注册。大概程序如下。

（1）申请注册的产品须按规定抽样三批，经药包材质量检测机构检测符合法定标准。

（2）Ⅰ类药包材注册，申请企业按规定要求填写“药品包装用材料、容器注册申请书”，连同所需资料经省、自治区、直辖市药品监督管理部门初审合格后，报国家药品监督管理局审批核发《药包材注册证书》。

（3）Ⅱ、Ⅲ类药包材注册，申请企业按规定要求填写“药品包装用材料、容器注册申请书”，连同所需资料报省、自治区、直辖市药品监督管理部门审批核发《药包材注册证书》，同时，报国家药品监督管理局备案。

**3. 药包材的注册管理**

（1）药包材须经药品监督管理部门注册并获得《药包材注册证书》后方可生产。未经注册的药包材不得生产、销售、经营和使用。《药包材注册证书》有效期为5年，期满前6个月按规定申请换发。《药包材注册证书》不得伪造、变造、出租、出借。

（2）药包材执行新标准后，药包材生产企业需向原发证机关重新申请核发《药包材注册证书》。《药包材注册证书》所列内容发生变化的，持证单位应自发生变化30日之内向原发证机关申请办理变更手续或重新注册。

（3）首次进口的药包材（国外企业、中外合资境外企业生产），须取得国家药品监督管理局核发的《进口药包材注册证书》，并经国家药品监督管理局授权的药包材检测机构检验合格后，方可在中华人民共和国境内销售、使用。《进口药包材注册证书》有效期为3年，期满前6个月按规定申请换发。

（4）国家药品监督管理局注册核发的Ⅰ类《药包材注册证书》及《进口药包材注册证书》，省、自治区、直辖市药品监督管理部门注册核发的Ⅱ、Ⅲ类《药包材注册证书》在全国范围内有效。《药包材注册证书》及《进口药包材注册证书》由国家药品监督管理局统一印制。

（5）使用进口药包材，凭国家药品监督管理局核发的《进口药包材注册证书》复印件加盖药包材生产厂商有效印章后，经所在省、自治区、直辖市药品监督管理部门备案后方可使用。

## 课后思考

1. 药品冷藏箱和托盘有哪些性能要求？

2. 药包材分为哪几类？其应用产品有哪些？

3. 注册药包材需要哪些条件？其管理内容有哪些？

4. 观察某一家医院的药品冷链设施、主要设备的应用状况，罗列出其主要设备。

## 案例分析

### 华润医药商业持续优化冷链物流[①]

药品冷链以保证药品的品质为目的，是一个以保持低温环境为核心要求的特殊供应链系统。作为医药流通过程的重要环节，药品冷链物流具有专业性强、成本高等特点。面对实现低温冷藏药品全生命周期的安全管理及双向可追溯管理，整合产业链相关资源等挑战，华润医药商业集团有限公司不断加大冷链建设投入，通过企业自身的摸索和实践，总结出了一套适合中国药品经营企业的冷链物流管理与运作模式。

1. 发展过程

北京医药股份有限公司于2000年12月28日正式成立，2006年进入华润集团，2012年3月正式更名为华润医药商业集团有限公司（以下简称华润医药商业）。

2007年，华润医药商业拥有冷库使用面积260平方米，冷库层高2.8米，冷库容积728立方米，承担着华润医药商业北京地区的公司母体、医疗事业部、社区事业部、商务事业部及医保全新大药房在北京地区的所有冷藏药品的储存、配送任务。随着冷链业务规模的不断扩大，原有冷库的储存配送量已超过设计极限，并且无法达到全库范围内精确的恒温恒湿要求，极大制约了公司冷链业务的发展。

2009年底，华润医药商业开始着手对原有冷库重新设计建设。2010年6月中旬，全国药品流通领域第一家恒温恒湿冷库正式在其马连道物流配送中心投入使用。新冷库总面积1500平方米，引进国际先进技术对库内冷气进行控制，使全年库内温度控制在4.5℃～

① 本刊编辑部：“华润医药商业持续优化冷链物流”，《冷链观察》2016年7月18日。

5.5℃，湿度控制在55%～65%。该指标远远超过国家法规规定的2℃～8℃和45%～75%的温湿度控制标准，达到了国内先进水平。

此外，华润医药商业还通过改进冷藏车和保温箱，引进全新的RFID数据采集记录管理系统，实现了真正意义上的全程冷链监控。

2. 关键技术

（1）恒温恒湿冷库。新建冷库采用乙二醇载冷剂制冷，通过制冷机组将冷量储存在乙二醇水溶液中，水泵将乙二醇水溶液送入恒温恒湿机组，经过恒温恒湿处理后的空气通过66个送气孔输送至库内，再通过冷库下方的8条排风通道将用旧的空气排出，以形成库内冷空气的循环，达到恒温恒湿的效果。

由于提前对冷库内的空气进行了预处理，从而保证库内温度波动24小时不超过1℃。

如有断电情况发生，或者制冷系统全部出现故障时，水箱储存的冷水还能够继续为冷库提供冷量，维持一段时间的库温恒定。因乙二醇送水温差小，送水温度本身在露点温度之上，所以冷库不需要再进行电化霜，从而避免了除霜期间冷库温度的上下波动，更有利于保证药品质量。

（2）RFID技术。在低温药品的生命周期管理中，连续温度数据记录十分重要，这是药品冷链管理所需的信息来源。获得连续温度数据的关键在于两个方面：每个冷链段的数据采集和冷链段之间的交接。

为了实现冷藏药品在库、配送过程的无缝冷链监控，对其在库、出库、运输、交货、回库环节实行温度监控，华润医药商业决定引进RFID技术进行数据采集记录，实现全程冷链管理。

在整个低温冷藏药品的冷链管理过程中，应用RFID技术的特性，无须人工操作，就能全程自动记录药品的温度变化情况，实现不开箱读取温度数据。无论是一个产品还是多个产品，无论是同一地点还是多个地点，RFID都会将记录实时准确地上传至系统的数据中心，实现药品从仓储、运输到终端的全程冷链管理，便于药厂、药品流通企业、医院随时掌握药品仓储、运输、销售终端的信息查询。

同时，RFID技术与冷藏箱的结合还实现了多批次、小批量低温冷藏药品单品级别实时温度管理，填补了行业空白。

（3）智能旋转式货柜。冷库中使用了2台智能旋转式自动货柜进行零头药品出库拣选。货柜采用一侧补货、对侧取货的出库方式，每台货柜共有16个存货料斗。为了保证货柜内温度要求，货柜顶部各有1个出风口向货柜内提供冷气，同时货柜向冷库一面装有通风口。货柜自有操作系统具有料斗定位、拣选出库、移库、补货、扫描药监码等功能，能够满足信息操作要求。该系统与华润医药商业公司的WMS系统通过接口软件进行数据交换。

拆零拣货时，拣货员不需要进入冷库，而是在缓冲区通过扫描订单条码，旋转货柜自动将相应货位转至出口处，拣货员只需取出需要的货品，再放入冷藏箱包装即可。

### 3. 特色设计

华润医药商业的冷库在结构上借鉴了食品行业的做法，增加了缓冲区，有利于保证库内温度的稳定。缓冲区由双面不锈钢聚氨酯电动滑动保温门和电动直升保温门阻隔而成，温度为18℃～20℃。该区域与冷库使用的制冷机组独立运行，互不影响。

双面不锈钢聚氨酯电动滑动保温门的内径尺寸为宽2.0米×高2.5米，库门开启灵活、关闭严密、使用可靠，在门边装有门锁。保温门采用优质材料经特殊处理后制作框架，外覆不锈钢面板。门扇与地面、门框的结合处采用特制定形，且耐低温、强弹性的橡胶材料，采用两道平面形式密封，提高密封性能。门内设有安全锁装置，假设门在关闭时有人或车辆被关在冷库内，也能手动打开门，避免事故发生。

### 4. 作业流程

华润医药商业在冷链物流方面的主要业务环节分为收货、存储、运输三块，其中收货和存储的所有操作均在冷库内完成，相对比较容易管控，关键是对运输环节要严格管控。

目前，华润医药商业北京地区的配送业务由自有车队负责，具体作业流程如下。

（1）冰排（袋）预冷。将未经冷冻的冰排放入低温冷柜进行冷冻，并记录放置时间；在放置预冷冰排的冷柜加贴预冷标识；当冰排预冷达到24小时后，粘贴可用标识，记录可用时间。

（2）包装。将药品装入泡沫箱内，其中小泡沫箱在药品上放置含1千克制冷剂的冰排（袋），大泡沫箱需放置含2千克制冷剂的冰排（袋）；再放入RFID电子标签，以实现运输过程中的有效监控；商品完成包装后，将冷箱放置在备货区。

（3）出库配送。司机领取包装箱并登记后，将药品装车、配送至指定客户。

（4）回收。司机返回物流中心后，交回包装箱、冰排，并进行登记。

运输使用的冷藏车和冷藏箱均经过验证，冷藏箱的保温时效为48小时，而配送基本在36小时内到达。同时，为保证制冷效果，公司在1.5吨的冷藏车上均配置了2吨的制冷机组。

## 思考题

1. 简述该冷链配送中心的设施设备情况。
2. 简述该冷链配送中心的要素集成情况。

# 第 4 章 疫苗、血液以及特殊管理药品物流

血液及血液制品、疫苗以及特殊管理药品（包括生物制品、麻醉药品和精神药品等）与一般普通药品不同，在其物流过程中有特殊的要求与规定，必须掌握。

## 4.1 血液及血液制品冷链物流

中华人民共和国卫生行业标准《血液运输要求》（WS/T 400—2012）规定了临床输注用血液的运输要求。该标准适用于全国采供血机构之间，采供血机构与采供血场所以及与医疗机构之间的血液运输。但它不适用造血干细胞及衍生血液制品的运输。

### 4.1.1 专业术语①

**1. 血液（或称全血）（Blood，Whole Blood）**

指采集于含有抗凝剂溶液中的血液。抗凝溶液中可含或不含营养物，如葡萄糖或腺嘌呤等。

**2. 血浆（Plasma）**

指血液采集于含有抗凝剂的接收容器中，分离血细胞后保留的液体部分；或在单采血浆过程中抗凝血液经连续过滤或离心分离后的液体部分。

---

① 《中国药典》（2015 年版）第三部“凡例　生物制品术语及名词解释”。

**3. 血液制品（Blood Products）**

指源自人类血液或血浆的治疗产品，如人血白蛋白、人免疫球蛋白、人凝血因子等。

**4. 血袋（plastics container）**

可带采血管和针、输血插口、抗凝剂和（或）保养液，以及转移管的袋式塑料容器和附属血袋。

**5. 储存寿命（shelf-life）**

即灭菌和失效日期之间的期限，超过失效日期后塑料血袋不能用于采血。

### 4.1.2 我国特殊药品监管部门

疫苗、血液以及特殊管理药品由特殊药品管理部门监管。国家药品监督管理局规定，其药品化妆品监管司特殊药品监管处有监管这些特殊药品的工作职能。

（1）拟订疫苗、血液制品、麻醉药品、精神药品、医疗用毒性药品、放射性药品和药品类易制毒化学品生产、经营、进出口等质量管理规范并监督实施。

（2）拟订疫苗、血液制品、医疗用毒性药品、放射性药品生产、经营检查制度并监督实施。

（3）拟订麻醉药品、精神药品和药品类易制毒化学品研制、生产、经营检查制度并监督实施。

（4）组织开展对疫苗、血液制品、麻醉药品、精神药品、医疗用毒性药品、放射性药品和药品类易制毒化学品生产、流通的监督检查，对发现的问题及时采取处置措施。

（5）组织开展麻醉药品和精神药品滥用监测工作。

（6）承担总局麻醉品管制办公室日常工作，开展麻精药品进出口国际核查，承担履行国际药物管制公约义务相关工作。

（7）承担国家禁毒委员会成员单位相关日常工作。

### 4.1.3 血浆的包装、贮存与运输

《中国药典》（2015 年版）对血浆的包装、贮存与运输做了如下要求与规定。

**1. 血浆的包装**

根据现行国家标准《人体血液及血液成分袋式塑料容器——第一部分：传统型血袋》（GB 14232）的要求，血浆应采用一次性塑料血袋。血浆袋应完好，无破损，标本管内血浆与血浆袋内血浆应完全一致。血浆袋标签上应标明供血浆者姓名、卡号、血型、血浆编号、采血浆日期、血浆重量及单采血浆站名称。

**2. 血浆贮存**

（1）除另有规定外，血液采集后，应在 6 小时内快速冻结，置 -20℃或以下保存。用于分离人凝血因子Ⅷ的血浆，保存期自血浆采集之日起应不超过 1 年；用于分离其他血液制品的血浆，保存期自血浆采集之日起应不超过 3 年。

（2）如果在低温贮存中发生温度升高，但未超过 -5℃，时间未超过 72 小时，且血浆仍处于冰冻状态，仍可用于分离白蛋白和免疫球蛋白。

**3. 血浆运输**

（1）冰冻血浆应于 -15℃以下运输。

（2）如果在运输过程中发生温度升高的意外事故，按“血浆贮存”规定处理。

## 4.1.4　血袋的包装与标签

《传统型血袋》（GB 14232.1—2004）规定了密闭、无菌塑料血袋的要求（包括性能要求）。该血袋可带有采血管、输血插口、采血针和转移管，用于血液及血液成分的采集、储存、处理、转移、分离和输注。根据使用要求，血袋内可装入抗凝剂和（或）保养液。

**1. 包装**

（1）制造厂应根据塑料血袋的稳定性数据给出储存寿命。当装入抗凝剂和（或）保养液时，在规定的储存温度下塑料血袋的储存寿命应在水分损耗不大于 5% 的质量分数的时间内。

（2）外包装材料或对其内表面的任何处理既不能与血袋或其内装液相互反应，又要防止霉菌生长。如采用化学杀真菌剂，应提供对塑料血袋及其内装液无有害渗透或不良影响的证明。

（3）外包装的密封一旦打开或再闭合，应有明显打开过的痕迹。

（4）外包装在正常处置和使用条件下，应有足够强的耐破损性。

（5）塑料血袋及其组件在外包装中的放置，应尽可能防止采血管和连接管（转移管）形成扭结和永久变形。

**2. 血袋上的标签**

如标签有足够的空间，可包括下列①～⑨中规定的信息；如果标签的空间太小，④、⑤、⑥和⑦项允许在使用说明书中给出而不用在标签上标出。

①内装液及预期使用的描述。

②抗凝剂和保养液以及所含的任何其他物质的特性和体积（毫升）或质量（克），可采集血液和血液成分的体积（毫升）和质量（克）。

③无菌、无热原限定条件的说明。

④若发现任何肉眼可见变质迹象禁止使用的说明。

⑤不需通气的说明。

⑥塑料血袋仅供一次性使用的说明。

⑦塑料血袋的使用说明。

⑧制造厂和（或）供应商的名称和地址。

⑨批号。

若适宜，标签上还可标明包括超过失效日期后血袋不宜用于采血和有关产品编码的信息。

**3. 外包装标签**

外包装标签上应包括下列内容：

①制造厂和（或）供应商的名称和地址。

②内装液说明。

③失效日期。

④塑料血袋从外包装中取出后超过 n[①] 天禁止使用的说明。

---

① 如果国家没有法规规定，n 则由制造厂决定。

⑤批号。

如果使用透明外包装，所要求的信息宜标在塑料血袋的标签上。

**4. 运输箱上的标签**

该标签宜明显可见，应包括下列信息：

①制造厂或供应商的名称和地址。

②内装物说明。

③储存条件。

④批号。

⑤失效日期。

⑥运输包装作为外包装时，从外包装中取出后超过 n① 天禁止使用的说明。

**5. 血袋标签的要求**

塑料血袋的标签有如下具体要求。

①要为塑料血袋制造厂和用户信息保留足够使用的面积，通常 30% 的标签面积用于制造厂家要求的条目，70% 标签面积用于向塑料血袋灌注血液的用户所要求的条目。

②在塑料血袋上留出一个无任何标记的区域，便于目力检验内装液。

③标签上的印字不会渗入血袋的塑料材料内。

④使用时标签上的印字仍保持清晰可认。

⑤标签上用的黏合剂应不滋生微生物，应提供不会对塑料血袋及其内装液产生有害作用的证据。

⑥若试图撕下标签，标签应容易被撕毁。

## 4.1.5　血液冷藏箱

中华人民共和国国家标准《血液冷藏箱》（GB/T 21278—2007）规定，血液冷藏箱内部温度为 2℃ ~6℃，环境温度为 16℃ ~32℃，最高相对湿度为 75%；带制冷装置的，要符合存放输血用血液的要求。

---

① 如果国家没有法规规定，n 由制造厂决定。

**1. 基本概念**

（1）总容积（overall volume）。在箱门处于关闭状态下，冷藏箱内壁所包围的内部容积（单位为 L）。该容积不包括箱内设施和部件所占的容积。

（2）有效容积（effective volume）。可用于存放血液袋（装满血液）的容积。有效容积可通过水平存放面的宽度、深度和考虑必要的空气流通通道后的高度来计算。

（3）自动除霜（automatic defrosting）。即自动开始和自动结束的化霜过程。

（4）标称耗能（measured energy consumption）。在环境温度为 25℃、箱内平均温度为 4℃的测试条件下，空负荷稳定运行 24 小时所消耗的电能（单位为 kW · h/24h）。

（5）相对运行时间（relative operating time）。即在稳定运行工况下压缩机的运行时间与总的测试时间的比值。

（6）内部温度（inside temperature）。即冷藏箱内部的空气温度。

（7）产品温度（product temperature）。即所保存的血液的温度。

**2. 一般要求**

（1）总容积。实测的总容积与标称总容积的误差不应超过 3%。

（2）有效容积。实测的有效容积与标称有效容积的误差不应超过 3%。

（3）外部尺寸。在确定外部尺寸时，应保证冷藏箱在运输时能从医院的门通过，门的通过尺寸为 1000 毫米 ×2000 毫米。

（4）内部的机械设施。冷藏箱的内部结构应使所存放的血袋能清楚地区分 A 型、B 型、AB 型和 O 型四大类血型，各血型分区存放，并在每区设置有标贴夹，方便使用者标示血型。

冷藏箱的内部结构应使所存放的血液易于存取。存放平面应有足够的稳定性，即使将血液袋仅放在平面的一侧时，该平面也不应有变形。在冷藏箱移动时，也应保证该功能。

存放的血液袋应与冷藏箱的内壁有足够的距离，以避免所保存的血液质量受到影响。

（5）照明。冷藏箱应设置照明，且在打开箱门时，在不借助于外部光源的情况下，应该看清所保存的血液袋。

**3. 安全要求**

（1）机械设施。包括三点：一是冷藏箱不允许存在能使人受伤的尖角、锐角和粗糙表面；二是冷藏箱的门应能关严；三是对于能移动的冷藏箱，应设置锁定装置。

（2）稳定性。按相关条件进行试验，冷藏箱不允许翻倒。

（3）电源显示。冷藏箱通电时，应提供可见的电源指示信号。

（4）产品温度。按相关规定进行试验时，在16℃～32℃的环境温度下，不论存在多少血液袋，包括在一次性开门的约60秒的时间内，血液的温度应能维持在4℃±1.5℃。

（5）温度控制。冷藏箱应设置温度控制器，确保血液的温度维持在4℃±1.5℃。如果温度控制器失效，应有一个安全装置防止血液袋温度低于2℃，且该安全装置应可以被检查。

（6）温度监控。除所要求的温度控制之外，还应设置温度监控装置。其温度传感器位于至少一个参照体之中，并确保在温度超温报警时整个产品的温度仍能处于一个允许的范围，即4℃±2℃。参照体内部的温度变化过程应采用合适的测量与记录仪器进行测量并保存。

监控装置应满足在参照体的温度超过6℃或低于2℃时，发出声光报警信号，同时还应提供给远程报警系统一个开关信号。光报警信号不允许关掉，声报警信号可手动关闭。报警信号应每隔一段时间自动开启，时间间隔不应超过30分钟，直到温度达到要求。

（7）断电。冷藏箱断电时，监控装置应能发出声光报警信号。报警系统应配有自动充放电池，并在断电24小时内仍能正常发出报警信号。如有可能，建议使冷藏箱与应急电源或发电机相连。

**4. 标志、标签和包装**

每台冷藏箱在适当和明显的位置处应有耐久性的铭牌和电路图。铭牌上应清晰标出以下内容：

——产品商标、名称、型号；

——防触电保护类别；

——总容积，L；

——有效容积，L；

——能耗值，kW · h/24h；

——额定电压，V；

——额定频率，Hz；

——输入总功率，W；若有大于100W的电热元件和任何辅助元件的额定功率，应另标出。

——额定电流，A；

——制冷剂名称及装入量，g；

——制造厂名称；

——制造日期与编号；

——质量，kg。

### 4.1.6 血站管理

2005年11月17日，卫生部发布了《血站管理办法》。该办法所称血站是指不以营利为目的，采集、提供临床用血的公益性卫生机构。

血站分为一般血站和特殊血站。一般血站包括血液中心、中心血站和中心血库。特殊血站包括脐带血造血干细胞库和卫生部根据医学发展需要批准、设置的其他类型血库。

卫生部主管全国血站的监督管理工作。县级以上地方人民政府卫生行政部门负责本行政区域内血站的监督管理工作。血站的工作对于血液的安全性和有效性至关重要，因此，《血站质量管理规范》对血液制备、血液隔离与放行、血液保存与发放等做了具体规定。

**1. 血液制备**

（1）建立和执行血液制备的质量体系，确保血液安全有效。

（2）制备的血液必须符合《全血和成分血质量要求》。

（3）应建立和执行血液制备、贴签、包装、入库程序。

（4）血液制备环境应当整洁卫生，定期有效消毒，进行环境温度控制，保证血液的安全性和有效性。

（5）血液制备应尽可能在密闭系统中进行。如果只能在开放系统进行制备的，则应严格控制，避免微生物的污染。

（6）对血液制备的关键设备，应按规定进行维护和校准，确保运行可靠和稳定。

（7）血液制备的程序和方法必须经过审核确认。

（8）血液制备过程中所使用的一次性塑料血袋的质量及其生产商的资质，应符合相关法规的要求；一次性使用塑料血袋须经过质控部门确认合格后方可投入使用。

（9）在整个制备过程中，所有血液及其包装均应正确标识。使用联袋时，在原袋和转移袋分离之前应检查每个血袋上献血条码的一致性。对血液进行过滤、汇集、分装或者冰冻等操作而需要采用非一体性的血袋时，必须保证在每一个血袋贴上正确的献血条码。对合格血液进行贴签时，应对标签中的信息再次进行核对。

（10）建立和执行血液常规抽检程序，对抽检结果进行统计分析和偏差调查。

（11）每袋血液在其制备的每一个环节都应经过严格的目视检查，对于血袋有渗漏、损坏和缺陷迹象，疑似细菌污染或其他异常的血液，必须实施标识、隔离和进一步处理。

（12）血液制备记录应确保对血液制备过程中的人员、设备、血液来源和原材料、方法步骤、环境条件等相关信息的追溯，至少包括：血液的交接，成分制备过程，成分的常规抽检及质量结果分析，仪器使用、维护校准，成分制备环境控制，医疗废弃物的处理等。记录应有操作执行人员的签名。

**2. 血液隔离与放行**

（1）应建立和实施血液隔离程序，将待检测（包括可能存在质量问题但尚未最后判定的）的血液和不合格血液进行物理隔离和管理，防止不合格血液的误发放。

（2）经检查合格的血液，应按一定程序放行，要遵从以下原则。

①明确规定血液放行的职责，放行人员应经过培训和考核合格，并经过授权，才能承担放行工作。质量管理人员应该监控血液的放行。

②清查每批血液中的所有不合格血液，准确无误并安全转移处置后，才能放行合格血液。

③确定每批血液中所有制备的合格血液，并贴上合格血液标签，经过批准放行后，才能从隔离库转移到供临床发放的合格血液储存库。

④对每批血液的放行进行记录。保证所有的血液成分得到识别和清点核实；所有不合格的血液经过清点核实，并已被安全转移和处置。所有合格血液均符合国家标准。放行人应签署姓名、放行日期和时间。

**3. 血液保存、发放与运输**

（1）建立和实施血液保存管理程序，并满足以下要求。

①血液的保存地点应具有防火、防盗和防鼠等措施，未经授权不得进入。

②血液的保存设备应运行可靠，温度均衡，有温度记录装置和报警装置。

③对保存状态进行监控，包括持续的温度及其他保存条件的监测和记录，确保血液始终在正确的条件下保存。

④根据储存要求将不同品种和不同血型的血液分开存放，并有明显标识。

（2）建立和实施血液发放程序。应遵循先进先出的原则。发放前，应检查血液外观，外观异常的血液不得发放。还要建立和保存血液发放记录。

（3）建立和实施血液运输的管理程序，确保血液在完整的冷链中运输，使血液在从采集直至发放到医院的整个过程中始终处于所要求的温度范围内。应对血液在整个运输过程中的储存温度进行监控，建立和保存血液运输记录。

（4）不同保存条件以及发往不同目的地的血液应分别装箱，并附装箱清单。血液运输箱应有标识，标明血液种类、运输目的地。

**4. 血液库存管理**

（1）建立和实施血液库存管理程序，既保证有充足的血液供应，又能最大限度地控制血液的过期报废。应根据临床需求确定不同种类血液的最低库存水平，处于制备过程中的血液应纳入库存管理。对血液库存要定期盘点。

（2）应制定切实可行的血液应急预案，保证突发事件的血液供应。

**5. 血液收回**

（1）应建立和实施血液收回程序，确定需要收回的血液、收回责任人及其职责，确保在任何时间有专人接听及处理血液质量投诉和缺陷发现，并能够快速收回已发放的血液或追踪血液去向，及时通告有关单位采取适当的措施。

（2）在收回具有严重质量缺陷的血液时，应进行全面调查。血液收回记录应当包括缺陷血液的收回、追踪、分析、评审和处置，以及采取的纠正和预防措施。

### 4.1.7 血液运输要求

中华人民共和国卫生行业标准《血液运输要求》（WS/T 400—2012）规定了临床输注用血液的运输要求。

一般血液采用冷藏运输车或盛装于血液运输箱内，借助飞机、火车、汽车或其他运输工具实施运输。

**1. 冷藏运输车**

①冷藏运输车是用于血液运输的专用车辆，应带有温度控制。

②车厢厢体应整体密闭，内壁的表面应光洁、平整、无裂痕，易于消毒和清洗。

③具备自动或手动温度调控设置，车厢内各测量点的平均温度最大值与最小值的差值≤2℃。

④车厢内应有温度指示装置。车厢内的平均温度与实际平均温度的误差应在 ±1℃以内。

⑤车厢应保持清洁状态，并定期进行消毒清洗。

⑥冷藏运输车应有与其用途相对应的标识。

**2. 血液运输箱**

（1）外观和内壁要求如下：

①箱体在盖合后应整体密闭，能防尘、防雨、防滑；

②箱体外观和内壁的表面光洁、平整、无裂痕，能防止液体渗漏；

③箱体在装入血液之前应保持清洁状态，应易于消毒和清洗。

（2）箱体材料要求：保证在正常使用条件下，箱体不变形，内部材料不自发产生有害气体。

（3）保温性能要求如下：

①装载 4℃ ~20℃物件时，运输箱外表面不应出现明显的凝露现象；

②在血液冷藏运输箱投入使用前进行确认，以确保符合要求。

（4）控温类型及相应要求。

蓄电池控温：在运输过程中，应能维持适宜的温度，满足全血及红细胞类血液成分、血浆类血液成分、血小板、冷沉淀的运输要求。

固定冰点材料控温：在运输过程中，应能维持适宜的温度，满足全血及红细胞类血液成分、血浆类血液成分、血小板、冷沉淀、冰冻红细胞的运输要求，并应注意以下事项：

- 运输全血及红细胞类血液成分时，不得使用 −65℃或以下温度条件下制备的固定冰点材料或干冰；固定冰点材料应放置在血液的最上层，并且不得与血液直接接触。

- 运输血小板时，需特殊固定冰点材料，或用20℃～24℃盛装液体的密闭容器代替。
- 运输冰冻血浆、冷沉淀时，使用－18℃或以下温度条件下制备的固定冰点材料或干冰。
- 运输冰冻红细胞时，使用－65℃或以下温度条件下制备的固定冰点材料或干冰。

（注：全血及红细胞类血液成分不包括冰冻红细胞。）

（5）血液运输箱应有相应的标识，标识的内容应完整、清晰。标识至少包括下列内容：

①采供血机构名称；

②最大承重量；

③放置方向，防摔、防晒、防雨；

④最多叠放层数；

⑤血液的品名、血液运输的起始地和目的地、血液保存的温度。

**3. 运输温度**

运输全血及红细胞类血液成分（不包括冰冻红细胞）：应维持在2℃～10℃。

运输冰冻血浆、冷沉淀：应维持在冰冻状态。

运输血小板：尽可能维持在20℃～24℃。

运输冰冻红细胞：应维持在－65℃或以下温度。

**4. 质量监控**

（1）血液运输过程中应有可供追溯的记录，记录应包括下列内容：

①血液的品名、数量、规格；

②血液的发放地和运输的目的地；

③血液发放日期、时间，负责发放人员的签名；

④血液接收日期、时间，负责接收人员的签名；

⑤运输的设备。

（2）运输血液前检查冷藏运输控温设备的性能和运行状态，达到规定要求后，方可运输。

（3）运输过程应符合要求。

（4）同一运输车在运输不同保存温度的血液成分时，应按温度要求进行分隔。采用血液运输箱运输血液，应按血液成分运输的温度要求分箱装载，不得在同一运输箱内混装其他任何物品。

（5）运输设备的监控应符合以下要求：

①抽检频率：至少每月一次；

②抽检数量：随机抽检4个（不足4个的抽检全部）；

③抽检项目应包括以下两项：

- 温度：随机抽取冷藏运输车（箱）进行测定，应符合要求。
- 生物学：对箱体的内壁进行生物学监测，不得检出致病性微生物。监测方法按《消毒技术规范》进行。

**【拓展阅读】** 血液储存运输的相关政策法规

1.《中华人民共和国献血法》

1997年12月29日，中华人民共和国主席令第93号公布：《中华人民共和国献血法》已由中华人民共和国第八届全国人民代表大会常务委员会第二十九次会议于1997年12月29日通过，自1998年10月1日起执行。

文中对血液的运输保存做了明确规定：临床用血的包装、储存、运输，必须符合国家规定的卫生标准和要求。

2.《血站管理办法》

2005年11月17日，卫生部令第44号发布了《血站管理办法》。

3.《血站质量管理规范》

2006年4月25日，卫生部办公厅以卫医发〔2006〕167号文件形式，印发了《卫生部关于印发〈血站质量管理规范〉的通知》。

本规范是血站质量管理的基本准则，适用于提供采供血和相关服务的一般血站。

4. 血液制品管理条例

本条例1996年12月30日由中华人民共和国国务院令第208号发布，根据2016年2月6日《国务院关于修改部分行政法规的决定》修订。

本条例适用于在中华人民共和国境内从事原料血浆的采集、供应以及血液制品的生产、经营活动。条例规定：国务院卫生行政部门对全国的原料血浆的采集、供应和血液制品的生产、经营活动实施监督管理；县级以上地方各级人民政府卫生行政部门对本行政区域内的原料血浆的采集、供应和血液制品的生产、经营活动，依照本条例第30条规定的职责实施监督管理。

**【拓展阅读】** 规范与标准

1.《人体血液及血液成分袋式塑料容器　第1部分：传统型血袋》（GB 14232.1—2004）

中华人民共和国国家标准，由中华人民共和国国家质量监督检验检疫总局与中国国家标准化管理委员会于2004年8月5日发布，2004年9月1日实施。

2.《人体血液及血液成分袋式塑料容器　第2部分：用于标签和使用说明书的图形符号》（GB/T 14232.2—2015）

中华人民共和国国家标准，由中华人民共和国国家质量监督检验检疫总局与中国国家标准化管理委员会于2015年12月10日发布，2016年9月1日实施。

3.《人体血液及血液成分袋式塑料容器　第3部分：含特殊组件的血袋系统》（GB 14232.3—2011）

中华人民共和国国家标准，由中华人民共和国国家质量监督检验检疫总局与中国国家标准化管理委员会于2011年12月30日发布，2012年12月1日实施。

本部分规定了含特殊组件的袋式非通气无菌塑料容器（血袋系统）的要求（包括性能要求），血袋系统不需要包括本部分中所给出的所有特殊组件。这些特殊组件是指：去白细胞滤器；献血前采样装置；顶底袋；血小板储存袋；防针刺保护装置。

4.《血液冷藏箱》（GB/T 21278—2007）

中华人民共和国国家标准，由中华人民共和国国家质量监督检验检疫总局与中国国家标准化管理委员会于2008年1月发布。

本标准适用于存放输血用血液的血液冷藏箱。

5. 《血液运输要求》（WS/T 400—2012）

中华人民共和国卫生行业标准，由中华人民共和国卫生部于 2012 年 12 月 3 日发布，2013 年 6 月 1 日实施。本标准规定了临床输注用血液的运输要求。

本标准适用于全国采供血机构之间、采供血机构与采供血场所以及与医疗机构之间的血液运输。

本标准不适用于造血干细胞及衍生血液制品的运输。

## 4.2　疫苗流通与冷链物流

《疫苗流通和预防接种管理条例》（2016 年 4 月 23 日修订，下同）规定：疾病预防控制机构、接种单位、疫苗生产企业、接受委托配送疫苗的企业应当遵守疫苗储存、运输管理规范，保证疫苗质量。疫苗储存、运输的全过程应当始终处于规定的温度环境，不得脱离冷链，并定时监测、记录温度。对于冷链运输时间长、需要配送至偏远地区的疫苗，省级疾病预防控制机构应当提出加贴温度控制标签的要求。

疫苗储存、运输管理的相关规范由国务院卫生主管部门、药品监督管理部门制定。

### 4.2.1　疫苗和疫苗冷链的定义

**1. 疫苗**

根据《疫苗流通和预防接种管理条例》，疫苗是以病原微生物或其组成成分、代谢产物为起始材料，采用生物技术制备而成，用于预防、治疗人类相应疾病的生物制品。它的主要目的是预防、控制传染病的发生、流行。

根据接种费用性质，疫苗分为两大类。第一类疫苗是指政府免费向公民提供，公民应当依照政府的规定受种的疫苗，包括国家免疫规划确定的疫苗，省、自治区、直辖市人民政府在执行国家免疫规划时增加的疫苗，以及县级以上人民政府或者其卫生主管部门组织的应急接种或者群体性预防接种所使用的疫苗。第二类疫苗是指由公民自费并且自愿受种的其他疫苗。

接种第一类疫苗，由政府承担费用；接种第二类疫苗，由受种者或者其监护人承担费用。

**2. 疫苗冷链**

疫苗冷链是指为保证疫苗从生产企业到接种单位运转过程中的质量而装备的储存、运输冷藏设施、设备。

### 4.2.2 国家规划疫苗及其信息化追溯体系

原国家食品药品监督管理局2005年6月6日发布的《关于纳入国家免疫规划疫苗包装标注特殊标识的通知》（国食药监市〔2005〕257号）规定，自2006年1月1日起，凡纳入国家免疫规划的疫苗制品的最小外包装上，必须标明"免费"字样以及"免疫规划"专用标识。"免费"字样应当标注在疫苗最小外包装的显著位置，字样颜色为红色，宋体字，大小可与疫苗通用名称相同。"免疫规划"专用标识应当印刷在疫苗最小外包装的顶面的正中处，标识样式（颜色为宝石蓝色）如图4－1所示。

图4－1 "免疫规划"专用标识

目前国家免疫规划的疫苗包括：麻疹疫苗、脊髓灰质炎疫苗、百白破联合疫苗、卡介苗、乙型肝炎疫苗（不包括成人预防用乙型肝炎疫苗），以及各省、自治区、直辖市人民政府增加的免费向公民提供的疫苗。

2019年12月6日，国家药监局综合司、国家卫生健康委办公厅共同发布了《关于做好疫苗信息化追溯体系建设工作的通知》。其主要任务如下。

**1. 建立统一的追溯标准和规范**

《中华人民共和国疫苗管理法》要求，国家药监局会同国家卫生健康委制定统一的疫苗追溯标准和规范。目前，疫苗信息化追溯体系建设所需标准已全部发布实施，包括《药品信息化追溯体系建设导则》《药品追溯码编码要求》《药品追溯系统基本技术要求》《疫苗追溯基本数据集》《疫苗追溯数据交换基本技术要求》5 个标准。其中，《药品信息化追溯体系建设导则》《药品追溯码编码要求》《药品追溯系统基本技术要求》是 3 个基础通用标准，《疫苗追溯基本数据集》《疫苗追溯数据交换基本技术要求》2 个标准对疫苗追溯参与方提出了追溯信息采集、存储、传输和交换的具体技术要求。

**2. 建立疫苗追溯协同服务平台和监管系统**

国家药监局负责建设疫苗追溯协同服务平台（以下简称协同平台），在疫苗信息化追溯体系中发挥“桥梁”和“枢纽”作用，连接免疫规划信息系统和疫苗信息化追溯系统，整合疫苗生产、流通和预防接种全过程追溯信息；为疫苗信息化追溯系统提供地址解析服务，实现疫苗全程可追溯。

国家药监局和各省级药品监管部门分别建设国家和省级疫苗信息化追溯监管系统，根据监管需求采集数据，监控疫苗流向，充分发挥追溯信息在日常监管、风险防控、产品召回、应急处置等监管工作中的作用。

**3. 建立省级免疫规划信息系统**

各省级卫生健康部门负责建立符合疫苗信息化追溯标准的省级免疫规划信息系统，并与协同平台相衔接。督促完成行政区域内预防接种单位信息系统的改造。通过该系统验证本省疫苗采购入库信息，依法如实记录本省疫苗流通、库存、预防接种等追溯信息，并按标准向协同平台提供追溯信息。

**4. 建立疫苗信息化追溯系统**

上市许可持有人承担疫苗信息化追溯系统建设的主要责任，按照“一物一码、物码同追”的原则建立疫苗信息化追溯系统，并与协同平台相衔接；要对所生产疫苗进行赋码，提供疫苗各级包装单元生产、流通追溯数据，实现疫苗追溯信息可查询。上市许可持有人可以自建也可通过第三方技术机构建立疫苗信息化追溯系统。疫苗信息化追溯系统应当满足有关标准规范，满足公众查询需求。

进口疫苗上市许可持有人可委托进口疫苗代理企业履行上述责任。

疫苗配送单位应当按照疫苗储存、运输管理相关要求，在完成疫苗配送业务的同时，根据合同约定向委托方提供相关追溯数据。

**5. 社会参与方提供技术服务**

信息技术企业、行业组织等单位可作为第三方技术机构，提供疫苗信息化追溯专业服务。相关发码机构应有明确的编码规则，并协助药品上市许可持有人将其基本信息、编码规则、药品标识等相关信息向协同平台备案，确保药品追溯码的唯一性和准确性。

### 4.2.3 对两类疫苗的管理

《疫苗流通和预防接种管理条例》对两类疫苗的采购和分发等做了详细规定，具体如下。

**1. 第一类疫苗的管理**

第一类疫苗应当通过省级公共资源交易平台进行。

（1）省级疾病预防控制机构应当根据国家免疫规划和本地区预防、控制传染病的发生、流行的需要，制定本地区第一类疫苗的使用计划（以下称使用计划），并依照国家有关规定向负责采购第一类疫苗的部门报告，同时报同级人民政府卫生主管部门备案。使用计划应当包括疫苗的品种、数量、供应渠道与供应方式等内容。

（2）依照国家有关规定，负责采购第一类疫苗的部门应当依法与疫苗生产企业签订政府采购合同，约定疫苗的品种、数量、价格等内容。

（3）疫苗生产企业应当按照政府采购合同的约定，向省级疾病预防控制机构或者其指定的其他疾病预防控制机构供应第一类疫苗，不得向其他单位或者个人供应。

（4）省级疾病预防控制机构应当做好第一类疫苗的组织分发工作，并按照使用计划将第一类疫苗组织分发到设区的市级疾病预防控制机构或者县级疾病预防控制机构。县级疾病预防控制机构应当按照使用计划将第一类疫苗分发到接种单位和乡级医疗卫生机构。乡级医疗卫生机构应当将第一类疫苗分发到承担预防接种工作的村医疗卫生机构。医疗卫生机构不得向其他单位或者个人分发第一类疫苗。

传染病暴发、流行时，县级以上地方人民政府或者其卫生主管部门需要采取应急接种措施的，设区的市级以上疾病预防控制机构可以直接向接种单位分发第一类疫苗。

**2. 第二类疫苗的管理**

第二类疫苗由省级疾病预防控制机构组织在省级公共资源交易平台集中采购，由县级疾病预防控制机构向疫苗生产企业采购后供应给本行政区域的接种单位。

（1）疫苗生产企业应当直接向县级疾病预防控制机构配送第二类疫苗，或者委托具备冷链储存、运输条件的企业配送。接受委托配送第二类疫苗的企业不得再委托配送。

（2）县级疾病预防控制机构向接种单位供应第二类疫苗，可以收取疫苗费用，以及储存、运输费用。疫苗费用按照采购价格收取，储存、运输费用按照省、自治区、直辖市的规定收取。收费情况应当向社会公开。

不管是第一类疫苗还是第二类疫苗，疾病预防控制机构应当依照国务院卫生主管部门的规定，建立真实、完整的购进、储存、分发、供应记录，做到票、账、货、款一致，并保存至超过疫苗有效期 2 年备查。疾病预防控制机构接收或者购进疫苗时，应当索要疫苗储存、运输全过程的温度监测记录；对不能提供全过程温度监测记录或者温度控制不符合要求的，不得接收或者购进，并应当立即向药品监督管理部门、卫生主管部门报告。

疫苗储存、运输管理的相关规范由国务院卫生主管部门、药品监督管理部门制定。

### 4.2.4　疫苗的贮存

贮存是指疫苗中间产物或成品，在规定条件下（包括容器、环境和时间等）的存放过程。《中国药典》（2015 年版）对疫苗的贮存条件做了详细规定。

**1. 中间产物的贮存**

在疫苗生产全过程中的不同阶段产生的中间产物，因工艺或生产过程控制的需要，如等待检验结果、多价或联合疫苗的序贯生产等，不能连续投入下一道工艺步骤，应在适宜的条件下保存。

首先，必须明确贮存的条件。贮存条件的各参数确定应以疫苗生命周期的稳定有效为原则，即疫苗各中间产物经确定的保存时间、温度和内外环境等条件贮存至制备成品疫苗，该成品疫苗在规定的有效期内仍然能达到规定的质量标准。

应分别对不同阶段中间产物的贮存条件进行验证，证明该贮存条件不影响作为下一工艺用物料的质量指标。所需验证通常将各中间产物置于拟设定的最苛刻的贮存条件下，包括最苛刻温度、最长贮存时间、最可能出现的潜在污染风险等因素。至少应取三批由这些中间产物制成的成品疫苗进行加速稳定性和实时实际的稳定性验证。

其次，确定贮存条件的参数。应考虑贮存容器与中间产物或其他组成成分的相互作用可能产生的影响（如容器吸附、释放或与内容物的物理化学反应等），以及中间产物与贮存容器空间的气体交换导致内容物的酸碱度改变。此外，还应考虑光照、湿度、在冷库中的存放位置等因素。采用强毒株病毒/细菌种子生产的、未经灭活处理的原液需贮存时，还应考虑生物安全等因素。

除另有规定外，中间产物贮存温度通常为2℃～8℃，减毒活疫苗原液保存于－60℃或以下更能保持病毒滴度活性，铝佐剂吸附的中间产物不得冻结。

**2. 成品疫苗的贮存**

成品疫苗的贮存包括疫苗完成包装工序进入成品库贮存至销售出库的过程，不包括疫苗运输、使用过程中的贮存。

成品疫苗的贮存应符合《中国药典》（2015 年版）的规定，贮存过程中应设定适宜的温度，通常为2℃～8℃。此外，还应考虑环境湿度的影响，避免冰点温度保存。除另有规定外，不得冻存，尤其是液体剂型的疫苗，如含铝佐剂的疫苗。

### 4.2.5 疫苗相关机构的管理

《疫苗储存和运输管理规范》对疫苗的相关管理机构做了详细规定。

**1. 疫苗生产企业**

疫苗生产企业在销售疫苗时，应当提供由药品检验机构依法签发的生物制品每批检验合格或者审核批准证明复印件，并加盖企业印章；销售进口疫苗的，还应当提供进口药品通关单复印件，并加盖企业印章。疾病预防控制机构、接种单位在接收或者购进疫苗时，应当向疫苗生产企业索取前款规定的证明文件，并保存至超过疫苗有效期 2 年备查。同时，应提供疫苗运输的设备、时间、温度记录等资料。

疫苗生产企业、疫苗批发企业应定期对储存的疫苗进行检查并记录。若发现质量异常或超过有效期等情况，应及时采取隔离、暂停发货等措施，并及时报告给所在地食品药品监督管理部门。接到报告的食品药品监督管理部门应当对质量异常或过期的疫苗依法采取相应措施。

疫苗生产企业、疫苗批发企业应指定专人负责疫苗的发货、装箱、发运工作。发运前应检查冷藏运输设备的启动和运行状态，达到规定要求后，方可发运。

**2. 疫苗接收单位**

疫苗接收单位包括疾病预防控制机构、接种单位、疫苗批发企业，它们在接收或者购进疫苗时，应当按以下步骤进行。

（1）索取和检查疫苗生产企业、疫苗批发企业提供的证明文件及资料。收货时应核实疫苗运输的设备、时间、温度记录等资料，并对疫苗品种、剂型、批准文号、数量、规格、批号、有效期、供货单位、生产厂商等内容进行验收，做好记录。符合要求的疫苗，方可接收。

（2）对验收合格的疫苗，应按照其温度要求储存于相应的冷藏设施设备中，并按疫苗品种、批号分类码放。销售、供应或分发疫苗时，应按照先产先出、先进先出、近效期先出的原则。

（3）疾病预防控制机构、接种单位应定期对储存的疫苗进行检查并记录，发现质量异常的疫苗，应当立即停止供应、分发和接种，并及时向所在地的县级卫生行政部门和食品药品监督管理部门报告，不得自行处理。接到报告的卫生行政部门应当及时组织疾病预防控制机构和接种单位采取必要的应急处置措施，同时向上级卫生行政部门报告。接到报告的食品药品监督管理部门应当对质量异常的疫苗依法采取相应措施。

疾病预防控制机构、接种单位储存的疫苗因自然灾害等原因造成过期、失效时，按照《医疗废物管理条例》的规定进行集中处置。

（4）使用的冷藏车或配备冷藏设备的疫苗运输车在运输过程中，温度条件应符合疫苗储存要求。

（5）疫苗的收货、验收、在库检查等记录应保存至超过疫苗有效期 2 年备查。

### 4.2.6　疫苗的储存、运输设备

**1. 疫苗储存和运输**

疫苗的储存、运输需要专门的设施设备。《疫苗储存和运输管理规范》对此做了详细规定。

首先，疾病预防控制机构、接种单位、疫苗生产企业、疫苗批发企业必须按照《中国药典》（2015 年版）、《预防接种工作规范》等有关疫苗储存、运输的温度要求，做好疫苗

的储存、运输工作，应按以下要求对储存疫苗的温度进行监测和记录。对未收入药典的疫苗，按照疫苗使用说明书储存和运输。

（1）应采用自动温度记录仪对普通冷库、低温冷库进行温度记录。

（2）应采用温度计对冰箱（包括普通冰箱、冰衬冰箱、低温冰箱）进行温度监测。温度计应分别放置在普通冰箱冷藏室及冷冻室的中间位置、冰衬冰箱的底部及接近顶盖处、低温冰箱的中间位置。每天上午和下午各进行一次温度记录。

（3）冷藏设施设备温度超出疫苗储存要求时，应采取相应措施并记录。

其次，疾病预防控制机构、疫苗生产企业、疫苗批发企业应对运输过程中的疫苗进行温度监测并记录。记录内容包括疫苗名称、生产企业、供货发送单位、数量、批号及有效期、启运和到达时间、启运和到达时的疫苗储存温度和环境温度、运输过程中的温度变化、运输工具名称和接送疫苗人员签名。

**2. 疫苗储存、运输的设施设备**

疫苗不同于一般药品，它的储存和运输设施也是不同的。《疫苗储存和运输管理规范》按照省级、市县级和乡村级疾病预防机构的不同，分别对疫苗的储存和运输设施做了规定。

（1）对省级疾病预防控制机构、疫苗生产企业、疫苗批发企业的规定：

①用于疫苗储存的冷库，其容积应与生产、经营、使用规模相适应；

②冷库应配有自动监测、调控、显示、记录温度状况以及报警的设备，备用发电机组或安装双路电路，备用制冷机组；

③配有用于疫苗运输的冷藏车；

④冷藏车应能自动调控、显示和记录温度状况。

（2）对设区的市级、县级疾病预防控制机构的规定：

①专门用于疫苗储存的冷库或冰箱，其容积应与使用规模相适应；

②冷库应配有自动监测、调控、显示、记录温度状况以及报警的设备，备用发电机组或安装双路电路，备用制冷机组；

③配有用于疫苗运输的冷藏车或配有冷藏设备的车辆；

④冷藏车应能自动调控、显示和记录温度状况。

（3）对乡级预防保健服务机构的规定：

①乡级预防保健服务机构应配备冰箱储存疫苗；

②使用配备冰排的冷藏箱（包）运输疫苗；

③配备足够的冰排供村级接种单位领取疫苗时使用。

此外，接种单位应具备冰箱或使用配备冰排的疫苗冷藏箱（包）储存疫苗。疾病预防控制机构、疫苗生产企业、疫苗批发企业应有专人对疫苗储存、运输设施设备进行管理和维护；并建立健全疫苗储存运输设施设备档案，对疫苗储存、运输设施设备运行状况进行记录。

一般的疫苗运输车辆如图 4－2 所示。

图 4－2　疫苗运输车

### 4.2.7　疫苗配送总体要求

2019 年 6 月 29 日，第十三届全国人民代表大会常务委员会第十一次会议通过《中华人民共和国疫苗管理法》，对疫苗的储存、运输等做了如下规定。

（1）疫苗上市许可持有人应当按照采购合同约定，向疾病预防控制机构或者疾病预防控制机构指定的接种单位配送疫苗。

疫苗上市许可持有人、疾病预防控制机构自行配送疫苗应当具备疫苗冷链储存、运输条件，也可以委托符合条件的疫苗配送单位配送疫苗。

疾病预防控制机构配送非免疫规划疫苗可以收取储存、运输费用，具体办法由国务院财政部门会同国务院价格主管部门制定，收费标准由省、自治区、直辖市人民政府价格主管部门会同财政部门制定。

（2）疾病预防控制机构、接种单位、疫苗上市许可持有人、疫苗配送单位应当遵守疫苗储存、运输管理规范，保证疫苗质量。

疫苗在储存、运输全过程中应当处于规定的温度环境，冷链储存、运输应当符合要求，并定时监测、记录温度。

疫苗储存、运输管理规范由国务院药品监督管理部门、国务院卫生健康主管部门共同制定。

**【拓展阅读】** 与疫苗流通与运输的相关政策与规范

1.《疫苗流通和预防接种管理条例》

2005 年 3 月 24 日中华人民共和国国务院令第 434 号公布，根据 2016 年 4 月 23 日《国务院关于修改〈疫苗流通和预防接种管理条例〉的决定》修订。条例规定：疫苗的流通、预防接种及其监督管理适用本条例。

2.《全国计划免疫冷链系统管理办法（试行）》

1992 年 7 月 1 日由卫生部发布并生效。

3.《疫苗储存和运输管理规范》

2006 年 3 月 8 日，为配合《疫苗流通和预防接种管理条例》的贯彻实施，卫生部和国家食品药品监督管理局组织编写了《疫苗储存和运输管理规范》。以卫疾控发〔2006〕104 号文件的形式，印发了《疫苗储存和运输管理规范》。

4.《关于进一步加强疫苗流通监管促进疫苗供应工作的通知》

2017 年 8 月 30 日，国家食品药品监督管理总局与国家卫生和计划生育委员会以食药监药化监〔2017〕76 号文件形式，下发了《关于进一步加强疫苗流通监管促进疫苗供应工作的通知》。通知要求：规范疫苗储运管理，提高疫苗配送效率；积极推动疫苗全程追溯体系建设；加强疫苗有效期管理；进一步完善疫苗集中采购工作；加强疫苗流通监督检查。

5.《关于人用疫苗总论国家药品标准修订草案的公示》

2019 年 7 月 23 日，国家药典委员会发布《关于人用疫苗总论国家药品标准修订草案的公示》，拟修订人用疫苗总论国家药品标准。

### 4.2.8　疫苗配送管理[①]

（1）疫苗生产企业、疫苗配送企业、疫苗区域仓储企业储存和运输疫苗应当严格执行《药品经营质量管理规范》《疫苗储存和运输管理规范》的要求；各级疾病预防控制机构、接种单位储存和运输疫苗应当严格执行《疫苗储存和运输管理规范》《预防接种工作规范》的要求。

（2）疫苗生产企业可直接向县级疾病预防控制机构配送疫苗，也可委托具备药品冷链运输条件的企业配送。疫苗配送可采取干线运输 + 区域仓储 + 区域配送的分段接力方式。干线运输是指疫苗从疫苗生产企业运输至区域仓储或直接运输至县级疾病预防控制机构的运输过程；区域仓储是指疫苗从疫苗生产企业配送至县级疾病预防控制机构的过程中发生的冷链储存活动；区域配送是指疫苗从区域仓储直接配送至县级疾病预防控制机构的过程。

（3）疫苗生产企业应当对疫苗配送企业的配送能力进行评估，严控配送企业数量。在同一省（自治区、直辖市），同一家疫苗生产企业选取疫苗配送企业不得超过 2 家。接受委托配送的企业不得再次委托。

（4）疫苗的区域仓储可使用其他疫苗生产企业的冷库、配送企业的冷库、区域仓储企业的冷库。为保证疫苗的及时供应，疫苗可在产品放行后物权转移前配送至区域仓储冷库。

（5）疫苗生产企业应当严格按照《药品经营质量管理规范》的要求对疫苗配送企业、区域仓储企业的冷链储存、运输条件及执行规范的能力进行实地审计，与配送企业、区域仓储企业签订委托运输、储存合同和质量协议，约定双方责任和义务，明确疫苗质量管理要求。

（6）疫苗生产企业应当在签订委托配送、储存合同之日起 15 个工作日内将疫苗配送、区域仓储等情况向疫苗生产企业、区域仓储、接收疫苗的县级疾病预防控制机构所在地的省级食品药品监管部门报告。企业对报告材料的真实性、合法性负责。

---

① 食品药品监管总局：《国家卫生计生委关于进一步加强疫苗流通监管促进疫苗供应工作的通知》（食药监药化监〔2017〕76 号）。

### 4.2.9 疫苗全程追溯管理

疫苗生产企业、疾病预防控制机构和接种单位应当按照国家有关药品追溯体系建设的要求，积极运用信息技术建立疫苗追溯体系，如实记录疫苗销售、储存、运输、使用信息，实现最小包装单位从生产到使用的全过程可追溯。配送疫苗的企业应当按生产企业的要求如实记录储存、运输环节信息。在疫苗全程追溯信息化体系建成运行前，可使用现有的记录方式达到追溯要求。

各疫苗生产企业、配送企业、区域仓储企业、疾病预防控制机构、接种单位应当建立疫苗生产、储存、运输、使用全过程疫苗追溯体系。在交接疫苗过程中，双方均应登记疫苗的名称、规格、生产批号、数量、有效期、生产企业、配送企业、运输车牌号、起运和到达时间、运输温度记录等信息，送货人员和收货验收人员应当签字确认。以此逐步实现疫苗最小包装单位生产、储存、运输、使用全过程可追溯。

接种单位在提供预防接种时，应当在预防接种证、卡（簿）上记录接种疫苗品种、规格、疫苗批号、接种时间、接种单位、接种人员等信息。

## 4.3 生物制品的冷链物流

生物制品（Biological Products）是指以微生物、细胞、动物或人源组织和体液等为起始原材料，用生物学技术制成，用于预防、治疗和诊断人类疾病的制剂，如疫苗、血液制品、生物技术药物、微生态制剂、免疫调节剂、诊断制品等。

### 4.3.1 生物制品包装规则

《中国药典》（2015 年版）第三部登载的《生物制品包装规则》对生物制品的包装做出具体规定与要求：

**1. 总则**

（1）生物制品的包装应按国务院药品监督管理部门颁布的《药品说明书和标签管理规定》执行。

（2）包装车间的设施及包装用材料应符合中国现行的《药品生产质量管理规范》要求。

（3）已分装或冻干后制品，经质量管理部门检定合格和综合审评，对符合质量标准者发出包装通知单后，方可进行包装。有专门规定者除外。

（4）同一车间有数条包装生产线同时进行包装时，各包装线之间应有隔离设施。外观相似的制品不得在相邻的包装线上包装。每条包装线均应标明正在包装的制品名称及批号。

**2. 包装要求**

（1）包装前，应按质量管理部门发出的包装通知单所载有效期准备瓶签或印字戳。瓶签上的字迹应清楚。

（2）在包装时，要仔细核对批号与质量管理部门发出的包装通知单是否相符，防止包错、包混。在包装过程中，发现制品的外观异常、容器破漏或有异物者应剔除。

（3）包装制品应在 25°C 以下进行。有专门规定者，应按相关规定执行。

（4）瓶签应贴牢，不易脱落或模糊。瓶签内容不得用粘贴或剪贴的方式进行修改或补充。直接印字的制品，字迹应清楚。

（5）不同制品及同一制品不同规格的，瓶签及使用说明应用不同颜色或式样，以资识别。

（6）外包装箱标签内容必须直接印在包装箱上。批号和有效期应用打码机直接打印在包装箱上，字迹应清楚，不易脱落和模糊。

（7）包装结束后应彻底清场，并填写清场记录。

（8）制品包装全部完成后，在收到制品合格证前，应封存于待检区。收到合格证后，方可填写入库单，交送成品库。

（9）每个最小包装盒内均应附有药品说明书。

## 4. 3. 2　生物制品的贮藏和运输

《中国药典》（2015 年版）登载了《生物制品贮藏和运输规程》。文中强调：本规程适用于生物制品成品的贮藏和运输管理。中间品、原液、半成品的贮藏和运输管理应符合各论或批准的要求。明确规定：生物制品贮藏和运输管理应符合中国现行药品流通和运输的相关要求。

**1. 生物制品贮藏管理要求**

（1）制品的贮藏条件（包括温、湿度，是否需要避光）应符合相关各论或批准的要求，除另有规定外，贮藏温度为2℃～8℃。

（2）应配备专用的冷藏设备或设施用于制品贮藏，并按照中国现行《药品生产质量管理规范》的要求划分区域，并分门别类有序存放。

①仓储区的设计和建造应合理。仓储区应当有足够的空间，确保有序储藏成品。

②仓储区的贮存条件应符合制品规定的条件（如温、湿度，避光）和安全要求，应配备用于冷藏设备或设施的温度监控系统。

③应对冷库的温、湿度监测系统进行使用前验证、使用期间的定期验证。

④由专人负责对储存设施设备进行定期检查、清洁和维护，并记录和归档。

（3）建立制品出入库记录，建立成品销售、出库复核、退回、运输、不合格药品处理等相关记录。记录应真实、完整、准确、有效和可追溯。

**2. 生物制品运输管理要求**

生物制品中所含活性成分对温度敏感，应在规定的运输条件下采用最快速的运输方式，缩短运输时间；除另有规定外，应采用冷链运输。

（1）应对冷藏运输的设施或设备进行使用前验证、使用期间的定期验证及停用时间超过规定时限的验证。

（2）应由专人负责对运输设施设备进行定期检查、清洁和维护，并记录和归档。

（3）制品的运输条件应符合各论或批准的温度要求，温度范围的确定应依据制品的稳定性试验结果。运输时应注意防止制品冷冻，避免运输过程中震动对制品质量的影响。

（4）采用冷链运输时，应符合中国现行法规中关于药品流通和运输的相关要求。

## 4.4 麻醉药品和精神药品

麻醉药品和精神药品是指国务院药品监督管理部门会同国务院公安部门、国务院卫生主管部门公布的麻醉药品、精神药品目录所列的药品和其他物质。其中，精神药品又分为第一类精神药品和第二类精神药品。

### 4.4.1　麻醉药品、第一类精神药品运输证明

根据《麻醉药品和精神药品运输管理办法》（国食药监安〔2005〕660 号）规定，托运或自行运输麻醉药品和第一类精神药品的单位，应当向所在地省、自治区、直辖市药品监督管理部门申领《麻醉药品、第一类精神药品运输证明》（简称运输证明）。运输证明正本 1 份，根据实际需要可发给副本若干份，必要时可增领副本。运输证明有效期 1 年（不跨年度）。运输证明在有效期满前 1 个月按照上述规定重新办理，过期后 3 个月内将原运输证明上缴发证机关。运输证明应妥善保管，不得涂改、转让、转借。发生遗失的，遗失单位应立即书面告知运输证明持有单位；持有单位应及时向发证机关报告；发证机关应予注销并在政府网站上公告，并通报同级公安机关。运输证明样式由国务院药品监督管理部门制定，省、自治区、直辖市药品监督管理部门印制。

承运麻醉药品和第一类精神药品时，承运单位要查验、收取运输证明副本，并检查货物包装。运输证明副本随货同行，以备查验。没有运输证明或者货物包装不符合规定的，承运人不得承运。在运输途中，承运单位必须妥善保管运输证明副本，不得遗失。货物到达后，承运单位应将运输证明副本递交收货单位。收货单位应在收到货物后 1 个月内将运输证明副本交还发货单位。

麻醉药品和第一类精神药品到货后，承运单位应当严格按照有关规定与收货单位办理交货手续，双方对货物进行现场检查验收，确保货物准确交付。

### 4.4.2　麻醉药品储存

根据 2005 年 8 月 3 日发布的《麻醉药品和精神药品管理条例》，麻醉药品药用原植物种植企业、定点生产企业、全国性批发企业和区域性批发企业、国家设立的麻醉药品储存单位，应当设置储存麻醉药品和第一类精神药品的专库。

专库应当符合下列要求：

（1）安装专用防盗门，实行双人双锁管理。

（2）具有相应的防火设施。

（3）具有监控设施和报警装置。报警装置应当与公安机关报警系统联网。

全国性批发企业经国务院药品监督管理部门批准设立的药品储存点，应当符合前款的规定。

麻醉药品定点生产企业应当将麻醉药品原料药和制剂分别存放。

麻醉药品和第一类精神药品的使用单位应当设立专库或者专柜储存麻醉药品和第一类精神药品。专库应当设有防盗设施并安装报警装置；专柜应当使用保险柜。专库和专柜应当实行双人双锁管理。

麻醉药品药用原植物种植企业、定点生产企业、全国性批发企业和区域性批发企业、国家设立的麻醉药品储存单位以及麻醉药品和第一类精神药品的使用单位，应当配备专人负责管理工作，并建立储存麻醉药品和第一类精神药品的专用账册。药品入库双人验收，出库双人复核，做到账物相符。专用账册的保存期限应当自药品有效期期满之日起不少于5 年。

第二类精神药品经营企业应当在药品库房中设立独立的专库或者专柜储存第二类精神药品，并建立专用账册，实行专人管理。专用账册的保存期限应当自药品有效期期满之日起不少于5 年。

### 4.4.3 麻醉药品和精神药品的运输管理

《麻醉药品和精神药品管理条例》对麻醉药品和精神药品的运输管理做了如下规定。

（1）托运、承运和自行运输麻醉药品和精神药品的，应当采取安全保障措施，防止麻醉药品和精神药品在运输过程中被盗、被抢、丢失。

（2）铁路运输麻醉药品和第一类精神药品的，应当使用集装箱或者铁路行李车运输。采用集装箱运输时，应确保箱体完好，施封有效。具体办法由国务院药品监督管理部门会同国务院铁路主管部门制定。

需要通过公路或者水路运输麻醉药品和第一类精神药品的，应当由专人负责押运。公路运输的，必须采用封闭式车辆，中途不应停车过夜。

（3）邮寄麻醉药品和精神药品，寄件人应当提交所在地省、自治区、直辖市人民政府药品监督管理部门出具的准予邮寄证明。邮政营业机构应当查验、收存准予邮寄证明；没有准予邮寄证明的，邮政营业机构不得收寄。

省、自治区、直辖市邮政主管部门指定符合安全保障条件的邮政营业机构负责收寄麻醉药品和精神药品。邮政营业机构收寄麻醉药品和精神药品，应当依法对收寄的麻醉药品和精神药品予以查验。

邮寄麻醉药品和精神药品的具体管理办法，由国务院药品监督管理部门会同国务院邮政主管部门制定。

（4）定点生产企业与全国性批发企业和区域性批发企业之间运输麻醉药品、第一类精神药品，发货人在发货前应当向所在地省、自治区、直辖市人民政府药品监督管理部门报送本次运输的相关信息。属于跨省、自治区、直辖市运输的，收到信息的药品监督管理部门应当向收货人所在地的同级药品监督管理部门通报；属于在本省、自治区、直辖市行政区域内运输的，收到信息的药品监督管理部门应当向收货人所在地设区的市级药品监督管理部门通报。

**【拓展阅读】**　　麻醉药品和精神药品相关政策法规

1. 《麻醉药品和精神药品管理条例》

2005 年 8 月 3 日，国务院令第 442 号发布。条例规定：麻醉药品药用原植物的种植，麻醉药品和精神药品的实验研究、生产、经营、使用、储存、运输等活动以及监督管理，适用本条例。

麻醉药品和精神药品的进出口依照有关法律的规定办理。

2. 《麻醉药品品种目标》和《精神药品品种目录》

2013 年 11 月 11 日，国家食品药品监督管理总局、公安部、国家卫生和计划生育委员会以食药监药化监〔2013〕230 号文件的形式，公布了《麻醉药品品种目录》（2013 年版）和《精神药品品种目录》（2013 年版），自 2014 年 1 月 1 日起施行。

其中，麻醉药品列有 121 种，第一类精神药品 68 种，第二类精神药品 81 种。

3. 《麻醉药品和精神药品运输管理办法》

2005 年 11 月 8 日，国家食品药品监督管理局、铁道部、交通部、民航总局以“国食药监安〔2005〕660号”文件的形式，印发了《麻醉药品和精神药品运输管理办法》。

办法规定：麻醉药品药用原植物种植企业、麻醉药品和精神药品生产经营企业、麻醉药品储存单位以及医疗教学科研单位等依据本办法的规定运输麻醉药品和精神药品。

铁路、航空、道路、水路等运输承运单位依据本办法履行承运职责。

4.《麻醉药品和精神药品邮寄管理办法》

2005年10月25日，国家食品药品监督管理局与国家邮政局以食药监安〔2005〕498号文件的形式，印发了《麻醉药品和精神药品邮寄管理办法》。

办法规定：与麻醉药品和精神药品有关的生产经营企业、医疗机构、教学科研单位通过邮政营业机构邮寄麻醉药品和精神药品的，适用本办法。

各省、自治区、直辖市邮政主管部门指定符合安全保障条件的邮政营业机构负责收寄麻醉药品和精神药品，并将指定的邮政营业机构名单报所在地省、自治区、直辖市药品监督管理部门和国家邮政局备案。

## 课后思考

1. 血袋的包装有哪些要求？其标签内容包括什么？
2. 血液冷藏箱需要具备哪些安全条件？
3. 血站的主要职责是什么？
4. 我国的疫苗主管部门是谁，有哪些职责？
5. 疫苗在流通中需要注意哪些问题？
6. 什么是生物制品？它的要求是什么？
7. 我国对麻醉药品和精神药品的运输管理是如何规定的？

## 案例分析

### 疫苗冷链几则案例

1. 监管有盲区

2016年3月24日，公安部、国家卫生计生委、国家食药监总局三部委联合召开新闻发布会，通报非法经营疫苗案调查处置进展情况。国家食药监总局领导在发布会上坦承监管存在盲区："既没有药品经营资质，也没有冷链条件，非法从事疫苗经营活动的违法分子，长时间将大量疫苗流入非法渠道，说明食药监工作存在漏洞。目前国内具有药品检查资质的人员不足500人，但药品生产企业有5000余家，40万家药品零售企业，监管有盲区。"

2. 浙江省新增25辆疫苗冷链运输车①

2016年4月22日，由浙江省卫生计生委主办的冷链车发布仪式和免疫规划媒体沟通会暨最美接种医生颁奖典礼，在浙江省疾控中心举行。

浙江省对冷链中的冷库、冷藏车、专用冰箱、温控监测仪等保证持续财政投入。目前，全省共有131辆冷链车，覆盖全省90个县（市、区），保证疫苗在2℃～8℃的冷藏条件下进行储存和运输。本次新启用的25辆崭新的疫苗冷链运输车是对疫苗冷藏车的补充和更新。全省每年累计为新出生的70多万名儿童提供近2200万剂次的预防接种服务。

3. 顺丰冷运疫苗运输"破冰"②

顺丰冷运与沈阳疫苗的业务合作始于2016年6月。沈阳疫备是顺丰冷运合作的第一家疫苗客户。

顺丰冷运黑吉分公司表示，可观的收益倒在其次，它们更看重疫苗运输对顺丰冷运能力的提升。沈阳疫苗公司介绍，疫苗的运输要求全程冷链，2℃～8℃的车厢温度是大多数疫苗所要求的。一旦在运输途中出现温度异常，就会产生不可逆的后果。

每台冷运车上会放置几个温度记录仪。车内温度5分钟记录一次，由司机和调度人员

---

① 《钱江晚报》，2016年4月23日，http：//news. 163. com/16/0423/12/BLB9PHBA00014AED. html。

② 搜狐网，2017年4月19日，http：//www. sohu. com/a/134939431_ 343156。

进行双重实时监控，一旦发现车内温度变化，就会及时调节，从而保持在4℃～5℃的理想温度。顺丰提供8吨和14吨两种冷运车型，最少时一车只拉4箱疫苗，最多时达600箱。

### 思考题

（1）分析前两个案例，特殊药品在物流过程中出现了什么问题?

（2）后两个案例解决了特殊药品物流的什么问题?

（3）结合案例，试分析特殊药品冷链物流发展的趋势。

# 第5章 医药仓库与药品物流中心

中华人民共和国国内贸易行业标准《药品物流设施与设备技术要求》（SB/T 11036—2013）规定：药品批发企业和药品零售连锁企业应根据自身业务发展需要，采用自建、租用现代医药物流中心或者委托第三方医药物流企业的形式，为药品提供良好的储存、养护环境。

## 5.1 医药仓库的设施设备

仓库（warehouse）指的是用于储存货物及进行相应作业的建筑物。通用仓库（general warehouse）指的是除冷藏冷冻货物、危险货物等具有特殊要求的货物外，能满足货物一般储存要求的仓库。中华人民共和国国家标准《通用仓库及库区规划设计参数》（GB/T 28581—2012）规定了通用仓库及库区规划设计中基于现代物流运作需要的基本要求与参数。

### 5.1.1 专业术语

**1. 库区（warehouse area）**

库区指由一栋或若干栋仓库、货场及配套设施组成的区域。

**2. 作业区（operation area）**

作业区指库区内进行货物储存、装卸、搬运、加工等作业的区域。

**3. 装卸作业区（handing operation zone）**

装卸作业区指用于停靠车辆并进行货物装卸的装卸区域。

**4. 站台登车桥（dock levelers）**

当货车底板平面与装卸货站台平面有高度差时，可使手推车、叉车无障碍地进入车厢内的装置。

## 5.1.2 药品批发企业的库房

《药品经营质量管理规范》“第二章　药品批发的质量管理”要求：企业应当具有与其药品经营范围、经营规模相适应的经营场所和库房。

**1. 一般药品库房要求**

（1）库房的选址、设计、布局、建造、改造和维护应当符合药品储存的要求，防止药品的污染、交叉污染、混淆和差错。

（2）库房的规模及条件应当满足药品的合理、安全储存，并达到以下要求，便于开展储存作业。

①库房内外环境整洁，无污染源，库区地面硬化或者绿化；

②库房内墙、顶光洁，地面平整，门窗结构严密；

③库房有可靠的安全防护措施，能够对无关人员进入实行可控管理，防止药品被盗、替换或者混入假药；

④有防止室外装卸、搬运、接收、发运等作业受异常天气影响的措施。

（3）库房应当配备以下设施设备：

①药品与地面之间有效隔离的设备；

②避光、通风、防潮、防虫、防鼠等设备；

③有效调控温湿度及室内外空气交换的设备；

④自动监测、记录库房温湿度的设备；

⑤符合储存作业要求的照明设备；

⑥用于零货拣选、拼箱发货操作及复核的作业区域和设备；

⑦包装物料的存放场所；

⑧验收、发货、退货的专用场所；

⑨不合格药品专用存放场所；

⑩经营特殊管理的药品有符合国家规定的储存设施。

**2. 冷藏、冷冻药品的库房要求**

（1）与其经营规模和品种相适应的冷库，储存疫苗的应当配备两个以上独立冷库；

（2）应配备用于冷库温度自动监测、显示、记录、调控、报警的设备；

（3）应配备冷库制冷设备的备用发电机组或者双回路供电系统；

（4）对有特殊低温要求的药品，应当配备符合其储存要求的设施设备；

（5）应配备冷藏车及车载冷藏箱或者保温箱等设备。

药品储存作业区、辅助作业区应当与办公区和生活区分开一定距离或者有隔离措施。

### 5.1.3　药品批发与零售企业的仓库

《药品经营质量管理规范实施细则》第二章中“第三节　设施与设备”对药品批发与零售企业的仓库做了详细规定，具体如下。

（1）应按经营规模设置相应的仓库，其面积（指建筑面积，下同）：大型企业不应低于 1500 平方米，中型企业不应低于 1000 平方米，小型企业不应低于 500 平方米。

（2）应根据所经营药品的储存要求，设置不同温湿度条件的仓库。其中，冷库温度为 2℃ ~10℃，阴凉库温度不高于 20℃，常温库温度为 0 ~ 30℃。各库房相对湿度应保持在 45% ~75%。

（3）应设置药品检验室，有用于仪器分析、化学分析、滴定液标定的专门场所，并有用于易燃易爆、有毒等环境下操作的安全设施和调控温湿度的设备。药品检验室的面积，大型企业不小于 150 平方米，中型企业不小于 100 平方米，小型企业不小于 50 平方米。

（4）药品检验室应开展化学测定、仪器分析（大中型企业还应增加卫生学检查、效价测定）等检测项目，并配备与企业规模和经营品种相适应的仪器设备。

小型企业：配置万分之一分析天平、酸度仪、电热恒温干燥箱、恒温水浴锅、片剂崩解仪、澄明度检测仪。经营中药材和中药饮片的，还应配置水分测定仪、紫外荧光灯和显微镜。

中型企业：在小型企业配置基础上，增加自动旋光仪、紫外分光光度计、生化培养箱、高压灭菌锅、高温炉、超净工作台、高倍显微镜。经营中药材、中药饮片的，还应配置生物显微镜。

大型企业：在中小型企业配置基础上，增加片剂溶出度测定仪、真空干燥箱、恒温湿培养箱。

（5）应在仓库设置验收养护室。其面积：大型企业不小于50平方米，中型企业不小于40平方米，小型企业不小于20平方米。验收养护室应有必要的防潮、防尘设备。如所在仓库未设置药品检验室或不能与检验室共用仪器设备的，应配置千分之一天平、澄明度检测仪、标准比色液等；企业经营中药材、中药饮片的，还应配置水分测定仪、紫外荧光灯、解剖镜或显微镜。

（6）分装中药饮片，应有固定的分装室。其环境应整洁，墙壁、顶棚无脱落物。

（7）药品零售连锁企业应设置单独的、便于展开配货活动的配货场所。

### 5.1.4 医药物流中心仓库

医药物流中心的仓库有自己的类型和要求。《药品物流设施与设备技术要求》对医药物流中心仓库的基本要求如下。

#### 1. 类型

物流中心的仓库有高架库仓库、平库仓库和楼库仓库三种建筑类型，物流中心可根据企业规模、作业特点等选择适合的仓库样式。

#### 2. 要求

（1）应符合《药品经营质量管理规范》中有关设施规模、库房要求、隔离防护、库房条件、特殊管理药品库房的规定。

（2）应配置空气调节系统、温湿度自动监测系统、物流作业设备等必要的系统与设备。

（3）应按照《药品经营质量管理规范》中有关药品储存、养护条件的规定，对厂房内的区域进行功能区域划分。

（4）地面耐磨和承载、柱距、层高、电气配置等应与所选用的作业设备相匹配。

（5）有冷库的，应配置双路供电系统或备用发电机组；冷库的制冷设备的数量配置，应考虑一定的冗余。

（6）储存疫苗的冷库，应当配置两个以上的独立冷库。

（7）应配备相应的消防设施设备，并通过消防部门的验收。

**3. 其他**

（1）物流中心仓库的设计建造应符合国家关于建筑、构筑物的相关规范规定要求。

（2）物流中心仓库投入使用前应取得消防部门的许可。

### 5.1.5　托盘货架和箱货架

《药品物流设施与设备技术要求》（SB/T 11036—2013）对托盘货架和箱货架的结构、材质、性能等做了详细规定。

**1. 结构型式**

托盘货架结构一般采用装配式货架，适合使用平面尺寸为 1200 毫米 × 1000 毫米的托盘存放。托盘货架有横梁式托盘货架、驶入式货架和重力式货架三种，物流中心应根据自己的存储规模、投资规模、货品特性、厂房工艺布局选取合适的货架类型。

箱货架结构采用组合式货架，适合纸箱货物、零件盒货物的存储。箱货架的种类有流力条货架、隔板货架和阁楼货架三种，物流中心应根据自己的货品特点选取合适的货架类型。

**2. 材质**

不管是托盘货架还是箱货架，一般都采用 SS400 钢板或 Q235 冷轧钢板或同等强度钢板。

**3. 性能**

（2）托盘货架的承载能力应根据托盘货物单元的重量进行确定。箱货架的承载能力应根据纸箱货物单元、零件盒货物单元的重量进行确定。

（3）货格、货架高度尺寸宜根据物流中心仓库、搬运工具技术条件、实际存储需要进行确定。

（1）在进行结构设计时，都应考虑地震对货架结构的影响，要符合《建筑抗震设计规范》（GB 50011—2001）的要求。

（4）使用前都要进行性能试验，获得的各项物理机械性能指标应符合 CECS 23—90 中关于整体式货架结构的各项性能要求。

（5）货架表面都要采用喷塑处理。采用阁楼式货架时，阁楼楼板应采取防震、降噪措施。

**4. 其他**

（1）货架应配置必要的防撞装置。

（2）货架应配置标识标牌。

（3）箱货架上对于存放小于 1 箱药品的区域，宜配置防护网或防护板，使其成为一个独立的区域。

（4）货架布局设计应考虑消防相关要求。

### 5.1.6 仓储作业

《药品物流服务规范》（SB/T 30355—2013）对药品经营企业的仓储作业做了详细规定。

**1. 信息、单据审核及作业准备**

（1）对委托方提供的出、入库信息或单据，审核其合法合规性、有效性及内容的准确、完整性，确认无误后执行。

（2）根据委托方的出、入库预报或单据，应提前做好药品出库或入库的准备，包括库区、货位、作业时间、人员及设备安排。

**2. 药品收货验收**

（1）在符合药品储存要求的场所和规定时限内，应依据订货信息和随货清单，对药品进行逐批验收，做好记录。

（2）冷藏、冷冻药品到货时，应当对其运输方式及运输过程的温度记录、运输时间等质量控制状况进行重点检查并记录。不符合温度要求的，应当拒收。

（3）药品收货验收项目应符合《药品经营质量管理规范》的要求。

**3. 药品在库储存、养护**

（1）搬运、装卸药品应轻拿轻放，严格按照药品外包装图示标志的要求码放和采取防护措施。

（2）药品堆码应实行分区、分类、按批号和货位管理。不同批号的药品不得混垛，药品与非药品、外用药与其他药品应分开存放，中药材和中药饮片与其他药品应分库存放。特殊管理的药品应按国家有关规定存放。

（3）药品应按规定的温湿度条件存储。外包装上有温度要求的，应按药品外包装标示的温度要求储存药品；外包装上没有标示具体温度的，应按照《中国药典》（2015 年版）或药品说明书规定的贮藏要求进行储存。储存药品相对湿度为 35% ~75%。

（4）在人工作业的库房储存药品，按质量状态实行色标管理：合格药品为绿色，不合格药品为红色，待确定药品为黄色。

（5）储存药品应当按照要求采取避光、遮光、通风、防潮、防虫、防鼠等措施。

（6）应根据库房条件、外部环境、药品质量特性等对药品进行养护并记录，建立重点品种的养护制度；对药品采取近效期预警及超过有效期自动锁定等措施，防止过期药品出库。

（7）对库存药品，应进行定期或不定期盘点，做到账与物相符。

（8）药品丢失或损坏时，应及时查找原因、分清责任，制定预防措施并及时处理赔偿等事项。

**4. 药品出库与包装**

（1）药品出库时，应对实物进行复核，发现异常情况不得出库，做好记录，查明原因，并及时调整满足委托方及相关客户需求。

（2）药品出库时，应当附加盖企业药品出库专用章原印章的随货同行单（票），以及加盖质量管理专用章原印章的药品质量检验报告或复印件。

（3）药品拆零拼箱发货时，物流包装箱应有醒目的拼箱标志。

（4）需温控的药品出库，应按照 GB/T 28842 执行。

**5. 销后退回药品处理**

（1）销后退回药品，应凭退货凭证核对实物；货单相符方可收货并放置于退货区。

（2）验收人员应对销后退回药品进行逐批逐项验收，并建立销后退回药品收货验收记录。

（3）需温控的药品退货处理应按照 GB/T 28842 执行。

#### 6. 不合格药品处理

（1）对有问题的药品，应当立即采取物理隔离措施，同时报告委托方确认。

（2）对确认的不合格药品，应移至不合格药品库，建立不合格药品记录。

#### 7. 单据信息传输与管理

（1）根据委托方要求，应准确、完整地向委托方提供药品入库、出库及在库数据，并及时通报各种意外事件的相关信息。

（2）单据应填写规范、完整、准确、清晰，按时汇总、装订，在保管期内妥善保管，保证相关客户的单据、信息、资料的保密与安全。

（3）药品单据应保存至超过药品有效期 1 年，但不得少于 5 年。

#### 8. 药品仓库环境温湿度的控制

（1）药品应按规定的温湿度条件储存。储存药品的仓库应配备有效调控温湿度及进行室内外空气交换的设备；通过采用温湿度自动监测方式和温湿度调控设备的操作，对仓库温湿度条件进行有效调控。

（2）对计量器具、温湿度监测设备等定期进行校准或者检定，并有记录。

（3）温湿度监测记录、调控使用记录及设备校准记录，应保存不少于 5 年。

### 5.1.7 物流仓库货架储位编码原则及具体应用

#### 1. 仓库货架储位编码原则

《物流仓库货架储位编码》（SB/T 10846—2012）列出了物流仓库货架储位编码应遵循的四个基本原则。

（1）唯一性原则。编码与仓库货架储位应具有确定的对应关系。一个仓库货架储位编码对应一个仓库货架储位。

（2）稳定性原则。编码已经分配，若货架储位的位置特征没有变化，就应保持不变。

（3）简易性原则。在满足分类和扩展的前提下，编码越简明越好，以便于信息交换、存储和管理。同时，以尊重历史习惯或行业惯例，或者采用具有特定含义、具有暗示与联想性的代码，便于标识和记忆。

（4）统一性原则。即编号长度一致的原则。编号长度一致，便于阅读、录入等；如发现异常错误，也便于检查号码。编码过程中，不够长度的，可以用 0 补齐。

**2. 仓库及货架编码的具体应用**

（1）仓库编码。仓库代码共 2 个字符。其中，通用仓库由 2 位数字组成，即 00 ~ 99。环境可调节库由字母 + 数字或字母组成，即 A0 ~ ZZ（其中，字母 I 和 O 不用，数字 + 字母为备用编码）。如 1、2 号速冻库，属于环境可调节库，可以编码为 S1、S2。

（2）存储区编码。存储区编码为 1 个字符，即 0 ~ 9，A ~ Z（其中，字母 I 和 O 不用）。储存区编码相对于一个仓库内的具体的储存区，如 A1 仓库内的 1 号储存区可以编 1 区、2 区，…，9 区，A 区、B 区，…，Z 区；B1 仓库，也可以编 1 区、2 区，…，A 区、B 区，…，Z 区。

（3）货架编码。货架代码为 2 个字符，由数字或字母 + 数字或字母组成，即 OO ~ ZZ（其中，字母 I 和 O 不用）。货架代码相对于一个仓库内的具体的储存区。如 A1 仓库内的 1 号存储区可以编 01 号货架、02 号货架，…，09 号货架；A1 号货架、A2 号货架，…，ZZ 号货架；A1 仓库内的 2 号储存区也可以编 01 号货架，02 号货架，…09 号货架；A1 号货架，A2 号货架，…，ZZ 号货架。

（4）货架层代码。货架层代码为 1 个字符，即 1 ~ 9、A ~ Z（其中，字母 I 和 O 不用），层号代码见表 5 – 1。

**表 5 – 1　　仓库货架层号代码**

| 层号 | 1 | 2 | 3 | 4 | 5 | 6 | 7 | 8 | 9 | 10 | 11 |
|---|---|---|---|---|---|---|---|---|---|---|---|
| 代码 | 1 | 2 | 3 | 4 | 5 | 6 | 7 | 8 | 9 | A | B |
| 层号 | 12 | 13 | 14 | 15 | 16 | 17 | 18 | 19 | 20 | 21 | 22 |
| 代码 | C | D | E | F | G | H | J | K | L | M | N |
| 层号 | 23 | 24 | 25 | 26 | 27 | 28 | 29 | 30 | 31 | 32 | 33 |
| 代码 | P | Q | R | S | T | U | V | W | X | Y | Z |

资料来源：《物流仓库货架储位编码》（SB/T 10846—2012）。

货架层代码相对于一个仓库具体的货架，货架层号按由下至上依次编号。如 A1 仓库内的 1 号储存区 01 号货架，层代码按表 5 – 2 编制；A1 仓库内的 1 号储存区 02 号货架，层代码亦按表 5 – 2 编制。

（5）储位编码。储位代码为1个字符，即1~9，A~Z（其中，I和O不用）。储位代码见表5-2。

表5-2　仓库货架储位代码

| 储位号 | 1 | 2 | 3 | 4 | 5 | 6 | 7 | 8 | 9 | 10 | 11 |
|---|---|---|---|---|---|---|---|---|---|---|---|
| 代码 | 1 | 2 | 3 | 4 | 5 | 6 | 7 | 8 | 9 | A | B |
| 储位号 | 12 | 13 | 14 | 15 | 16 | 17 | 18 | 19 | 20 | 21 | 22 |
| 代码 | C | D | E | F | G | H | J | K | L | M | N |
| 储位号 | 23 | 24 | 25 | 26 | 27 | 28 | 29 | 30 | 31 | 32 | 33 |
| 代码 | P | Q | R | S | T | U | V | W | X | Y | Z |

资料来源：《物流仓库货架储位编码》（SB/T 10846—2012）。

货架层储位代码相对于一个仓库具体货架的某一层，货架储位号按横向依次编号。如A1仓库内的1号储存区01号货架的第一层，储位代码按表5-2编制；A1仓库内的1号储存区01号货架的第二层，层代码亦按表5-2编制。

（6）货架编码的条码结构。基于一维条码扫描识别的因素，货架编码的条码结构分以下三种，见表5-3。

表5-3　货架编码的条码结构

| 结构种类 | 标识说明 | 仓库代码 | 储存区代码 | 货架代码 | 层代码 | 储位代码 | 校验码 | 供人识别字符标识 |
|---|---|---|---|---|---|---|---|---|
| 货架层条码 | 标识到货架层 | $X_6X_5$ | $X_4$ | $X_3X_2$ | $X_1$ | — | — | $X_6X_5-X_4X_3X_2-X_1$ |
| 储位条码1 | 标识到货架储位 | $X_7X_6$ | $X_5$ | $X_4X_3$ | $X_2$ | $X_1$ | — | $X_7X_6-X_5X_4X_3-X_2-X_1$ |
| 储位条码2 | 标识到货架储位，附加校验码 | $X_8X_7$ | $X_6$ | $X_5X_4$ | $X_3$ | $X_2$ | $X_1$ | $X_8X_7-X_6X_5X_4-X_3-X_2X_1$ |

资料来源：《物流仓库货架储位编码》（SB/T 10846—2012）。

## 5.1.8　仓库管理系统的主要功能

仓库管理系统（Warehouse Management System，WMS）是通过入库业务、出库业务、仓库调拨、库存调拨和虚仓管理等功能，对批次管理、物料对应、库存盘点、质检管理、虚仓管理和即时库存管理等功能综合运用的管理系统，有效控制并跟踪仓库业务的物流和成本管理全过程，实现或完善企业的仓储信息管理。该系统可以独立执行库存操作，也可以与其他系统的单据和凭证等结合使用，为企业提供更为完整的企业物流管理流程和财务管理信息。

**1. 基本信息设置**

包含原料、成品、供货商、仓库、储位等基本信息的管理和系统的权限管理。

**2. 仓库管理**

支持多仓库多区域，按照区位划分来实现仓库空间的充分利用。

**3. 入库管理**

入库管理建立与 ERP 采购计划和到货计划的接口，从物料入库到入库检验和上架，都进行严格的流程控制。采用自动识别技术加快入库操作，根据既定的规则对物料的存放地点（库位）进行指定，做到物料有序存放，实现准确的批次管理。

**4. 出库管理**

出库操作根据出库计划指定出库物品的具体位置和数量，采用扫描出库方式提高出库速度和准确度，避免人工操作的失误。针对制造企业和物流企业，出库操作分别设定了不同的出库类型和模式。

**5. 移库管理**

支持仓库内和仓库间的移库操作。

**6. 动态盘点**

仓库盘点使用手持终端进行实时的批处理操作，盘点速度快，准确度高。支持动态盘点，盘点过程不影响正常的出入库操作，为连续运行的仓库提供准确的动态盘点管理。

**7. 包装管理**

提供产品内外包装管理功能，通过设置系统直接生成内外包装条形码，员工可使用扫描设备直接扫描出库。

**8. 统计分析**

提供库存周转分析、仓库利用分析等功能，并对滞留货品进行报警提示。

**9. 查询报表**

查询库存进出电子料账卡、库存状态表、库存分仓明细表、库存抽盘与全盘点差异统计表、库存进出日报表、库存理货登记表、库存料账追踪查询、生产实时状态表。

**【拓展阅读】** 专业规范

1. 《通用仓库及库区规划设计参数》（GB/T 28581—2012）

《通用仓库及库区规划设计参数》（General Warehouse and Warehouse Area Design Parameter）是中华人民共和国国家标准，由中华人民共和国国家质量监督检验检疫总局与中国国家标准化管理委员会于2012年6月29日发布，2012年10月1日实施。

本标准适用于单层通用仓库及库区的新建、改建或扩建。多层仓库、低温仓库、危险品仓库等可参照执行。

2. 《物流仓库货架储位编码》（SB/T 10846—2012）

《物流仓库货架储位编码》（Code for Logistics Warehouse Rack Depositary Place）是中华人民共和国国内贸易行业标准，由中华人民共和国商务部于2012年12月20日发布，2013年6月1日实施。

本标准规定了物流仓库货架储位编码原则、物流仓库货架储位编码、人工识别标识和自动识别标识。

本标准适用于物流仓储企业仓库货架的储位编码。其他使用货架的仓储管理与运营模式可参照适用。亦适用于物流供应链等公共应用环境下电子数据交换与数据采集。

3. 《工业货架设计计算》（GB/T 28576—2012）

《工业货架设计计算》（Calculation of Industrial Rack Design）是中华人民共和国国家标准，由中华人民共和国国家质量监督检验检疫总局与中国国家标准化管理委员会于2012年6月29日发布，2012年10月1日实施。

本标准规定了组装式工业货架的基本结构、计算模型、计算工况与荷载组合，以及强度、刚度与稳定性校核方法。

本标准适用于组装式工业货架中的自动化立体仓库货架、窄巷道托盘货架、普通托盘货架的设计计算，其他类型货架可参照本标准执行。

4.《自动化立体仓库设计规范》（JB/T 9018—2011）

《自动化立体仓库设计规范》（Automated Storage and Retrieval System-design Rules）是中华人民共和国机械行业标准，由中华人民共和国工业和信息化部于 2011 年 12 月 20 日发布，2012 年 4 月 1 日实施。

本标准规定了自动化立体仓库单元货物、货架、巷道堆垛起重机、仓库建筑、货格和出入库能力设计的基本要求。

本标准适用于由钢结构货架、堆垛机和搬运设备构成的具有存（取）货物并能自动化作业的立体仓库。

## 5.2　医药物流中心的系统设计

中华人民共和国国内贸易行业标准《药品物流设施与设备技术要求》（SB/T 11036—2013）规定：现代医药物流中心应根据业务需求，配置托盘、托盘货架、箱货架、搬运提升设备（叉车、手动液压搬运车等）、立体仓库、输送分拣系统、装卸货系统、空气调节系统、温湿度自动监测系统、信息管理系统等设备和系统。

### 5.2.1　医药物流配送中心的业务范围

医药物流配送中心的业务空间主要分为进货车位、进货大厅、保管区、分类区、发货存储区等，如表 5－4 所示。

表 5－4　配送中心业务范围

| 序号 | 区域名 | 损失率 | A 案比较 | | B 案比较 | |
|---|---|---|---|---|---|---|
| 1 | 进货车位 | | | | | |
| 2 | 进货事务室 | | | | | |
| 3 | 进货大厅 | | | | | |
| 4 | 进货暂存地 | | | | | |

**续表**

| 序号 | 区域名 | 损失率 | A 案比较 | | B 案比较 | |
|---|---|---|---|---|---|---|
| 5 | 保管区<br>①自动仓库<br>②托盘流动货架<br>③A、B 群箱式流动货架<br>④C 箱式流动货架 | | | | | |
| 6 | 分类区 | | | | | |
| 7 | 流通加工区<br>①标价区<br>②捆包区 | | | | | |
| 8 | 批发店暂存区 | | | | | |
| 9 | 升降机前暂存区 | | | | | |
| 10 | 发货存储区 | | | | | |
| 11 | 发货大厅 | | | | | |
| 12 | 发货事务室 | | | | | |
| 13 | 发货车位 | | | | | |
| 14 | 多目的空间 | | | | | |
| | 小计 | | | | | |
| 15 | 事务室 | | | | | |
| 16 | 休息室 | | | | | |
| 17 | 接待室 | | | | | |
| 18 | 计算机室 | | | | | |
| 19 | 会议室 | | | | | |
| 20 | 入口室 | | | | | |
| 21 | 升降机室 | | | | | |
| 22 | 机械、电气室 | | | | | |
| | 小计 | | | | | |
| | 合计 | | | | | |

资料来源：刘昌祺主编：《物流配送中心设施及设备设计》，机械工业出版社 2004 年版。

### 5.2.2 装卸货系统（周边设备）

《药品物流设施与设备技术要求》（SB/T 11036—2013）“装卸货系统（周边设备）”部分规定，装卸货系统（周边设备）由装卸过桥、升降平台、滑升门、门封、风幕机、站台等组成。

**1. 系统的主要性能**

（1）能有效防止库内温度、能量的散失。

（2）能够适应不同种类车辆的装卸货作业。

（3）站台若设置装卸过桥，高度为 1.2 米；不设置装卸过桥的站台，高度为：小车 0.9 米，大车 1.2 米。

（4）配置滑升门时应考虑其保温性能，且宜配置门下障碍物检测及保护装置。

（5）应满足防风、防尘、保温要求。

（6）采用内站台形式时，滑升门、装卸过桥应能在操作上互锁。

**2. 主要设备的技术要求**

（1）采用内置站台的滑升门，尺寸宜为宽 2400 毫米 × 高 2800 毫米；采用外置站台的滑升门，尺寸宜为宽 3000 毫米 × 高 3000 毫米。

（2）滑升门门板宜采用双层钢制压花门板，内填充聚氨酯发泡材料；门板厚度 40 毫米以上、钢板厚度 0.4 毫米以上，表面经静电聚酯喷涂处理；每樘滑升门宜配置视窗 1 个。

（3）滑升门应采用按钮控制。

（4）装卸过桥台面的尺寸为 1500 ~ 2100 毫米（W）× 1800 ~ 3000 毫米（L）；承载力 ≥3 吨。

（5）装卸过桥工作升角为 ±7°。

此外，滑升门、装卸过桥、门封的站台外侧应配置防碰撞装置。

### 5.2.3 输送分拣系统

《药品物流设施与设备技术要求》（SB/T 11036—2013）“输送分拣系统”部分对药品的输送分拣做了具体规定。

### 1. 系统组成

输送分拣系统由辊筒输送机、皮带输送机、合流机构、分流机构、条码识别设备、垂直输送设备（螺旋输送机、提升机等）等组成，按照一定的规则实现货品的输送、识别、分拣等功能。

### 2. 配置要求

输送分拣系统机械设备的尺寸，应根据所输送分拣物品的规格尺寸、重量、包装等来确定。

### 3. 主要性能指标

（1）输送分拣系统应满足如下尺寸及重量的物品的输送分拣：

- 最大输送货物规格尺寸：700 毫米 ×500 毫米 ×500 毫米，重量：30 千克；
- 最小输送货物规格尺寸：300 毫米 ×200 毫米 ×150 毫米，重量：2 千克。

（2）输送分拣系统的实际分拣能力：≥2000 件/小时。

（3）分拣差错率：≤0.002%。

（4）货物破损率：≤0.001%。

（5）设备运行平均噪声：≤72 分贝（A）。

（6）设备连续工作时间：≥16 时。

（7）设备平均连续无故障工作时间：

- 机械部分平均连续无故障工作时间≥500 时；
- 电器部分平均连续无故障工作时间≥4000 时。

（8）设备的主要技术要求：

- 系统输送效率≥1200 件/时；
- 输送设备辊子间距≤1/2 最小输送货物长度尺寸；
- 机架直线度允许偏差为全长的 1‰；
- 对角线长度之差不大于对角线长度平均值的 3‰；
- 机架标高允许偏差为≤2‰。

（9）自动分拣系统分拣道口数量的设置，应根据自动分拣系统的实际分拣能力、作业人员配置、实际作业需求等进行配置。自动分拣系统应设置容错口。

此外，设备结构便于维护；设备故障能够自动报警并记录，并提示相应的故障处理方法；支持远程诊断；具备通过货物信息的统计查询功能；自动分类机应能够自动或者人工屏蔽故障分拣道口；根据作业需要分拣机能够人工设置分拣道口；系统应设计有可靠的安全防护措施和紧急停机装置，以确保操作人员和货品的安全；设备对人身安全会造成危害的部位，应配置警示标识牌。

### 5.2.4　药品出库与运输系统

《药品经营质量管理规范》（2016 年 6 月 30 日修订）对药品出库与运输系统的规定如下。

**1. 不得出库的情况**

药品出库时，应当对照销售记录进行复核。发现以下情况，不得出库，并报告质量监督管理部门处理。

（1）药品包装出现破损、污染、封口不牢、衬垫不实、封条损坏等问题。

（2）包装内有异常响动或者液体渗漏。

（3）标签脱落、字迹模糊不清或者标识内容与实物不符。

（4）药品超过有效期。

（5）其他异常情况的药品。

**2. 出库相关规定**

（1）药品出库复核应当建立记录，包括购货单位，药品的通用名称、剂型、规格、数量、批号、有效期、生产厂商、出库日期、质量状况和复核人员等内容。

（2）特殊管理的药品出库，应当按照有关规定进行复核。

（3）药品拼箱发货的代用包装箱，应当有醒目的拼箱标志。

（4）药品出库时，应当附加盖企业药品出库专用章原印章的随货同行单（票）。

企业按照本规范第 69 条规定直调药品的，直调药品出库时，由供货单位开具 2 份随货同行单（票），分别发往直调企业和购货单位。随货同行单（票）的内容应当符合本规范第 73 条第 2 款的要求，还应当标明直调企业名称。

### 5.2.5　冷藏药品出库运输系统

《药品冷链物流技术与管理规范》（DB21/T 2518—2015）对冷藏药品的出库及运输做

了以下规定。

**1. 冷藏药品不得出库的情况**

（1）冷链断链；

（2）药品超过有效期；

（3）实物与标签不符；

（4）标签脱落、字迹模糊不清；

（5）包装内有异常响动或液体渗漏；

（6）药品包装出现破损、污染、封口不牢或真空包装进气等。

**2. 冷藏药品出库的条件**

（1）药品出库时的随货同行单（票），应加盖药品出库专用章原印章。

（2）冷藏药品的装箱、装车等项作业，应由专人负责，并在冷藏环境下完成。

（3）装车前应检查冷藏车辆的启动、运行状态，达到规定温度后方可装车。

（4）起运时应做好运输记录，内容包括运输工具和起运时间等。

（5）冷链药品运输应遵守运输操作规程和在途时限要求。运输途中应实时监测运输工具（冷藏车、保温车、冷藏箱、保温箱）内的温度数据，系统应至少每隔 5 分钟记录一次实时温度数据。当监测的温度值超出规定温度时，应每隔 2 分钟记录一次实时温度数据。

（6）对运输过程中出现异常气候、设备故障、交通事故等意外或紧急情况，应能及时启动应急预案，防止因异常情况造成的温度失控。

（7）委托其他单位运输冷藏药品时，应对承运方冷藏药品运输质量保障能力进行审计，与承运方签订委托运输协议。

（8）运输到达后，应按要求与接收单位签好相关数据，完成交接手续。

### 5.2.6　药品物流中心的相关绩效考核指标

《药品流通企业关键绩效指标（KPI）体系》（SB/T 11184—2017）规定了药品流通企业运营规模及效率、经济效益、服务质量、发展潜力的关键绩效指标体系，引导药品流通企业从上述四个方面追求绩效，并据此进行绩效考核与评估，准确发现企业经营活动中存在的问题，提高管理与服务水平，增强竞争优势，进而提升药品流通行业的经营管理水平。

该标准适用于中华人民共和国境内所有政府许可的药品批发企业、药品零售企业（包括零售连锁企业、零售单体药店）。经食品药品监督管理部门批准从事药品委托储存、配送的第三方药品物流企业，也可参照本标准执行。

**1. 物流中心存储面积使用率**

这是衡量物流中心存储面积利用程度的指标。

$$\text{物流中心存储面积使用率} = \frac{\text{物流中心已使用存储面积}}{\text{物流中心可使用存储面积}} \times 100\%$$

**2. 仓容利用率**

这是指物流中心储存位置的利用率。

$$\text{仓容利用率} = \frac{\text{库存商品实际储存容积}}{\text{物流中心可储存容积}} \times 100\%$$

**3. 物流中心坪效**

指物流中心每平方米面积可以产出的营业收入。

$$\text{物流中心坪效} = \frac{\text{主营业务收入}}{\text{物流中心总建筑面积}}$$

**4. 物流费用率**

即企业物流费用占物流服务货值的比率。

$$\text{物流费用率} = \frac{\text{物流总成本}}{\text{配送货值（销售收入）}} \times 100\%$$

注：物流总成本包括物流人工成本、固定折旧、营运及管理费用等，独立核算的物流机构还应包含财务费用、税金附加、营业外支出等；配送货值取货主的无税销售额，即财务指标“销售收入”。

**5. 冷藏药品温度控制合格率**

即冷藏药品储存温度检测合格次数与温度检测总次数的比值。

$$\text{冷藏药品温度控制合格率} = \frac{\text{温度检测合格次数}}{\text{温度检测总次数}} \times 100\%$$

**6. 运输包装完好率**

药品在运输过程中的包装完好件数与包装总件数的比值。

$$运输包装完好率 = \frac{包装完好的件数}{包装总件数} \times 100\%$$

## 5.2.7 立体仓库系统与设备

立体仓库的各活动区域所需设备如表 5－5 所示。

**表 5－5　　立体仓库系统与设备配置**

<table>
<tr><th>系统名</th><th>活动区域名</th><th>设备名</th></tr>
<tr><td rowspan="4">1. 进货系统</td><td>1. 进货车位</td><td>无</td></tr>
<tr><td>2. 进货事务室</td><td>无</td></tr>
<tr><td>3. 进货大厅</td><td>1. 进货站台板<br>2. 升降机</td></tr>
<tr><td>4. 进货暂存区</td><td>无</td></tr>
<tr><td rowspan="4">2. 存货系统</td><td>1. 自动仓库</td><td>1. 托盘升降机<br>2. 立体货架和堆垛机<br>3. 出/入库台车</td></tr>
<tr><td>2. 托盘货架区</td><td>1. 托盘货架<br>2. 叉车</td></tr>
<tr><td>3. A、B 群箱式流动货架</td><td>1. 托盘流动货架<br>2. 入库用堆垛机<br>3. 无人台车</td></tr>
<tr><td>4. C 箱式流动货架</td><td>1. 箱流动货架<br>2. 箱输送机<br>3. 手推台车</td></tr>
<tr><td>3. 出库系统</td><td></td><td>与存储系统设备相同</td></tr>
<tr><td>4. 分类系统</td><td>分类输送区</td><td>1. 输送机<br>2. 分类输送机<br>3. 分类用托盘</td></tr>
<tr><td>5. 流通加工系统</td><td>流通加工区</td><td>1. 流动加工作业台<br>2. 手推台车<br>3. 轻量货架</td></tr>
</table>

续表

| 系统名 | 活动区域名 | 设备名 |
|---|---|---|
| 6. 发货系统 | 发货存储区 | 1. 托盘货架<br>2. 托盘直接堆放<br>3. 存储用台车<br>4. 叉车 |
| | 发货大厅 | 1. 发货站台板<br>2. 升降机<br>3. 叉车 |

资料来源：刘昌祺主编：《物流配送中心设施及设备设计》，机械工业出版社 2004 年版。

## 5.2.8　医药物流中心各子系统相关岗位规范

### 1. 物流服务中心经理岗位规范

物流服务中心经理岗位规范具体见表 5－6。

表 5－6　物流服务中心经理岗位规范

| | | |
|---|---|---|
| 任职资格 | 学历与专业 | 大学专科以上学历，管理或物流类相关专业 |
| | 工作经验 | 具有物资配送工作经验 |
| | 知识结构 | 药品知识、物流管理知识、仓储管理知识、相关法律知识 |
| | 工作能力 | 创新能力、协调能力 |
| 职责 | 1. 保证所有运营标准符合药品流通政策、程序和法规 | |
| | 2. 控制运输和仓储成本以符合企业目标 | |
| | 3. 负责实施服务中心政策和流程，满足业务需要 | |
| | 4. 负责协调服务中心各部门，保证日常工作顺畅有效 | |
| 工作内容 | 1. 正确接收产品，根据产品描述在合理的地点存储产品 | |
| | 2. 对仓储区域按照标准操作流程进行划分，温湿度每日监控，校准误差 | |
| | 3. 根据产品种类、特性进行及时安全的运输 | |
| | 4. 对退换货的产品进行妥善安置 | |
| | 5. 建立预防性的害虫控制记录 | |
| | 6. 保证所有员工都接受相关操作流程的培训，并记录存档，定期审查 | |

资料来源：《药品流通企业通用岗位设置规范》（SB/T 10766—2012）。

**2. 仓库运营经理岗位规范**

仓库运营经理岗位规范具体见表5－7。

**表5－7　　仓库运营经理岗位规范**

| | | |
|---|---|---|
| 任职资格 | 学历与专业 | 大学专科以上学历，管理或物流类相关专业 |
| | 工作经验 | 带领团队适应多变环境的经验 |
| | 知识结构 | 具备所属领域丰富的专业知识 |
| | 工作能力 | 指导能力、沟通能力、抗压能力、信息监控能力 |
| 职责及工作内容 | 1. 确保进、出库等各项人力成本符合预算要求，有效落实成本控制机制 | |
| | 2. 不断优化仓库业务流程，降低进、出库成本，提升工作效率 | |
| | 3. 落实产品进、出库的库存管理流程 | |
| | 4. 确保业务活动符合法律法规的要求 | |
| | 5. 对其他部门的业务咨询应予立即回复，对客户提出的库存服务有关问题应立即予以解答 | |
| | 6. 为下属岗位设置明确的工作目标，并实施年度绩效评估 | |
| | 7. 配合物流服务中心经理级管理团队，努力改善各项业务 | |

资料来源：《药品流通企业通用岗位设置规范》（SB/T 10766—2012）。

# 5.3　第三方医药冷链物流

第三方物流（Third Party logistics，TPL）是指独立于供需双方，为客户提供专项或全面的物流系统设计或系统运营的物流服务模式。

## 5.3.1　第三方物流服务的质量要求

国家标准《第三方物流服务质量要求》（GB/T 24359—2009）规定了第三方物流服务质量的基本要求，以及方案设计、信息服务、作业服务、风险与应急管理、投诉处理的质量要求，并给出了第三方物流的重要服务质量指标。

该标准适用于从事第三方物流服务的企业，也可作为客户对第三方物流企业进行选择和评价的依据。

**1. 基本原则**

（1）总则：贯彻以客户为中心的服务理念；以合法、规范的物流服务合同为依据。

（2）企业的基本条件：

①具有从事物流业务的营业资质；

②具有健全的质量管理体系；

③特殊岗位从业人员应具备相应的资格证书；

④具有满足客户需求的物流资源整合能力。

（3）社会责任：

①遵守安全、环保、卫生等方面的法律、法规规定；

②提高资源的利用率。

（4）服务内容：包括方案设计、信息服务、作业服务、风险与应急管理。

**2. 方案设计**

（1）根据客户物流业务需求，制定物流服务总体方案。

（2）制定物流服务网络规划。

（3）制定运输、仓储、流通加工、配送、信息处理等物流活动的运行方案。

（4）制定支持物流业务运作的信息系统解决方案。

（5）制定应对不同风险类型的解决方案。

（6）制定物流服务流程与物流作业程序。

（7）制定物流成本核算和测控的方案。

（8）制定物流服务质量的考核方案。

（9）制定与客户沟通及持续改进的方案。

## 5.3.2　重要服务质量指标

**1. 订单按时完成率**

这是指统计期内按时完成客户订单数占总订单数的比率。

$$\text{订单按时完成率} = \frac{\text{按时完成订单数}}{\text{订单总数}} \times 100\%$$

**2. 订单满足率**

这是指统计期内实际交货数量与订单需求数量的比率。

$$订单满足率=\frac{实际交货数量}{订单需求总数量}\times 100\%$$

**3. 订单处理正确率**

这是指统计期内无差错订单处理数与订单总数的比率。

$$订单处理正确率=\frac{无差错订单处理数}{订单总数}\times 100\%$$

**4. 货损率**

这是指统计期内交货时损失的物品数量与应交付的物品数量的比率。

$$货损率=\frac{损失数量}{应交付总数量}\times 100\%$$

**5. 货差率**

这是指统计期内货物累计差错占总数量的比率。

$$货差率=\frac{差错数量}{总数量}\times 100\%$$

**6. 账货相符率**

这是指经盘点，库存物品账货相符的笔数占储存物品总笔数的比率。

$$货账相符率=\frac{库存账货相符笔数}{储存物品总笔数}\times 100\%$$

**7. 有效投诉率**

这是指统计期内客户有效投诉涉及订单数占订单总数的比率。

$$有效投诉率=\frac{有效投诉涉及订单数}{订单总数}\times 100\%$$

## 课后思考

1. 调研考察药品仓库，说说药品仓库有哪些特殊要求？
2. 药品仓库必需的设施设备有哪些？都有什么功能？

3. 药品托盘货架和箱货架的性能是什么？

4. 药品经营企业仓储作业有哪些？

5. 考察一家物流中心，试着列出它的仓库货架储位编码，并观察其系统和设备。

6. 哪些情况下冷藏药品不得出库？

7. 第三方物流服务企业提供冷链运输时要具备哪些条件？

## 案例分析

### 国内最大单体现代医药物流中心投入使用①

2017年12月，由上海通量信息科技有限公司于2016年12月承接的重庆万州医药物流中心仓库项目迎接了重庆药监局的认证验收。

万州医药物流中心是目前国内最大的一次性建成的专业医药物流中心（一次性建成和投入使用的医药仓储面积超过6万平方米），尤其是用到了通量科技针对医药物流业首创设计的自动缓存系统。该项目的建成，打破了常规医药物流中心的设计理念与格局，标志着我国医药物流自动化项目的弯道超车建设开始展现。

公司下辖重庆厚捷贸易有限公司、重庆市惠联医药有限公司、重庆市万州区红太阳大药房连锁有限责任公司、重庆市万州区医疗器械有限责任公司、重庆市万州区华阳服务有限责任公司5家子公司，设有购销中心、新特药经营部和龙宝分公司3家分公司。与全国400多家大型药厂建立了稳定的总经销总代理关系，承担着万州区防病治病、计划生育、抢险救灾及突发公共卫生事件用药的供应任务，销售辐射到毗邻的川、陕、黔、鄂、渝60余个县市1600余家城乡医疗单位。公司业绩连续5年以不少于20%的速度增长。公司主要经营化学原料药及制剂、抗生素原料药及制剂、生化药品、中药饮片、中成药、生物制品、疫苗、麻醉药品、第一类精神药品、第二类精神药品、蛋白同化制剂、肽类激素、医疗器械、化学试剂、玻璃仪器及保健卫生用品的批发和零售业务，经营品规14000余个；同时具备普通货运和销售建筑材料、化妆品、日用百货，以及收购、销售农副土特产品等资格。

---

① “国内最大单体现代医药物流中心即将面世”，搜狐财经，https：//www. sohu. com/a/211679997_ 100019979，2017－12－20；“万州建成全国区域药品配送中心”，平湖视界，www. wzbtv. cn/gysp/bmdw/ay/content_ 33886. shtml，2018－6－17。

上海通量信息科技有限公司是中国医药物资协会常务理事、医药商业分会秘书长单位，是国内最大的致力于医药物流大健康领域的自动化软硬件设备集成和产业研究机构，目前在国内已经有超过70个大型现代医药物流中心案例。近年来在自动立体库、高速分拣系统、货到人拣选系统、穿梭车、整箱缓存系统、AGV与各类物流机器人的运用上颇有积累。

为了提高药品出库效率，物流中心专门设置了药品缓存区，按照客户需求，提前把药品准备好。万州医药集团重庆厚捷药品物流有限公司副总经理王芹媛介绍：该中心的药品缓存区，能够存放5000多箱整件药品，采用机械手分拣传送药品，每小时能够达到3000～5000箱，大大减少了出货时间，为客户提供高效、快捷的服务。

除了整件药品周转外，物流中心的药品零选区能够为客户提供个性化、小批量药品搭配服务，企业通过引入WMS仓储自动化管理系统，给每种药品设置了电子标签，方便员工快速、准确地分拣取药。万州医药集团重庆厚捷药品物流有限公司仓储部主管吴亚男介绍说："现在看到的这个电子标签提示我们要在这个货架上拿货，货位显示的是第3排、第1个货位，取2盒，现在我已经把2盒药从货架上取下来了。我再把电子标签的指示灯按一下，表示我们的货已经拣了，可以下架了。"

针对需要冷藏等特殊要求的药品，物流中心还设置了5个冷藏库，常年温度保持在2℃～8℃，其中一个仓库能够达到－5℃的冷冻储藏条件。在药品物流中心的收货区，记者看到，不同品名的药品整齐摆放在高位货架上。据介绍，由于药品入库采用了自动化管理系统，效率大大提高，每天收货量能够达到1万箱以上。据万州医药集团常务副总裁易邓华介绍："我们这个药品配送中心，能够为来自全国的制药企业、医药公司、连锁药房、医院库房提供代储、代运、代销业务，通过我们配送中心周转，辐射到渝东北及周边的医疗机构、药品经销企业，预计年销售产值达70亿～100亿元。"

据介绍，总面积达6万平方米的药品物流中心，能够储存、配送化学药品、中成药、生物制品、生化药品等，药品储存量达26.8万箱，是渝东北运营规模最大、设施最先进的药品仓储配送中心。

## 思考题

1. 分析该药品配送中心系统设计的要素。
2. 分析该药品配送中心配送能力情况。

# 第6章 药品冷库与制冷系统设备

中华人民共和国国内贸易行业标准《药品物流设施与设备技术要求》（SB/T 11036—2013）规定：利用降温设备创造适宜的湿度和低温条件的物流设施，该物流设施的温湿度范围应满足《药品经营质量管理规范》中关于冷库温湿度设定的相关要求，由库房、制冷系统等组成。

## 6.1 药品冷库设计的基本要求

冷库设计包括建筑设计、结构设计、制冷工艺设计、给排水设计、电气设计、暖通设计等内容。本节主要介绍冷库设计的基本要求。

药品冷库的温湿度范围应满足《药品经营质量管理规范》中关于冷库温湿度设定的相关要求。

### 6.1.1 专业术语

《冷库设计规范》（GB 50072—2010）对冷库的相关术语做了一些规定，具体如下。

**1. 冷库（cold store）**

采用人工制冷降温并具有保冷功能的仓储建筑群，包括制冷机房、变配电间等。

**2. 库房（storehouse）**

指冷库建筑物主体以及为其服务的楼梯间、电梯、穿堂等附属房间。

**3. 穿堂（anteroom）**

为冷却间、冻结间、冷藏间进出货物而设置的通道，其室温分常温或某一特定温度。

**4. 冷间（cold room）**

冷库中采用人工制冷降温房间的统称，包括冷却间、冻结间、冷藏间、冰库、低温穿堂等。

**5. 冷却间（chilling room）**

对产品进行冷却加工的房间。

**6. 冷藏间（cold storage room）**

用于储存冷加工产品的冷间，其中用于储存冷却加工产品的冷间称为冷却物冷藏间，用于储存冻结加工产品的冷间称为冻结物冷藏间。

**7. 冰库（ice storage room）**

储存冰的房间。

**8. 制冷机房（refrigerating machine room）**

制冷机器间和设备间的总称。

**9. 机器间（machine room）**

安装制冷压缩机的房间。

**10. 设备间（equipment room）**

安装制冷辅助设备的房间。

**11. 冷却设备负荷（cooling equipment load）**

为维持冷间在某一温度，需从该冷间移走的热流量值。

**12. 机械负荷（mechanical load）**

为维持制冷系统正常运转，制冷压缩机负载所带走的热流量值。

**13. 制冷系统（refrigerating system）**

通过管道将制冷机器和设备以及相关元件相互连接起来，组成一个封闭的制冷回路，制冷剂就在这个回路里吸热和放热。

**14. 保冷（keep to the cooling）**

为防止低温设备、管道外表面凝露，以减少其冷损失而采取的技术措施。

**15. 制冷系数（coefficient of performance）**

在制冷压缩循环中所产生的制冷量与所消耗的功量之比，称为制冷系数。制冷系数是考核制冷机循环性能优劣的一个重要经济技术指标。制冷系数越大，则制冷循环的经济性越好。制冷系数与制冷循环的各种参数、制冷剂的种类等因素有关。

## 6.1.2　冷库的平面布局及划分标准

**1. 冷库的平面布局**

冷库的穿堂与冷间的平面组合合理与否，直接关系到使用管理的方便程度。其组合布局如图 6－1、图 6－2 所示。

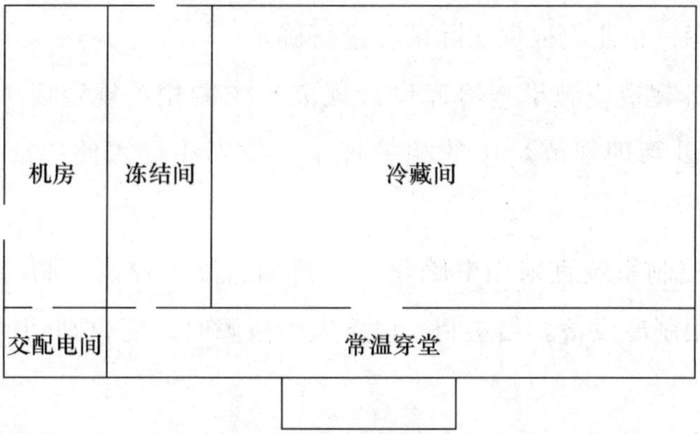


图 6－1　冷库常温穿堂平面示意

**2. 冷库规模标准划分**

《冷库设计规范》规定：冷库的设计规模以冷藏间或冰库的公称容积为计算标准。公称容积大于 20000 立方米为大型冷库，5000～20000 立方米为中型冷库，小于 5000 立方米为小型冷库。

公称容积应按冷藏间或冰库的室内净面积（不扣除柱、门斗和制冷设备所占的面积）乘以房间净高确定。

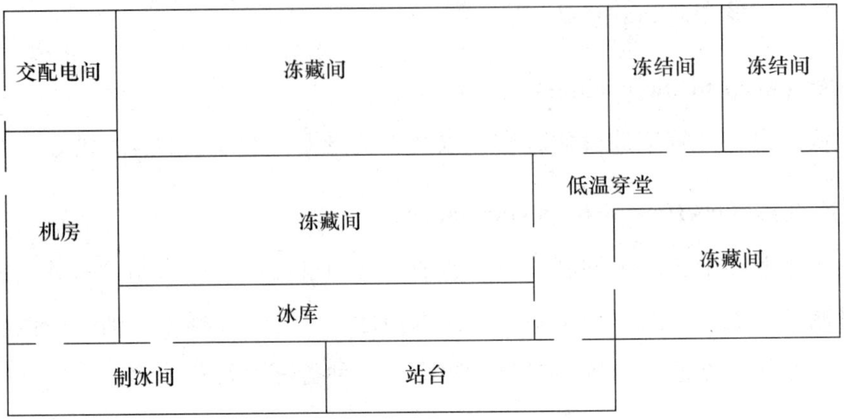


**图6－2　冷库低温穿堂平面示意**

资料来源：李建华、王春主编：《冷库设计》，机械工业出版社2003年版。

### 6.1.3　药品冷库的建造要求

《药品物流设施与设备技术要求》对药品冷库做了如下规定：冷库建造形式分为土建式冷库和拼装式冷库，企业应根据实际情况进行确定。

（1）冷库的设计建造应满足《冷库设计规范》中的相关规定要求；冷库内温湿度应满足《药品经营质量管理规范》中的相关规定。冷库在投入使用前应进行温湿度分布验证。

（2）冷库制冷控制系统宜采用电脑化、全自动、集中控制；制冷系统应考虑冗余设计，配置合理的备用制冷设备。当主制冷设备发生故障时，能自动切换到备用制冷设备运行，确保冷库温度。

（3）冷库应具备双路供电系统或备用发电机组；制冷系统宜采用绿色环保型制冷剂；温度应能根据设置自动调节，库温调节精度为±0.5℃。

（4）冷库系统宜具备故障监测、自诊断功能，参数可设置；内部安装紧急报警按钮，同时在冷库外部设置声光报警器，方便在特殊情况下被关在冷库内的工作人员向外部求救；所有冷库门均有内部开启装置，协助工作人员自救。

（5）在冷库门处应配置缓冲隔离措施，以减少或避免冷库内外冷热温度交换。

（6）冷库应密封严实，避免有冷量泄漏情况发生；冷库内应无冷凝水滴落，以避免损坏货品。

### 6.1.4　冷库设计的程序[①]

冷库的建造是一项比较复杂的综合性工作，既有建设单位、设计单位、施工单位参与，又有土建、工艺、电气、给排水等多专业的配合，因此必须有一个合理、完整的方案和一整套施工图样与文件，做到设计有依据、施工有图样，从而避免盲目施工的现象，保证工程的顺利进行。

冷库应由具备冷库工程设计、压力管道设计资质的单位进行设计，由具有相应施工资质的施工单位施工，使用具有相关资质企业制造的制冷设备。

**1. 设计任务书的编制和审核**

设计任务书的形式有两种，一种是由建设单位根据生产需要，组织人员编制，报上级批准；另一种是由上级机关直接下达或责成建设单位编制。

设计任务书的内容包括：建设的缘由和依据、企业名称、建设地区或地点、建设地区的经济技术资料（资源产销情况以及今后发展计划、水、电源）。

**2. 设计过程**

冷库的设计过程有分两个阶段的，也有分三个阶段的。分三个阶段的是初步设计、技术设计和施工设计。分两个阶段的是将初步设计和技术设计合并，并称为扩大初步设计。

（1）初步设计。由建设单位根据设计任务书所规定的性质、规模，提出设想方案，内容包括说明书、总平面布置、建设形式、生产流程、冷间划分、冷却系统以及冷凝方式的设计说明。

（2）技术设计。一般在初步设计方案批准后，由设计单位承担。其内容是说明初步设想方案在技术上的可能性以及具体的实施方案，编出概算，报上级或相关部门审核批准。

整个设计工作由工艺、土建、给排水、电气仪表等专业配合进行。以工艺为主导，其他专业都要围绕着工艺的要求进行设计，同时工艺也要受到其他专业要求的制约。具体做法是：制冷工艺设计人员提出工艺要求，其专业人员根据工艺条件进行相应的设计；如果其他专业人员在设计中满足不了工艺的要求，则向工艺设计人员提出修改建议，工艺设计

---

① 谈向东主编：《冷库建筑》，中国轻工业出版社 2017 年版。

人员在不违反制冷工艺原则的前提下，修改工艺要求；经过各方面的周密研究，共同设计出一条合理的、完整的方案后，进行会签。其设计内容包括：设计说明书、工程图样、主要设备总明细表、材料表与工程概算。

（3）施工设计。把初步设计、技术设计或扩大初步设计的内容用施工图样的形式表达出来，以供施工安装之用，称为施工设计。其内容包括施工设计说明书、施工设计计算书、施工图样、编制预算书及设备、材料明细表、勘误通知书或变更通知书、试车验收等。

### 6.1.5 冷库容量的确定①

冷库容量包括冷库的生产能力和冷藏量两方面。冷库容量一般由计划任务书或设计委托书做出明确的规定，是冷库建设的一项重要指标，根据冷库容量就能确定冷库的建筑结构形式、面积、高度和设计方案。

**1. 决定冷却间和冻结间生产能力的主要因素**

（1）每天最大的进货量，并考虑进货的不均匀情况。

（2）货物码放形式。

（3）货物冷却或冷冻所需的时间及货物装卸所需的时间。

**2. 决定高温库和低温库（储藏性库房）冷藏容量的主要因素**

（1）冷却间或冻结间的生产能力。

（2）货物码放形式。

（3）储藏时间。

### 6.1.6 冷库自动控制的基本内容②

冷库在生产运行中，库内热负荷受室外空气温度变化、商品进库热焓变化的影响而不断波动。要克服热负荷的波动，满足商品冷藏过程中的工艺要求，就要使制冷装置的制冷量和库内的耗能量不断趋于或达到平衡。要达到这一要求，就必须进行及时、准确的调

①② 李敏主编：《冷库制冷工艺设计》，机械工业出版社2016年版。

节。而制冷系统是一个严密的封闭系统，其运行情况通过温度、湿度、压力、压差、液位等参数来反映。如果采用自动调节，无论储藏时间长短或外界条件如何变化，均能自动调节制冷工况，从而简化了管理，保证了商品的质量，也保证了制冷装置运行的可靠性、安全性和经济性。

**1. 氨系统的设备、机器安全保护装置**

（1）氨压缩机安全保护。

（2）氨泵安全保护。

（3）中间冷却器、冷凝器、低压循环储液桶、排液桶、储藏器等压力容器的安全泄压保护。

（4）中间冷却器、低压循环储液桶、氨液分离器等容器的自动供液、警戒液位自动报警装置。

**2. 自动控制装置**

（1）局部回路自控：氨泵及液位回路自控、库房温度遥控、蒸发盘管自动冲霜。

（2）半自动控制装置：机器、设备的安全保护装置，局部回路自控，制冷设备在机房控制室集中控制。

（3）全自动控制装置：机器、设备的安全保护装置；局部回路自控；制冷系统程序控制；辅助工序自动控制，包括：冷凝器压力的自控，放空气器的自控，系统放油、油处理和压缩机自动加油控制。

## 6.1.7　冷库设计及管理安全要求

**1. 冷库设计安全要求**

中华人民共和国国家标准《冷库安全规程》（GB 28009—2011）规定了冷库设计、施工、运行管理及制冷系统长时间停机时的安全要求。

（1）在氨制冷机房门口外侧便于操作的位置，应设置切断制冷系统电源的紧急控制装置，并应设置警示标识。每套制冷压缩机组启动控制柜（箱）及机房控制台，应设紧急停机按钮。

（2）制冷机房应装有事故排风装置。氨制冷机房的事故排风装置应采用防爆型，当制冷系统发生事故而被切断电源时，应能保证事故排风装置的可靠供电。

（3）氨制冷机房、高低压配电室应设置应急照明，照明灯具应选用防爆型，照明持续时间不应小于30分钟。

（4）氨制冷机房应安装氨气浓度检测报警装置及供水系统。

（5）水冷却式制冷压缩机应设置断水保护。

（6）机房门应向外开，且数量应确保人员在紧急情况下快速离开。

（7）设在室外的制冷辅助设备应设防护栏，并设置警示标识。高压储液器设在室外时，应避免太阳直射。

（8）库房内应采用防潮型照明灯具和开关。灯具安装高度小于或等于2.2米时，应采用安全电压供电。灯具金属外壳均应接保护线。低于0℃的库房内，动力及照明线路应采用适合库房温度的耐低温绝缘电缆。

（9）穿过库房隔热层的电气线路，应采取可靠的防火措施。

（10）冷库设计应满足消防的有关规定。

**2. 冷库管理安全要求**

《冷库安全规程》对冷库的安全管理做了具体规定，有以下七点。

（1）冷库运营单位应建立安全生产责任制和安全操作规程。

（2）特种作业人员应依据《特种设备安全监察条例》及国家相关规定，持证上岗。

（3）采用新工艺、新技术、新设备，应制定相应的安全技术措施。

（4）冷库运营单位应对厂房、机电设备进行定期检查、维护。

（5）冷库的安全装置和防护设施，不得擅自拆除。

（6）冷库运营单位应建立重大事故的应急救援预案和人员救援预案，定期演练。

（7）压力容器的管理：冷库运营单位应依据《固定式压力容器安全技术监察规程》的规定，做好压力容器的安全管理，逐台办理压力容器的使用登记手续，定期对压力容器进行检验。压力容器使用不得超出其设计允许的使用范围。安全附件更换时，应选用具有相应制造许可证的单位生产的相应规格的产品，应随带产品质量证明书，并在产品上装设金属铭牌。

### 6.1.8　冷桥处理[①]

由于冷库的隔热结构中局部构造的不同，引起该部位隔热性能降低，成为冷量大量传递的通道，称为“冷桥”。由于冷桥附近结构表面所感受的冷量大量向冷桥部位集中，因此，在冷桥造成的冷量损失大大超过了简单地按其截面面积计算所得的数值。冷桥的存在，不但增加了库房的冷量损耗，而且冷桥部位成为隔热结构的薄弱环节，造成该处隔热结构温度较高的一面凝露、结霜、结冰、隔热层受潮失效，严重时还使结构层受冻损坏。

冷库内存在的冷桥，大部分是节点构造处理不当引起的。例如：多层冷库无梁楼板边缘嵌入外墙绝热层内形成冷桥，造成绝热层受潮结冰，防潮层损坏，外墙潮湿长霉菌、青苔、楼板板底空洞等问题；单层冷库采用反梁楼盖结构的阁楼隔热层由于反梁位置处稻壳厚度不足，形成冷桥；多层冷库的内隔墙或内衬墙穿过楼板绝热层直接砌在楼板结构层上，形成冷桥，日久会使内隔墙和内衬墙损坏；冷库隔热墙体、楼板等处若管道、孔洞预留尺寸比所需绝热厚度小，也会造成冷桥，使附近的墙体、楼板凝露、滴水引起隔热层损坏；等等。这些都是在设计过程中需要注意的问题。

**【拓展阅读】**　　相关规范与标准

1. 《制冷术语》(GB/T 18517—2012)

《制冷术语》（Terminology of Refrigeration）由中华人民共和国国家质量监督检验检疫总局与中国国家标准化管理委员会于 2012 年 11 月 5 日发布，2013 年 3 月 1 日实施。

本标准界定了制冷术语。

本标准适用于制冷专业的产品制造、工程设计、施工、维护管理以及科研、教育等领域。

2. 《冷库设计规范》(GB 50072—2010)

《冷库设计规范》（Code for Design of Cold Store）是中华人民共和国国家标准，由中华人民共和国住房和城乡建设部与中华人民共和国国家质量监督检验检疫总局于 2010 年 1 月 18 日发布，2010 年 7 月 1 日实施。

---

① 谈向东主编：《冷库建筑》，中国轻工业出版社 2017 年版。

本规范适用于采用氨、氢氟烃及其混合物为制冷剂的蒸汽压缩式制冷系统，以钢筋混凝土或砌体结构为主体结构的新建、改建、扩建的冷库，不适用于山洞冷库、装配式冷库、气调库。

3. 《冷库安全规程》（GB 28009—2011）

《冷库安全规程》（Safety Code for Cold Store）是中华人民共和国国家标准，由中华人民共和国国家质量监督检验检疫总局与中国国家标准化管理委员会于2011年12月30日发布，2012年12月1日实施。

本标准规定了冷库设计、施工、运行管理及制冷系统长时间停机时的安全要求。

本标准适用于以氨、卤代氢等为制冷剂的直接制冷系统及间接制冷系统的冷库。其他类型的冷库和制冷系统可参照执行。

本标准不适用于作为产品出售的室内装配式冷库。

4. 《冷库管理规范》（GB/T 30134—2013）

《冷库管理规范》（Cold Store Management Regulation）是中华人民共和国国家标准，由中华人民共和国国家质量监督检验检疫总局与中国国家标准化管理委员会于2013年12月17日发布，2014年12月1日实施。

本标准规定了冷库制冷、电气、给排水系统，库房建筑及相应的设备设施运行管理、维护保养要求和食品储存管理要求。

本标准适用于储存肉、禽、蛋、水产品及果蔬类的食品冷库，储存其他货物的冷库可参照执行。

## 6.2 制冷系统的机器设备

制冷是指用人工方法从低于环境温度的物体中吸取热量，并将其转移给环境介质的过程。制冷的方法很多，常见的制冷方法有相变制冷、热电制冷、气体膨胀制冷和涡流管制冷等。为了实现上述热量转移过程，需要消耗一定的外界能量作为补偿过程，使制冷剂在更低的温度下连续不断地从被冷却物体中吸取热量，达到制取能量的目的。其中，液体汽化制冷的应用最为广泛，它是利用液体汽化时的吸热效应而实现制冷的。蒸汽压缩式、吸收式、蒸汽喷射式和吸附式制冷都属于液体汽化制冷方式。①

冷库制冷系统机器设备的选型及设计包括制冷压缩机、冷凝器、冷却设备、节流阀以及必要的辅助设备（中间冷却器、高压储液器、油泵分离器、气液分离器、低压循环桶等）的选型与基本设计。

### 6.2.1　专业术语

《制冷术语》（GB/T 18517—2012）对制冷系统的专业术语做了具体定义。

**1. 焓（enthalpy）**

一个状态参数，表示工质所含的全部热能，等于其内能值加上体积与绝对压力的乘积值。

**2. 熵（entropy）**

一个状态参数，对于可逆过程，任意两个状态点之间的熵值变换量可以用积分表示。

**3. 相变（phase change）**

物质通过热交换或者对外做功从一相（固相、液相、气相）转变为另一相的过程。

**4. 冷凝（condensation）**

气相到液相的状态变化。

**5. 蒸发（evaporation）**

物质从液态转化为气态的相变过程。

**6. 升华（sublimation）**

固相物质不经过液相直接转变为气相的过程。

**7. 气体液化（liquefaction of gases）**

通过冷却、增压手段使气体由气相变为液相的过程。

**8. 强制对流（forced convection）**

流体在外力（如水泵或风机压差作用）影响下所发生的一种对流换热。

---

① 张华俊主编：《制冷原理与性能》，华中科技大学出版社 2010 年版。

**9. 自然对流（natural convection）**

流体在自身温度变化引起的密度差影响下所发生的一种对流换热。

**10. 制冷量（refrigerating capacity）**

在规定工况下单位时间内从被冷却的物质或空间中移去的热量。

**11. 标准制冷量（standard refrigerating capacity）**

标准工况下制冷剂中的制冷量。

**12. 净制冷量（net refrigerating capacity）**

制冷装置实际用于冷却的制冷量。

**13. 总制冷量（total cooling capacity）**

单位时间内制冷机从被冷却对象中去除的显热量与潜热量之和。

**14. 净总制冷量（net total cooling capacity）**

除去风机功耗的总制冷量。

**15. 显热制冷量（sensible heat cooling capacity）**

单位时间内设备能从制冷空间去除的显热量。

**16. 潜热制冷量（latent heat cooling capacity）**

单位时间内空气中水蒸气的凝结所需要的制冷量。

## 6.2.2　制冷设备的特殊性

**1. 压力**

大多数制冷系统都要在一定的压力下工作，所受的压力是大气压的几倍到十几倍。有些部件则是受政府主管部门监管检测的压力容器，还有一些部件在停机状态下受压，在真空状态下工作。因此，整个系统都有一定的强度要求，要能经受压力试验的检验。

**2. 气密性**

氟利昂制冷剂无色无味，渗透性很强，极易从系统的不密封处发生泄漏，而且不容易被发现；氨制冷剂有毒性，在一定条件下会燃烧和爆炸。因此，组成制冷系统的所有部件和管路均应是气密的。

**3. 洁净**

制冷系统各部件和连接管路内必须是清洁的，诸如氧化皮、焊渣或其他杂质必须清除干净，否则会引起气缸、活塞、液压泵、气阀、轴承等压缩机零部件的磨损，或者造成膨胀阀、过滤器等处的脏堵，使制冷设备无法长期正常运行。

**4. 干燥与真空**

制冷系统中含有水分时会加速金属腐蚀，尤其是氟利昂制冷系统中若有水分会形成冰堵故障，水与氟利昂还会产生化学反应，破坏封闭式压缩机电动机绕组的绝缘性能。空气在制冷系统中为不凝性气体，它的存在会引起冷凝压力上升，制冷效率下降。因此，制冷系统内要求高度干燥和真空，充注制冷剂前必须抽除系统中的不凝性气体和水分。

**5. 回油**

在氟利昂制冷系统中，润滑油与制冷剂一起在系统内循环，因而在连接系统管路时，应确保使润滑油能顺利地返回曲轴箱，否则会引发一系列故障，如润滑油会沉积在管路中，增加流动阻力；会积聚在冷凝器、蒸发器内，减少传热面积，降低制冷效果；回油不畅严重时，还会造成压缩机失油，加速轴承和运动部件的磨损甚至产生抱轴事故。

### 6.2.3　制冷压缩机①

**1. 压缩机的种类**

压缩机（compressor）是用来输送气体并提高气体压力的一种机械设备。它分为以下几种。

（1）制冷压缩机（refrigerating compressor）：用来压缩和输送气相制冷剂的机械设备。

（2）制冷压缩机组（refrigerating compressor unit）：压缩机和电动机装配成的成套设备，有时还包括油分离器、气液分离器等附件。

（3）容积式制冷压缩机（positive displacement refrigerating compressor）：依靠压缩腔的内部容积缩小来提高气体压力的制冷压缩机。

（4）回转式制冷压缩机（rotary refrigerating compressor）：通过一个或几个部件的旋转运动来完成压缩腔内部容积变化的容积式制冷压缩机。

---

① 张时正、王健、吴文历：《冷库实用制冷技术》，机械工业出版社 2012 年版。

**2. 制冷压缩机的种类**

制冷压缩机根据不同的性质分为不同的种类，具体如下。

（1）按使用工质分类，可分为氨制冷压缩机、氟利昂制冷压缩机和其他压缩机。也有三种工质通用的压缩机（更换少数零件），如目前使用的120及170系列压缩机。

（2）按活塞运动形式分类，可分为往复式压缩机和回转式压缩机（如螺杆式压缩机）。

（3）按制冷能力分类，可分为小型制冷压缩机（60kW以下）、中型制冷压缩机（60～465kW）和大型制冷压缩机（465kW以上）。

（4）按气缸布置方式分类，可分为立式、卧式和角度式压缩机。

（5）按气缸数量分类，可分为单缸、双缸及多缸压缩机。

（6）按压缩机的级数分类，可分为单级压缩机和双级压缩机。

**【拓展阅读】** 《制冷机组及供制冷系统节能测试　第1部分：冷库》

《制冷机组及供制冷系统节能测试　第1部分：冷库》（Monitoring and Testing Method for Energy Conservation of Refrigerating Systems—part 1：cold storage systems）（GB/T 15912.1—2009）是中华人民共和国国家标准，由中华人民共和国国家质量监督检验检疫总局与中国国家标准化管理委员会于2009年10月30日发布，2010年5月1日实施。

本部分规定了采用制冷压缩机（机组）、冷凝器、蒸发器及附件、管路等独立零部件在用户现场安装的制冷系统的节能监测内容和节能测试方法。

本部分适用于储存空间大于500立方米的冷冻、冷藏库。

本部分不适用于山洞冷库、石拱覆土冷库、地下半地下冷库以及冷库的冷却间和冻结间。

### 6.2.4　冷凝器

**1. 冷凝器的工作原理**[①]

在制冷机中，冷凝器是一个由制冷剂向外放热的热交换设备。制冷剂过热，蒸汽从压

---

① 张华俊主编：《制冷机辅助设备》，华中科技大学出版社2012年版。

缩机出来后经由分离器进入冷凝器，将热量传递给周围介质（水或空气），自身因受冷却凝结为液体。制冷剂在冷凝器中放出的热量包括两部分：一部分是通过蒸发器从被冷却物体吸收的热量；另一部分是在压缩机中被压缩时，由机械功转化的热量。制冷剂在冷凝器中的冷凝过程，实际上分成两个阶段：第一阶段，由过热蒸汽冷却为饱和蒸汽；第二阶段，由饱和蒸汽凝结为饱和温度下的液体。

冷凝器按冷却方式，可以分为水冷式、空冷式（或称风冷式）和蒸发式三种类型。

**2. 冷凝器的选型原则**

冷凝器是蒸汽压缩式制冷系统中的主要换热设备之一。冷凝器的选型取决于建库地区的水温、水质、水量及气候条件，也与机房的布置要求有关。一般根据下列原则来选择。

（1）立式冷凝器适用于水源丰富、水质较差、水温较高的地区。

（2）卧式冷凝器适用于水量充足、水温较低、水质较好的地区，广泛应用于中、小型氨和氟利昂系统中。

（3）淋浇式冷凝器适用于湿度和温度较低、水源不足或水质较差的地区。

（4）蒸发式冷凝器适用于缺水地区，当水质较差时，须进行处理。

（5）空气冷却式冷凝器适用于水源比较紧张的地区，冷藏车及冷藏集装箱等移动式制冷装置和小型氟利昂制冷系统。在氨制冷系统中，一般不采用。

（6）当冷却水为循环使用时，立式冷凝器和卧式冷凝器均可使用。

（7）从设备费用和维修费用看，蒸发式冷凝器最高。对大、中型制冷装置，蒸发式冷凝器同立式或卧式冷凝器和冷却塔的组合形式相比，建设初期投资不相上下，但运行时节水、节能。

此外，在满足系统要求的前提下，还要考虑换热效率、维护方便、设备初投资等因素。

## 6.2.5　蒸发器[①]

**1. 蒸发器的工作原理**

蒸发器（也称冷却设备）是在制冷系统中产生冷却效应的低压换热设备，它利用制冷

---

① 李建华、王春主编：《冷库设计》，机械工业出版社 2003 年版。

液体经节流阀节流后在较低温度下蒸发，吸收被冷却介质（如盐水、空气）的热量，使被冷却介质的温度降低。

蒸发器是制冷装置中的另一种热交换设备。对于制冷系统来说，它是制冷剂从系统外吸热的热交换器。在蒸发器中，制冷剂的液体在较低的温度下沸腾，转变为蒸汽，并吸收被冷却物体或介质的热量。所以，蒸发器是一种伴随有蒸发（沸腾）相变的热交换器，制冷剂液体通过蒸发器吸收被冷却介质（通常是水和空气）热量蒸发（沸腾）为蒸汽，是制冷系统中制取冷量和输出冷量的设备。

制冷装置中的蒸发器，按照被冷却介质的特性，可以分为冷却液体载冷剂的蒸发器与冷却空气的蒸发器两大类。冷却液体载冷剂的蒸发器，包括壳管式和水箱式两种类型。壳管式蒸发器有卧式壳管式蒸发器与干式蒸发器两种。水箱式蒸发器也有直立管式、螺旋管式和蛇形等几种形式。冷却空气的蒸发器也有多种结构形式，但照例都是制冷剂在管内蒸发而空气在管外侧被冷却。如果蒸发器是装在冷箱内或冷库库房内，而空气是自由运动的，则习惯上称之为冷却排管。如果蒸发器是装在一个通道内，而管外的空气是用风机来输送的，则习惯上将这一套设备称为空气冷却器（或称冷风机）。

**2. 蒸发器的选型原则**

冷却设备的选型应根据物品冷加工、冷藏或其他工艺要求确定，一般符合下列原则。

（1）所选用冷却设备的使用条件和技术条件应符合现行的制冷装置用冷却设备标准的要求。

（2）冷却间、冻结间和冷却物冷藏间的冷却设备应采用冷风机（也称空气冷却器）。

（3）冻结物冷藏间的冷却设备，宜选用冷风机，也可采用顶排管、墙排管。

（4）根据不同商品的冻结工艺要求，选用合适的冻结设备。

（5）包装间的冷却设备，室温高于 -5℃时宜选用冷风机，室温低于 -5℃时应选用排管。

（6）冰库使用光滑顶排管。

## 6.2.6 节流器与节流阀

节流器位于冷凝器与蒸发器之间，其作用是使从冷凝器来的高温高压制冷剂液体流经节流器后压力降低，进入蒸发器沸腾吸收汽化潜热而制冷。节流器除了对制冷剂起节流作用以外，还起着调节进入蒸发器制冷剂流量的作用。通过节流器的调节，使制冷剂离开蒸发器时有一定的过热度，保证制冷剂液体不会进入压缩机。

制冷系统的节流阀位于冷凝器（或储藏器）和蒸发器之间，是阻碍流体流动、降低流体压力和温度的调节阀。从冷凝器来的高压制冷剂液体经节流阀后进入蒸发器中。它除了起节流、降压作用外，还具有调节制冷剂流量的作用。节流阀的选型主要以阀门的容量为依据，选型时考虑到阀前后压力差的大小及其他因素，以制冷能力选定其型号。

冷库制冷装置中常用的节流器有手动节流阀、浮球阀和热力膨胀阀三种。

膨胀阀（expansion valve）是用以调节流向蒸发器的液体制冷剂压力和流量的调节阀。根据操作方式的不同，可分为手动膨胀阀、热力膨胀阀和电子膨胀阀等。

手动膨胀阀（hand expansion valve），这是最老式的调节阀，用于干式或湿式蒸发器。在干式蒸发器中使用手动膨胀阀时，操作人员需频繁地调节流量，以适应负荷的变化，保证制冷剂离开蒸发器时有轻微的过热度。如果蒸发器出口处蒸汽的过热度太大，可以开大阀门，使较多的制冷剂进入蒸发器，从而降低过热度。如果过热度太小，或者没有过热度，需将阀门关小，使制冷剂蒸汽产生一定的过热度。手动膨胀阀大部分现已被自动膨胀阀取代，只有氨制冷系统还在使用。

热力膨胀阀（thermostatic expansion valve）指自动调节流向蒸发器的液体制冷剂压力和流量，使压缩机吸入蒸汽的过热度保持在有限范围内的调节阀，主要用于工业、商业中。

电子膨胀阀的用途与热力膨胀阀相同。

此外，还有浮球节流阀，也称浮球调节阀，是根据液位变化自动调节供液量比例的调节阀。它有高压浮球调节阀和低压浮球调节阀之分。通过浮球阀的调节作用，使这些设备可以保持大致恒定的液面，同时浮球网还能起节流、降压的作用。

浮球调节阀广泛使用于氨制冷装置中，按照流通方式的不同，可分为直通式和非直通式两种。

### 6.2.7　油分离器和集油器

在制冷系统中，一般都要装设、使用油分离器。对于氨制冷系统，还要装设集油器。

### 1. 油分离器

在蒸汽压缩式制冷系统中，压缩机的排气中都带有一定的润滑油。压缩机排出的制冷剂蒸汽可达 90℃ ~140℃，使得积聚在气缸壁上的润滑油部分汽化成油蒸汽，这些油蒸汽和小油滴被高速的排气带出压缩机而进入制冷系统，并有可能进入冷凝器和蒸发器内。

对于氨制冷系统，润滑油进入冷凝器和蒸发器等热交换设备后，将会在传热面上形成一层油膜，并沉积在其底部，从而降低了它们的传热系数，减少了有效的传热面积，使冷凝温度上升、蒸发温度下降、制冷能力降低。

对于氟利昂制冷系统，由于氟利昂与油几乎完全溶解，一般不会在传热面上形成油膜，但对蒸发温度的影响比较大，在给定的蒸发压力下，会导致饱和蒸发温度升高，降低制冷能力。因此，在以氨或氟利昂为制冷剂的制冷系统中，在压缩机排气之后进入冷凝器之前，必须设置油分离器，将压缩机排气中的润滑油大部分分离出来，并送回压缩机中。氟利昂制冷系统利用自动回油装置，将其送回压缩机曲轴箱。氨制冷系统则定期地通过集油器排出润滑油。

### 2. 集油器

集油器也称放油器，它只用于氨制冷系统中。在氨制冷系统中，由于油分离器不可能将压缩机排出的氨气中所携带的润滑油全部分离出来，有一部分润滑油被带入其他容器（如冷凝器、储液器和蒸发器等）。而且，氨和润滑油基本不相溶解，这使冷凝器、储液器和蒸发器等容器中的润滑油会越积越多，所以就要把这些容器中的润滑油定期排出系统。如果从容器中直接放出，特别是从油分离器、冷凝器及储液器等在压力较高的情况下放油，对操作人员是不安全的；另外，在这些容器中都有较多的氨液，直接放油难免会损失一些氨。所以，为了保证操作人员的安全和减少氨液损失，就要定期排出润滑油。

## 6.2.8 制冷剂

### 1. 氨制冷剂及其特点

采用氨（$NH_3$）作制冷剂有 100 多年的历史，现在仍然是环保性能最好的制冷剂。通常使用压力不超过 15 个大气压，适用于蒸发温度为 -70℃ 以上的制冷系统中。氨是目前我国大中型制冷系统中使用最广泛的一种中温制冷剂。

氨在常温、常压下为无色气体，常压下液体的蒸发温度为－33.4℃，凝固温度为－77.7℃。氨气易溶于水，常温下单位体积的水能够溶解900倍的氨气体，在制冷系统中不会形成“冰塞”现象。氨的纯度一般要求达到99.8%以上，也就是说氨液中的水分不得超过0.2%，含水分多会影响氨的特性。氨的流动阻力小，热导率大，价格低廉。

氨作为制冷剂具有以下特点。

（1）可燃性。氨在常温、常压下不会燃烧，但当达到一定的浓度和温度时，有可能引起燃烧和爆炸。其原因是氨在高温时会分解成氢气和氮气。氢气和制冷系统中的空气（主要是空气中的氧气）混合，达到一定比例时，就会产生爆炸。为了防止发生爆炸事故，操作时除了规定压缩机排气温度和排气压力不得过高外，还必须经常从制冷系统中放出不凝性气体。

（2）腐蚀性。无水纯氨对钢铁没有腐蚀性，但当氨中有水分时，对锌、铜和青铜合金有腐蚀作用（锡、磷、青铜除外），所以在制冷系统装置中的阀门、管道、仪表等，均不可采用铜和青铜合金材料。只有那些易于润滑的零部件（如活塞销衬套、轴瓦、密封环等）才允许使用高锡、磷、青铜。

（3）难溶性。氨在润滑油中不易溶解，因此氨制冷系统中的设备、管道和热交换器表面容易被润滑油污染，造成传热性能降低。所以在制冷系统中必须设置油分离器，对压缩机排出的气体中的润滑油进行分离，以尽量减少润滑油进入冷凝器和蒸发器中。

（4）毒性。氨具有强烈的刺激性臭味，对人体器官有一定的危害。在空气中氨体积分数达到0.5%～0.8%时，人员如果停留一定时间就会中毒。氨液与皮肤直接接触会使皮肤灼伤。如库房中发生氨气泄漏，会对库房内的物品造成污染。

**2. 氟制冷剂及其特点**

氟利昂制冷剂不管是气体还是液体，都是无色透明的，没有气味，大多对人体没有毒害，不易燃烧和爆炸。在标准大气压下的蒸发温度为－40.8℃，凝固温度为－160℃。氟利昂制冷剂有良好的热力学性能，使用安全、经济，对金属和非金属材料无腐蚀性，是制冷空调行业中应用较广泛的一种优秀制冷剂。

氟利昂与氨相比，单位容积制冷量较小、密度大，流动阻力大，价格比较贵。但由于氟利昂制冷剂破坏臭氧层和产生温室效应，环境保护组织禁止使用。

**【拓展阅读】** 氨制冷剂的未来

1977 年联合国环境计划署（UNEP）成立了臭氧问题调查委员会，1985 年在维也纳制定了《保护臭氧层维也纳公约》。1987 年 9 月 16 日，联合国环境计划署主持召开国际臭氧层保护大会，在加拿大蒙特利尔签署了《关于消耗臭氧层物质的蒙特利尔议定书》（以下简称《蒙特利尔议定书》），对 $CFC_S$（Chloro-Fluoro-Carbon，氯氟烃）物质 R11、R12、R113 及 1211 等两类八种物质的生产和使用进行了控制。

1991 年 6 月，中国正式加入修订的《蒙特利尔议定书》。1992 年 11 月，在哥本哈根召开了蒙特利尔议定缔约国第四次会议，除严格对 $CFC_S$ 的限定外，又对包括 R22 在内的 $HCFC_S$（Hydrochloro-Fluoro-Carbon，系列氯氟烃）物质的生产及使用提出了控制。按《蒙特利尔议定书》的规定，$CFC_S$ 生产、消耗的禁止日期是：发达国家为 1996 年 1 月 1 日，发展中国家为 2010 年 1 月 1 日；$HCFC_S$ 的禁止日期是：发达国家为 2030 年 1 月 1 日；发展中国家为 2040 年 1 月 1 日。

1999 年 11 月 29 日至 12 月 3 日，在北京召开的第五次维也纳公约缔约国保护臭氧层会议及第 11 届破坏臭氧层物质蒙特利尔公约缔约国会议决定限制生产 $HCFC_S$，并就保护臭氧层问题签署了《北京宣言》。限制 $HCFC_S$ 的内容主要如下：发达国家从 2004 年起将 $HCFC_S$ 的产量限制在 1989 年水平，发展中国家从 2016 年起将其产量限制在 2015 年水平，从 2004 年起禁止和非缔约国之间的 $HCFC_S$ 进出口贸易，加快了对 $HCFC_S$ 控制的步伐。

这样，随着 $CFC_S$、$HCFC_S$ 工质的限制使用，制冷装置中常用的氟利昂制冷剂 R12、R22 和 R502 等替代就成了当务之急。

### 6.2.9 载冷剂

载冷剂又称传热剂或冷媒，是制冷系统中传递冷量的中间媒介物质。其工作原理是：载冷剂在制冷系统的蒸发器中被冷却，获得冷量，再送到需要冷却的设备。此时，载冷剂在需要冷却设备中吸收热量，接着返回至蒸发器，并将吸收的热量传递给制冷剂，而后进入需要的冷却设备，对蓄冷设备不停地冷却。[①]

**1. 对载冷剂的基本要求**

（1）冰点要低。载冷剂的冰点低，可以扩大使用范围。

（2）质量热容要大。在传送一定冷量时，载冷剂质量热容大、流量小，可以减少循环泵的功耗。

（3）化学腐蚀作用小。载冷剂对制冷设备的腐蚀作用小，可以延长设备的使用寿命。

（4）价格低而且容易获取。这可以减少制冷设备运行中的费用。

**2. 载冷剂的种类**

载冷剂的种类很多，按其工作温度大致可分为三类。

（1）高温载冷剂。如水，适用于0℃以上的制冷循环，被广泛用于空调装置。

（2）中温载冷剂。如氯化钠、氯化钙的水溶液，适用于－50℃～5℃制冷装置中。

（3）低温载冷剂。如R11、三氯乙烯，适用于低于－50℃的制冷装置。

**3. 常用的载冷剂及其性质**

（1）空气。空气是一种容易获得的载冷剂，具有冰点低（凝固点低）、对金属腐蚀性小、设备简单等优点，被广泛地采用。缺点是质量热容小、放热系数低，需要加大换热器空气一侧的传热面积。

（2）水。水是一种理想的载冷剂，具有质量热容大、相对密度小、放热系数高、传热性能好、安全无毒、来源充裕、价格低等优点，被广泛地采用，特别是空气调节系统。缺点是凝固点高（0℃就凝固），因而使用时受到一些限制。

（3）盐水溶液。盐水溶液一般是指氯化钠、氯化钙或氯化镁与水配置而成的。在0℃以下的温度系统中，一般用盐水做载冷剂。盐水具有质量热容大、传热性能好、冰点较水低等优点。缺点是对金属腐蚀性较严重、相对密度大，而比热较水小，故动力消耗相对淡水循环系统要大。

---

① 金国砥主编，黄华圣副主编：《制冷与制冷设备技术》，电子工业出版社2013年版。

### 6.2.10 测量仪表[①]

制冷装置的测量仪表主要包括压力表和温度表。

**1. 压力表**

目前，使用的压力表有多种形式，按照测量原理不同，主要分为四种，分别为液柱压力计、弹性压力表、电接点压力表和活塞压力计。

**2. 温度计**

温度计是测量温度的仪表。在制冷系统中，温度测量是进行操作的主要依据和前提。按照测量原理不同，温度计主要分为液体温度计、固体温度计、电阻温度计和热电偶温度计。

（1）液体温度计。液体温度计是根据液体随温度变化而热胀冷缩的线性变化规律，指示出被测介质的温度值。这种温度计在制冷装置中应用得比较广泛。

液体温度计主要由玻璃管、感温包、测温工质、毛细管和标尺组成。有的在温度计的上部设有膨胀包，以储存高压膨胀的工质。感温包被置于被测介质内，感温包内的液体工质在温度作用下热胀冷缩的变化，使得毛细管内的液面相应地升降，从而在标尺上显示出被测介质的温度值。

（2）固体温度计。固体温度计是利用固体与温度之间热胀冷缩的关系，表示出被测介质的温度值。固体温度计又分为杆样温度计和双金属温度计。

（3）热电偶温度计。两种不同材料的导体（称为热电偶或热电极）两端结合成回路，当结合点的温度不同时，在回路中就会产生电动势，这种现象称为热电效应，而这种电动势称为热点势。热电偶就是利用这种原理进行温度测量的。

**3. 湿度计（hygrometer）**

用于测量气体中湿度的仪器。

### 6.2.11 冷库门、冷库建筑要求及验证

**1. 冷库门**

冷库门也称冷藏门，是冷库的重要设施之一，也是冷库跑冷的重要部位之一。由于冷

---

① 张华俊主编：《制冷机辅助设备》，华中科技大学出版社 2012 年版。

库内外的温度差，开库门时，空气通过门洞强烈对流，导致热湿交换，增加了冷库的热负荷。这部分热负荷通常称为开门耗冷量或开门冷损失。

开冷库门时，进入冷库内的空气量与门的高度和宽度有关，与库内外的温差有关，当然也跟开门的时间与次数有关。从节能的角度出发，设计时应尽量控制冷库门数量，缩小门洞尺寸。应选用启闭运作迅速的冷库门，要设置空气幕。

**2. 冷库建筑要求**

（1）空气幕。空气幕也叫风幕，安装在冷藏门的上方。当冷库门打开时，风幕立即开始运行，向下吹风，在门洞正面形成一股匀速的类似于屏障的扁平风帘，防止库外热空气的侵入和库内冷空气的外流，减少冷量损失，以保证库温的稳定和库存商品的质量。

空气幕出风口宽度应稍大于冷库门的宽度，应能均匀分布在门的面积上。

（2）外墙①。外墙的基本组成有四部分：隔热层、隔汽层、外围墙体和内保护层。鉴于蒸汽渗透的方向性，其结构层的布置由外向内依次为外围墙体、隔汽层、隔热层和内保护层。在实际设计中，根据施工和其他方面的需要，在基本组成之外，还适当增加一些结构层，如砖墙内侧的找平层，就是为做隔汽层而增设。

**3. 冷库验证项目**

企业应当根据验证的内容及目的，确定相应的冷库验证项目。根据《药品经营质量管理规范》规定，冷库验证的项目至少包括以下八点。

（1）温度分布特性的测试与分析，确定适宜药品存放的安全位置及区域。

（2）温控设备运行参数及使用状况测试。

（3）监测系统配置的测点终端参数及安装位置确认。

（4）开门作业对库房温度分布及药品储存的影响。

（5）确定设备故障或外部供电中断的状况下，库房保温性能及变化趋势分析。

（6）对本地区的高温或低温等极端外部环境条件，分别进行保温效果评估。

（7）在新建库房初次使用前或改造后重新使用前，进行空载及满载验证。

（8）年度定期验证时，进行满载验证。

---

① 李建华、王春主编：《冷库设计》，机械工业出版社 2003 年版。

## 6.3 自动化立体药品仓库

自动化立体仓库（automated storage and retrieval system）是由钢结构货架、堆垛机和搬运设备构成的存取单元货物并可自动化作业的仓库。

自动化立体药品仓库是专门存放药品的仓库，其系统主要由出入库系统、托盘货架、堆垛机、测距及定位设备、计算机等构成，实现托盘货物单元的自动存取。

### 6.3.1 专业术语

**1. 货架（rack）**

由立柱、腹杆、横梁等组成的立体储存货物的钢结构体。

**2. 整体式货架（clad-racking）**

承受货物荷载，并支撑仓库建筑结构之载荷的货架。

**3. 分离式货架（free standing racking）**

只承受货物荷载、与仓库建筑物分开的单独的货架。

**4. 货格（cell）**

货架内储存货物的单位空间。

**5. 货位（location）**

货格内存放一个单元的货物。

**6. 进深数（number of location for deep）**

在一个货格内沿堆垛机货叉伸缩方向的货位数。

**7. 堆垛机（storage/retrieval machine）**

沿着立体仓库巷道轨道运行，向货位存取单元货物，完成入出库作业的起重机。

**8. 作业循环（operation cycle）**

堆垛机从原始位置开始完成一次存取货物后，回到原始位置所经过的全部过程为作业循环。堆垛机从原始位置开始完成单一存（取）货物的全部过程为单一作业循环。堆垛机从原始位置开始完成存（取）货物后回到原始位置的全部过程称为复合作业循环。

**9. 作业循环时间（operation cycle time）**

堆垛机一个作业循环所需的时间（在有巷道转换装置的仓库里，还应包括堆垛机的换巷时间）。

**【拓展阅读】**　《自动化立体仓库　设计规范》

《自动化立体仓库　设计规范》（JB/T 9018—2011）（Automated Storage and Retrieval System—Design Rules）是中华人民共和国机械行业标准，由中华人民共和国工业和信息化部于2011年12月20日发布，2012年4月1日实施。

本标准规定了自动化立体仓库单元货物、货架、巷道堆垛起重机、仓库建筑、货格和出入库能力设计的基本要求。

本标准适用于由钢结构货架、堆垛起重机和搬运设备构成的具有存（取）单元货物并能自动化作业的立体仓库。

### 6.3.2　自动化立体药品仓库

《药品物流设施与设备技术要求》（SB/T 11036—2013）对自动化立体药品仓库的主要性能指标、设备技术等做了具体要求，企业在设计自动化立体药品仓库时应根据标准要求进行。

**1. 主要性能指标**

（1）库存准确率：100%。

（2）货物破损率：≤0.001%。

（3）设备运行平均噪声：≤84分贝（A）。

（4）设备连续工作时间：≥16小时。

（5）按照《自动化立体仓库　设计规范》中关于出入库能力计算的方法进行能力计算，单台堆垛机复合作业能力应不低于45盘/小时。

（6）系统应提供与其他系统（仓库信息管理系统、消防系统等）进行数据交换的 EDI 接口。

（7）系统能实时记录作业过程，并能对作业过程进行追溯。

**2. 主要设备的技术要求**

（1）堆垛机应具备《自动化立体仓库　设计规范》《有轨巷道堆垛起重机　安全规范》（JB 5319. 2—1991）中所要求的安全保护装置，噪声应≤84 分贝（A）。

（2）堆垛机认址方式采用绝对认址、激光测距的方式，水平定位精度≤ ±5 毫米。

（3）货架采用横梁式托盘货架。货架材料采用 SS400 或者同等规格产品，货架需进行表面处理。货架主要承载部件原材料，要求采用冷轧钢板。

（4）货物单元托盘采用 1000 毫米 ×1200 毫米。

（5）托盘输送线输送效率与自动化立体仓库出入库效率相匹配，输送机应具有缓启停装置。

（6）托盘输送线要具有完整的连锁、导向保护装置，以避免任何破坏设备或货物的动作发生。

（7）托盘输送线设备噪声应≤72 分贝（A）。

**3. 其他要求**

（1）立体仓库系统应进行有限元受力分析。

（2）堆垛机、托盘输送线等设备应配置手动、单机自动及联机自动三种控制方式。

（3）堆垛机、输送线应配置故障声光报警装置。

（4）立体仓库每个巷道两端宜配置安全护栏、安全门锁，当有人要进入时，连锁装置启动，设备安全停止。

## 6. 3. 3　堆垛机

**1. 堆垛机的额定起重量**

堆垛机的额定起重量应符合表 6 – 1 的规定。

**2. 堆垛机的额定速度**

堆垛机的额定速度应符合表 6 – 2 的规定。

表 6－1　**堆垛机的额定起重量**　单位：吨

| | |
|---|---|
| 拣选型 | 0.1，0.25 |
| 单元化型<br>拣选—单元混合型 | 0.1，0.25，0.5，1，1.6，2 |
| 当单元货物的质量大于 2 吨时，额定起重量应符合 GB/T 783 的规定 | |

资料来源：《自动化立体仓库　设计规范》（JB/T 9018—2011）。

表 6－2　**堆垛机的额定速度**　单位：米/分

| | |
|---|---|
| 水平运行速度 $V_K$ | 25，31.5，40，50，63，80，100，125，160，180，200，250 |
| 升降速度 $V_N$ | 6.3，8，10，12.5，16，20，25，31.5，40，50，63，80 |
| 货叉伸缩速度 $V_t$ | 5，6.3，8，10，12.5，16，20，25，31.5，40，50 |

资料来源：《自动化立体仓库　设计规范》（JB/T 9018—2011）。

### 3. 堆垛机的出入库能力

堆垛机的出入库能力按公式（1）计算：

$$n = \frac{3600}{t_m} \tag{1}$$

式中：

$n$——每小时入库（或出库）的单元货物（或盘数）；

$t_m$——平均作业循环时间，单位为秒（s）。

平均作业循环时间根据作业的不同，可分为平均单一作业循环时间和平均复合作业循环时间。平均单一作业循环时间的计算方法见公式（2），平均复合作业循环时间的计算方法见公式（3）。

$$t_{m1} = \frac{1}{2}[t(p_1) + t(p_2)] + t_{01} \tag{2}$$

式中：

$t_{m1}$——平均单一作业循环时间；

$t(p_1)$——堆垛机从原始位置处至 $p_1$ 点往返运行（水平、起升）的时间；

$t(p_2)$——堆垛机从原始位置处至 $p_2$ 点往返运行（水平、起升）的时间；

$t_{01}$——单一作业循环中固定不变的动作时间总和（包括定位、货位探测、货叉作业循环等）。

$$t_{m2} = t(p_1;p_2) + t_{02} \tag{3}$$

式中：

$t_{m2}$——平均复合作业时间；

$t$（$p_1$；$p_2$）——堆垛机从原始位置处运行（水平、起升）至 $p_1$ 点，然后到 $p_2$ 点，随后返回原始位置处的时间；

$t_{02}$——复合作业循环中固定不变的动作时间总和（包括定位、货位探测、货叉作业循环等）。

## 课后思考

1. 考察调研一家药品冷库，将它的运转及内部管理状况写成一则调研报告。
2. 设计建造一个冷库，需要注意哪些问题？
3. 冷库的库容是如何确定的？冷库的管理有哪些安全要求？
4. 氨制冷剂和氟利昂制冷剂有哪些优缺点？
5. 设计冷库门有哪些建筑要求？
6. 考察一家药品企业的自动化立体药品仓库，看看它的主要性能指标和主要设备的技术是否达到标准规范的要求？

## 案例分析

### 北医股份在冷链上的大手笔操作[①]

2011 年 1 月 11 日，中国工信部物联网推广中心正式授予北京医药股份有限公司（简称北医股份）冷链物流项目——“中国 RFID 冷链物联网示范工程”优秀奖。

2010 年，华润医药集团与北京医药集团合并重组，新成立的华润北药集团产业涵盖了

① 摘编自“中国医药冷链物流的破冰之战”一文，http：//www. docin. com/p－560236521. html。

中成药、化学药、生物药、医疗器械设备及医药流通多个细分领域，其中在OTC、中成药、心血管、输液产品、生殖健康、医疗器械以及医药流通等领域位居国内领先地位。作为华润北药流通平台的北医股份是一家拥有60多年历史的大型医药流通企业。2003年，北医股份建成全国首家现代物流配送中心，2007年成为北京市社区“零差率”药品一级配送商，2009年率先将现代物流管理和服务延伸到医院。依托现代物流的支撑，北医股份实现快速发展，在全国建立了20多个控股子公司，2011年销售总额达到300亿元，经营规模位居北京市第一、全国医药商业企业前五强。

1. 硬件投入——建成医药流通行业第一家恒温恒湿冷库

2010年初，北医股份设计并建造了全国医药流通行业的第一家恒温恒湿冷库。该冷库引进国际先进技术，对冷库内的空气进行控制，将全年库内温度控制在4.5℃~5.5℃，湿度控制在55%~65%，该指标远远超过国家规定的2℃~8℃和45%~75%的控制条件，达到了业内的最先进水平。

新建冷库采用乙二醇载冷剂制冷，通过制冷机组将冷量储存在乙二醇水溶液中。水泵将乙二醇水溶液送入恒温恒湿机组，通过风道将空气送入冷库，从而对冷库进行降温控制，达到恒湿恒温的要求。乙二醇水箱本身有储冷能力，如有断电情况发生，制冷系统全部故障时，水箱储存的冷水还能够继续为冷库提供冷量，维持一段时间的库温恒定。因乙二醇送水温差小，送水温度本身在露点温度之上，所以冷库不需要再进行电化霜，避免了除霜期间冷库温度的上下波动。

改造后的冷库容积真正实现了全库范围的恒温恒湿。恒温恒湿设备为两套完全独立的系统，互为备份，轮流运转，手动控制系统与自动控制系统相互独立。

该冷库在国内首次使用旋转式货架进行药品拣选，有2台智能旋转式货柜，采用双面取货方式，每台货柜共有16个存货料斗。为了保证货柜内的温度要求，货柜顶部各有1个出风口向货柜内提供冷气，同时货柜向冷库一面装有通风口。货柜自有操作系统与公司的仓储管理系统（WMS）通过数据接口进行数据交换。该系统具有料斗定位、拣选出库、移库、补货、扫描药监码等功能，能够满足信息操作的要求。

新冷库采用先进的报警模式，报警系统一旦被触发，本地将发出声光报警并激发远程报警，将报警短信发送至冷库管理员手机。同时，冷库还配置了远程监控系统，当冷库出现异常及故障时，可远程进行实时诊断，及时排除一般故障，保证医药冷库的高安全可靠性。

### 2. 软件支撑——引进 RFID 技术

引进 RFID 技术（无线射频识别技术，可通过无线电信号识别特定目标并读写相关数据，无须识别系统与特定目标之间建立机械或光学接触），实现全程冷链监控。为了实现冷链商品在库、配送过程的无缝冷链监控，对冷链商品在库、出库、运输、交货、回库环节实行温度监控，并进行数据采集记录和全程冷链管理。

RFID 系统 2010 年 9 月开始导入，12 月正式上线启动。在整个低温冷藏药品的冷链管理过程中，应用 RFID，无须人工操作，就能全程自动记录药品的温度变化情况，不开箱就能读取温度数据。无论是一个产品还是多个产品，无论是同一地点还是多个地点，RFID 都会将记录实时准确地上传至系统的数据中心，实现药品从仓储、运输到终端的全程冷链管理，便于药厂、药品流通企业、医院随时掌握药品仓储、运输、终端的信息查询。RFID 技术与冷藏箱的结合，实现了多批次、小批量低温冷藏药品单品级别实时温度管理，填补了行业空白。技术补充与企业系统升级完善相结合，解放了人力，降低了出错率，实现了真正意义上的全程冷链管理。

目前，北京大学第三医院和北医股份的全程冷链实时监控系统对接，北医股份的冷链产品出库后的在途温度，北医三院可在入库时自动接收，在不开箱的情况下调取药品在途温度，符合收货要求的冷链产品将自动入库，并继续通过 RFID 冷链系统记录在库存储温度。药库向二级药房出库的冷链产品也同样采用实时监控系统，药房将自动接收在途温度并进行不开箱审核入库。至此，北医股份的全程冷链监控已延伸到医院药房，进一步保障了冷链药品的使用安全。

## ? 思考题

1. 北医股份在冷链方面做了哪些工作，取得了怎样的效果?
2. 讨论信息技术在本案例中的应用情况，以及对全程冷链系统的影响。

# 第7章 药品冷链运输与配送

《药品经营质量管理规范》“附录1　冷藏、冷冻药品的储存与运输管理”第七条规定，药品冷链是为满足人们治疗疾病而进行的一项冷藏药品运输系统工程。在整个医药冷链物流过程中，需确保药品在各个链条环节的冷藏效果。企业运输冷藏、冷冻药品，应当根据药品数量、运输距离、运输时间、温度要求、外部环境温度等情况，选择适宜的运输工具和温控方式，确保运输过程中温度控制符合要求。冷藏、冷冻药品运输过程中，应当实时采集、记录、传送冷藏车、冷藏箱或保温箱内的温度数据。运输过程中温度超出规定范围时，温湿度自动监测系统应当实时发出报警指令，由相关人员查明原因，及时采取有效措施进行调控。

## 7.1　保温车、冷藏车的基本要求

中华人民共和国汽车行业标准《保温车、冷藏车技术条件及试验方法》（QC/T 449—2010）规定：保温车、冷藏车应符合本标准的规定，并按经规定程序批准的产品图样和技术文件制造；自制件应经检验部门检验合格后方能装配，所有外购件、外协件都应有制造厂的产品质量合格证，并需经保温车、冷藏车制造厂复查合格后方能装配。

### 7.1.1　专业术语

《制冷术语》（GB/T 18517—2012）对冷藏运输的相关术语进行了定义，具体如下。

**1. 冷藏运输（refrigerated transport）**

指易腐食品或货物在适宜的温度环境下进行的运输过程。

**2. 冷藏车（refrigerated vehicle）**

泛指具有冷源和隔热车体的运输车辆。

**3. 冷藏汽车（refrigerated lorry）**

用于公路运输的具有冷源和隔热车体的汽车。

**4. 机械冷藏汽车（mechanically refrigerated lorry）**

指以机械制冷装置为冷源的公路冷藏车。

**5. 铁路机械冷藏车（mechanically refrigerated truck）**

指以机械制冷装置为冷源的铁路货车。

**6. 保温汽车（insulated vehicle）**

指无冷源，仅在车厢上设有隔热保温箱体的汽车。

**7. 冷藏船（refrigerated ship）**

指为运送易腐物品，货场全部或部分有制冷装置冷却的专用船舶。

**8. 冷藏集装箱（refrigerated container）**

指具有冷源和隔热箱体的集装箱。

**9. 控温运输工具（temperature-controlled conveyance）**

指设有隔热层并维持一定内部环境温度的运输工具。包括：保温车、冷藏汽车、铁路冷藏车、冷藏集装箱和冷藏船等。

**10. 运输用机械制冷机组**

指用于控制运输途中货物温度的一种机械式制冷系统。主要包括：压缩机、动力系统、风冷冷凝器组件、风冷蒸发器组件、制冷剂管路及电气、控制系统等。

**11. 行驶温度记录仪**

指在车辆行驶过程中，能够测量及自动记录冷藏车厢内温度并保存数据的装置。

### 7.1.2　冷藏汽车

冷藏汽车是用来运输冷冻或保鲜货物的封闭式厢式运输车，是装有制冷机组的制冷装置和聚氨酯隔热箱的冷藏专用运输汽车，常用于运输冷冻食品（冷冻车）、奶制品（奶品运输车）、蔬菜水果（鲜活运输车）、疫苗药品（疫苗运输车）等。

**1. 冷藏汽车的制冷方式**

冷藏汽车有不同的制冷方式，主要有机械制冷、液氮制冷、干冰制冷和蓄冷板制冷。

（1）机械制冷。带有蒸汽压缩式制冷机组，通常安装在车厢前端，称为车首式制冷机组。车厢内的温度用恒温器控制，使车厢内的温度保持在与规定温度偏离 ±2℃的范围内。冷藏汽车壁面的热流量与外界温度、车速、风力及太阳辐射有关。

（2）液氮制冷。液氮制冷冷藏汽车的装置主要有液氮容器、喷嘴及温度控制器。液氮容器通常装在车厢内，大型车的液氮容器装在车体下边。液氮容器进行真空多层隔热处理，即使货堆密实，没有通风设备，也能使氮气进入货堆内，使车内温度达到均匀。

（3）干冰制冷。用干冰制冷时，先使空气与干冰换热，然后借助通风使冷却后的空气在车厢内循环，吸热升华后的二氧化碳由排气管排出车外。

**2. 冷藏汽车的类型**

（1）机械冷藏汽车。机械冷藏汽车车内装有蒸汽压缩式制冷机组，采用直接吹风冷却，车内温度实现自动控制，很适合短、中、长途或特殊货物的运输。

冷藏汽车属于分装机组式，由汽车发动机通过传动带带动制冷压缩机，通过管路与车顶的冷凝器和车内的蒸发器及有关阀件组成制冷循环系统，向车内供冷。制冷剂的工作和车厢的温度由驾驶员直接通过控制盒操作。这种由发动机直接驱动的汽车制冷装置，适用于中、小型冷藏汽车，其结构比较简单，使用灵活。由于分装式制冷机组管路长、接头多，在震动条件下容易松动，制冷剂泄漏的可能性大，设备故障较多，所以对于大、中型冷藏汽车，更适合采用机组式制冷装置。

（2）机械式冷藏挂车。机械式冷藏挂车又称为冷藏拖车。它具有如同机械冷藏车的隔热箱体、制冷机组，并有较大承载能力的后轮和一定承载力的前轮。冷藏挂车的制冷设备由车下电源供电，通常采用机组式制冷系统，并整体安装。

冷藏挂车使用灵活，往往一个动力牵引车可以为多台冷藏挂车服务，进行短途调运。

图 7－1　某品牌冷藏汽车

（3）冷冻板式冷藏汽车。冷冻板式冷藏汽车简称冷板冷藏汽车。它利用有一定蓄冷能力的冷冻板进行制冷。冷藏汽车用的冷冻板有 100～150 毫米厚的钢板壳体，壳体内充满特殊的溶液——共晶液，并布置有制冷蒸发盘管。它利用制冷剂与冷冻板相连，且向冷冻板充冷，使板内的共晶液在一定温度下冻结。冷冻板依靠冻结的共晶液溶解时向周围吸热的原理，对汽车货间起制冷降温作用，实现制冷。

选用不同性质的共晶液体，就会有不同的冻结温度，进而可以得到不同的汽车制冷温度。通常，冷冻板冷藏汽车使用的共晶液的冻结温度为 －40℃～－25℃。

（4）液氮冷藏汽车。液氮冷藏汽车主要由汽车底盘、隔热车厢和液氮制冷装置构成。它利用液氮汽化吸热的原理，使液氮从 －196℃汽化并升温到 －20℃左右，吸收车厢内的热量，实现制冷并达到给定的低温。

### 7.1.3　铁路冷藏车

铁路冷藏车具有良好的隔热、气密性能，并设有制冷、通风和加热装置，能够适应铁路沿线和各个地区的气候条件变化，保持车内货物的储运条件，迅速完成运送任务。

**1. 铁路冷藏车的类型**

铁路冷藏车的主要类型有机械制冷冷藏车、加冰冷藏车、冷冻板式冷藏车、无冷源保温车、液氮或干冰冷藏车。其中，机械制冷冷藏火车分为有柴油发动机的冷藏火车和没有柴油发动机的冷藏火车两种，前者可以单辆与一般货物车厢编列运行，后者一般不能单辆与一般货物车厢编列运行。

**2. 机械冷藏集装箱运输车**

机械冷藏集装箱运输车由一辆发电乘务车和两辆平车组成，由发电乘务车向平车集中供电。发电乘务车上配有柴油发电机组及供乘务人员使用的生活设施。平车上设有固定冷藏集装箱的三套转锁装置（两套为中间活动转锁，一套为端头固定转锁），可装运三种标准集装箱；还装有四个电气转接箱，供发电乘务车与平车、平车与冷藏集装箱的电气连接。

（1）发电乘务车。铁路冷藏集装箱发电乘务车的主要技术参数见表 7－1 所列。

**表 7－1　铁路冷藏集装箱发电乘务车的主要技术参数**

| 名称 | 技术参数 | 名称 | 技术参数 |
|---|---|---|---|
| 车辆长度（mm） | 20930 | 商业运行速度（km/h） | 120 |
| 车辆宽度（mm） | 2950 | 通过最小曲线半径（m） | 145 |
| 车辆高度（mm） | 4420 | 制动倍率（%） | 8.6 |
| 车辆定距（mm） | 15000 | 自重（t） | 51 |
| 轨距（mm） | 1435 | 整备质量（t） | 60 |
| 使用环境温度（℃） | －40～45 | 轨距铁路机车车辆限界 | 符合 GB146.1—1983 |

资料来源：朱永祥主编：《冷藏运输技术与应用》，机械工业出版社 2014 年版。

（2）平车。铁路冷藏集装箱平车的主要技术参数见表 7－2 所列。

**表 7－2　铁路冷藏集装箱平车的主要技术参数**

<table>
<tr><th>名称</th><th>技术参数</th><th colspan="2">名称</th><th>技术参数</th></tr>
<tr><td>车辆长度（mm）</td><td>16730</td><td colspan="2">通过最小曲线半径（m）</td><td>145</td></tr>
<tr><td>车辆宽度（mm）</td><td>2980</td><td colspan="2">制动倍率（%）</td><td>8.6</td></tr>
<tr><td>车辆高度（mm）</td><td>2172</td><td rowspan="2">制动率（%）</td><td>空车</td><td>0.44</td></tr>
<tr><td>车辆定距（mm）</td><td>10500</td><td>重车</td><td>0.41</td></tr>
<tr><td>轨距（mm）</td><td>1435</td><td colspan="2">自重（t）</td><td>30.5</td></tr>
<tr><td>底板面高（mm）</td><td>1234</td><td colspan="2">载重（t）</td><td>60</td></tr>
<tr><td>商业运行速度（km/h）</td><td>120</td><td colspan="2">轨距铁路机车车辆限界</td><td>符合 GB 146.1—1983</td></tr>
</table>

资料来源：朱永祥主编：《冷藏运输技术与应用》，机械工业出版社 2014 年版。

## 7.1.4　冷藏船[①]

### 1. 冷藏运输船的种类

冷藏船分为三种：冷冻母船、冷冻运输船、冷冻渔船。冷冻母船是万吨以上的大型

---

① 朱永祥主编：《冷藏运输技术与应用》，机械工业出版社 2014 年版。

船，它配备冷却、冷冻装置，可进行冷藏运输。冷冻运输船包括集装箱船，它的隔热保温要求很严格，温度波动不超过±5℃。冷冻渔船一般是指备有低温装置的远洋捕鱼船或船队中较大型的船。

冷藏船上都装有制冷设备，船舱隔热保温。冷藏运输船又有四种基本类型。

（1）专业冷藏运输船。主要用于城市之间或城市所属区域范围内的冷藏运输。

（2）商业冷藏舱。即一般货船设置的冷藏货舱。冷藏货舱主要用于运输冷藏货，但也可用于装运非冷藏货。

（3）冷藏集装箱运输船。这类船上设有专门的制冷装置与送、回风设备，为外置式冷藏集装箱供冷。

（4）特殊货物冷藏运输船。典型的货物冷藏运输船有液化天然气运输船、化学品或危险品运输船等。

**2. 冷藏船运输的特点**

（1）保温绝热。具有隔热性能良好且气密的冷藏船体结构，必须通过隔热性能试验鉴定或满足平均传热系数不超过规定值的要求。其传热系数一般为0.4~0.7W/（$m^2$·K），具有足够的制冷量，且有运行可靠的制冷装置与设备，以满足在各种条件下为货物的冷却或冷冻提供制冷量。

（2）结构灵活。冷藏运输船舱结构上适应货物装卸及堆码要求，设有舱高2.0~2.5米的冷舱2~3层，能够保证气密，且启、闭灵活。

（3）自动控制。水路冷藏的制冷系统有良好的自动控制功能，保证制冷装置的正常工作，为冷藏货物提供一定的温度、湿度和通风换气条件。水路冷藏的制冷系统及其自动控制器、阀件技术等比陆用制冷系统要求更高，如在性能稳定性、使用可靠性、运行安全性及工作抗震性和抗倾斜性等方面。

### 7.1.5 保温车和冷藏车

保温车和冷藏车的工作条件、车体设置、安全等必须符合相关规定和要求。

**1. 工作条件**

保温车、冷藏车在下列条件下应能正常工作。

（1）环境温度 233 开 ~ 313 开。

（2）工作湿度不大于 95%（298 开时）。

（3）海拔高度不大于 3000 米。

（4）行驶道路等级不低于四级。

**2. 车体要求**

（1）所有外露黑色金属件均应进行防腐处理；电镀件应符合《汽车用涂镀层和化学处理层》（QC/T 625—2013）的有关规定；油漆涂层应符合《汽车　油漆涂层》（QC/T 484—1999）的规定。

（2）焊接件应符合《工程机械　焊接件通用技术条件》（JB/T 5943）的规定。

（3）备胎装置及其位置若有改动，应保证安装可靠，装卸方便、灵活。

（4）铆接应牢固、可靠，铆钉应排列整齐，铆钉头部不允许有裂纹、偏斜、残缺现象；铆钉头与零件表面应贴合紧密，不得松动。

（5）工作梯应安装牢固。若工作梯可收、放，则应收、放灵活，驰行时不得自行滑出。

（6）各紧固件应链接牢固可靠，驰行时不得自行松动。

（7）应在易于取、放的位置设置灭火器装置。灭火器应安装牢固，取放方便。

（8）车厢与车架连接应牢固可靠，车厢纵向对称面对于车架的纵向对称面的偏移量不大于 5 毫米。

（9）安装好制冷机组的冷藏车应进行调温试验。当环境温度为 303 开时，按车厢内温度的可调范围，将冷藏汽车分为六级，见表 7－3。

表 7－3　　保温车、冷藏车分级标准

| 类　别 | A | B | C | D | E | F |
|---|---|---|---|---|---|---|
| 调温范围（K） | 285 ~ 273 | 285 ~ 263 | 285 ~ 253 | ≤273 | ≤263 | ≤253 |

资料来源：《保温车、冷藏车技术条件及试验方法》（QC/449—2010）。

**3. 安全要求**

（1）保温车、冷藏车外廓尺寸及轴荷应符合《汽车、挂车及汽车列车外廓尺寸、轴荷及质量限值》（GB 1589—2016）的规定。

（2）保温车、冷藏车的制动性能、侧倾稳定角、粘贴的车身反光标识应符合《机动车运行安全技术条件》（GB 7258—2017）的规定。

（3）保温车、冷藏车外部照明或光信号装置的安装应符合《汽车及挂车外部照明和光信号装置的安装规定》（GB 4785—2019）。

（4）保温车、冷藏车侧面和后下部防护装置应符合《汽车及挂车侧面和后下部防护要求》（GB 11567—2017）的规定。

**4. 车厢要求**

保温车、冷藏车车厢隔热层材料要求吸水性低、透气性小、导热系数小、抗腐蚀性好，具有良好的温度稳定性，在 283～343 开的使用温度范围内，不应降低其性能。具体要求如下。

（1）车厢各部位隔热材料应填充严实。

（2）车厢内、外壁应具有防水、不通气、阻燃、耐腐蚀、不吸湿等性能，内壁应易清洗，使用常用的清洁剂或清洗方法不应对其产生不良影响。

（3）车厢应符合《中华人民共和国食品卫生法》关于食品容器的规定。

（4）车厢应具有良好的防雨密封性。在进行淋雨试验时，车厢顶部、侧壁、门及制冷剂与车厢连接处不应有渗漏现象。

（5）车厢内应安装采用 LED 或其他冷光源的照明装置。

（6）车厢内应设置保证气密性能的排水孔。

（7）车厢外部应设置紧急报警装置，其操作按钮应设置在车厢内靠近后门的侧壁上，且标识明显。

（8）冷藏车的车厢内部应留有充分的冷气循环空间，装置货物不应遮挡制冷机组的出风口。

（9）冷藏车应配备行驶温度记录仪。行驶温度记录仪应固定牢靠，不能随意拆卸；行驶温度记录仪保证有一个感温元件安装在制冷剂回风口处。

**5. 标志、使用说明书**

按照《保温车、冷藏车技术条件及试验方法》（QC/T 449—2010）规定，保温车、冷藏车应在明显部位固定产品品牌，品牌应符合《机动车产品标牌》（GB/T 18411—2018）的规定。

标志中需包含的内容有：制造厂名及厂标或商标或品牌的文字或图案；车辆识别号码；产品名称与型号；发动机型号；发动机额定功率，kW；最大总质量，kg；整车整备质量，kg；车厢容积，$m^3$；出厂编号及出厂日期。

使用说明书应包括的内容有：产品名称与型号；生产企业名称；技术特点；结构特点；使用和维修；技术保养。

**【拓展阅读】** 《保温车、冷藏车技术条件及试验方法》

《保温车、冷藏车技术条件及试验方法》（Technical Conditions and Test Methods of Insulated and Refrigerated Vehicles）（QC/T 449—2010）是中华人民共和国汽车行业标准，由中华人民共和国工业和信息化部于 2010 年 8 月 16 日发布，2010 年 12 月 1 日实施。

本标准规定了保温车、冷藏车的技术要求、试验方法、检验规则和标志、使用说明书及随车文件、运输、储存。

本标准适用于采用定型汽车底盘改装的保温车、冷藏车和保温半挂车、冷藏半挂车，其他形式的保温车、冷藏车亦可参照执行。

## 7.2　药品冷链运输

冷藏、冷冻药品运输过程中，应当实时采集、记录、传送冷藏车、冷藏箱或保温箱内的温度数据。运输过程中温度超出规定范围时，温湿度自动监测系统应当实时发出报警指令，由相关人员查明原因，及时采取有效措施进行调控。

### 7.2.1　专业术语

**1. 药品委托储存配送服务（entrust services for pharmaceutical storage and distribution）**

药品生产企业、批发企业将所生产和经营药品委托给第三方储存、配送的业务模式。具有药品现代物流服务能力的药品批发企业可接受药品委托储存、配送服务。

**2. 药品物流服务能力（capability of pharmaceutical logistics service）**

药品批发企业利用企业所具备的条件，从接受客户需求、处理订单、分拣货物、组织配送到交付给客户的全过程中，通过有效的过程管理和控制，能达到的保障药品质量稳定性和系统运行有效、及时、准确、经济等要求的综合反映。药品物流服务能力主要包括物流服务过程中的药品质量管理能力、药品安全风险控制能力、静态物流要素能力、物流服务基础能力、物流规划和创新能力。

### 7.2.2 药品的运输与配送的一般要求

**1. 药品运输要求**

对于药品运输，《药品经营质量管理规范》（国家食品药品监督管理总局令第 28 号，2016 年 7 月 13 日修改）做了如下详细规定。

（1）企业应当按照质量管理制度的要求，严格执行运输操作规程，并采取有效措施保证运输过程中的药品质量与安全。

（2）运输药品，应当根据药品的包装、质量特性并针对车况、道路、天气等因素，选用适宜的运输工具，采取相应措施防止出现破损、污染等问题。

（3）发运药品时，应当检查运输工具，发现运输条件不符合规定的，不得发运。运输药品过程中，运载工具应当保持密闭。

（4）企业应当严格按照外包装标示的要求搬运、装卸药品。

（5）企业应当根据药品的温度控制要求，在运输过程中采取必要的保温或者冷藏、冷冻措施。运输过程中，药品不得直接接触冰袋、冰排等蓄冷剂，防止对药品质量造成影响。

（6）在冷藏、冷冻药品运输途中，应当实时监测并记录冷藏车、冷藏箱或者保温箱内的温度数据。

（7）企业应当制定冷藏、冷冻药品运输应急预案，对运输途中可能发生的设备故障、异常天气影响、交通拥堵等突发事件，能够采取相应的应对措施。

（8）企业委托其他单位运输药品的，应当对承运方运输药品的质量保障能力进行审计，索取运输车辆的相关资料，符合本规范运输设施设备条件和要求的方可委托。

（9）委托运输药品应当与承运方签订运输协议，明确药品质量责任、遵守运输操作规程和在途时限等内容。

（10）企业委托运输药品应当有记录，实现运输过程的质量追溯。记录至少包括发货时间、发货地址、收货单位、收货地址、货单号、药品件数、运输方式、委托经办人、承运单位，采用车辆运输的还应当载明车牌号，并留存驾驶人员的驾驶证复印件。记录应当至少保存 5 年。

（11）已装车的药品应当及时发运并尽快送达。委托运输的，企业应当要求并监督承运方严格履行委托运输协议，防止因在途时间过长影响药品质量。

（12）企业应当采取运输安全管理措施，防止在运输过程中发生药品盗抢、遗失、调换等事故。

（13）特殊管理的药品的运输应当符合国家有关规定。

**2. 药品配送**

《药品物流服务规范》（GB/T 30335—2013）规定，运输药品的车辆应使用全封闭的厢式货车，并针对运输药品的包装条件及道路、天气状况采取相应措施，防止对药品质量造成影响。有温控要求的药品运输与配送，应符合《药品冷链物流运作规范》（GB/T 28842）的相关要求。药品运输与配送有其他特殊要求的，应符合相关规定。药品起运前应认真核对药品的品名、规格、数量与运单是否相符，包装是否良好；发现不符合规定或存在危及安全运输隐患的，不应起运。药品应安全、准确、及时送达，货损、货差应控制在合同约定的允许范围之内。另外，制定因突发情况导致车辆无法正常运行的应急预案，及时、准确地向委托方及相关客户提供运输与配送信息。

### 7.2.3　冷藏、冷冻药品的储存与运输管理

**1. 储存与运输要求**

企业应当按照《药品经营质量管理规范》的要求，配备相应的冷藏、冷冻储运设施设备及温湿度自动监测系统，并对设施设备进行维护管理。

（1）冷库设计符合国家相关标准要求，应具有自动调控温湿度的功能，有备用发电机组或双回路供电系统。

（2）按照企业经营需要，合理划分冷库收货验收、储存、包装材料预冷、装箱发货、待处理药品存放等区域，并有明显标示。验收、储存、拆零、冷藏包装、发货等作业活动，必须在冷库内完成。

（3）企业运输冷藏、冷冻药品，应当根据药品数量、运输距离、运输时间、温度要求、外部环境温度等情况，选择适宜的运输工具和温控方式，确保运输过程中温度控制符合要求。冷藏车具有自动调控温度的功能，其配置符合国家相关标准要求；冷藏车厢具有防水、密闭、耐腐蚀等性能，车厢内部留有保证气流充分循环的空间。

（4）冷藏箱、保温箱具有良好的保温性能；冷藏箱具有自动调控温度的功能，保温箱配备蓄冷剂以及与药品隔离的装置。

（5）冷藏、冷冻药品的储存、运输设施设备配置温湿度自动监测系统，可实时采集、显示、记录、传送储存过程中的温湿度数据和运输过程中的温度数据，并具有远程及就地实时报警功能，可通过计算机读取和存储所记录的监测数据。

（6）企业应当制定冷藏、冷冻药品运输过程中温度控制的应急预案，对运输过程中出现的异常气候、设备故障、交通事故等意外或紧急情况，能够及时采取有效的应对措施，防止因异常情况造成的温度失控。

（7）由专人负责对在库储存的冷藏、冷冻药品进行重点养护检查。药品储存环境温湿度超出规定范围时，应当及时采取有效措施进行调控，防止温湿度超标对药品质量造成影响。

**2. 收货检查的要求**

（1）检查运输药品的冷藏车或冷藏箱、保温箱是否符合规定，对未按规定运输的，应当拒收。

（2）查看冷藏车或冷藏箱、保温箱到货时的温度数据，导出、保存并查验运输过程中的温度记录，确认运输全过程温度状况是否符合规定。符合规定的，将药品放置在符合温度要求的待验区域待验；不符合规定的，应当拒收，将药品隔离存放于符合温度要求的环境中，并报质量管理部门处理。

（3）做好相关记录，内容包括：药品名称、数量、生产企业、发货单位、运输单位、发运地点、启运时间、运输工具、到货时间、到货温度、收货人员等。

（4）对销后退回的药品，同时检查退货方提供的温度控制说明文件和售出期间温度控制的相关数据。对于不能提供文件、数据，或温度控制不符合规定的，应当拒收，做好记录并报质量管理部门处理。

**3. 码放要求**

（1）冷库内，药品的堆垛间距，药品与地面、墙壁、库顶部的间距，要符合《药品经营质量管理规范》的要求；冷库内制冷机组出风口 100 厘米范围内，以及高于冷风机出风口的位置，不得码放药品。

（2）冷藏车厢内，药品与厢内前板距离不小于 10 厘米，与后板、侧板、底板间距不小于 5 厘米，药品码放高度不得超过制冷机组出风口下沿，确保气流正常循环和温度均匀分布。

**4. 相关工作人员的要求**

从事冷藏、冷冻药品收货、验收、储存、养护、出库、运输等岗位工作的人员，应当接受相关法律法规、专业知识、相关制度和标准操作规程的培训，经考核合格后，方可上岗。

**【拓展阅读】**　　某医药公司标准操作程序

为确保药品的质量在进、销、存各个环节都能得到有效控制，针对公司现有调节温度的设施设备，解决冷藏药品在储存和运输过程中突发的不可抗拒的异常情况，特制定应急处理方案。

本方案适用于冷链药品的储藏和运输的全过程。

责任部门：仓储部、质管部、办公室。

1. 阴凉库、常温库的药品处理

（1）阴凉库、常温库的药品在酷暑天时养护员需密切关注温湿度变化，温度过高时需开空调制冷降温，必要时根据仓库面积适当加冰块降温，以保证药品的正常储藏环境。

（2）阴凉库、常温库的药品在酷暑天突然遇到停电时用公司自备的发电机调节库内温度，必要时根据仓库面积适当加冰块降温，以保证药品的正常储藏环境。

（3）阴凉库、常温库的设施设备需维修时，避开高温高湿或严寒天气，且不得所有设备同时停运检修，要分批维修养护。

（4）遇停电时运行公司自备的发电机维持库房的正常运行，并及时检测温度变化。电路损坏、冷风机组异常时，养护员应第一时间通知设备维修员，并用冰块、冷冻袋、干冰等维持库房温度，做好温湿度记录。

（5）阴凉库、常温库的药品在冬天严寒时节，要注意防冻，尤其液体类、软膏、贴膏制剂等，密切关注温度变化。温度低时，要及时开空调制暖，做好温度记录，保证库房温度正常。

2. 冷藏药品的应急处理

（1）冷藏药品储藏的应急处理。

①公司温湿度监控系统有自动报警功能，如冷库超过设定范围，系统会以短信形式自动报警到相关人员（保管员、养护员、质量部经理、总经理）手机上进行提示。保管员为第一责任人，必须在第一时间到达现场，采取应急处理措施。

②遇停电时，在15分钟内运行公司自备的发电机维持冷库的正常运行，并及时检测温度变化。电路损坏、冷风机组异常时，养护员应第一时间通知设备维修员，同时关闭冷库库门以维持冷库温度。若短时间无法修复或停电而无法修复公司自备的发电机组异常等原因造成冷库不能制冷，必须转运冷藏药品时处理流程如下。

- 养护员应第一时间通知质管部。
- 质管部应立刻向仓储部下达冷藏药品停止发货和准备转运冷藏药品的通知，并同时告知采购部、销售部、办公室。
- 储运部同时关闭冷库库门，以维持冷库温度。
- 储运部根据具体情况马上联系制冷设备厂家进行维修事宜。
- 储运部接到通知后不得随意开启冷库，并安排人员做好转运冷藏药品的准备工作，开启备用冷库。
- 办公室接到通知后应将情况反映给公司总经理，并协助质管部、储运部待备用冷库达到规定温度时进行药品的转运工作。
- 储运部应联系相关合作单位的技术人员对冷库的电路、冷风机组、发电机组等设施设备进行逐一排查，在最短的时间内解除异常情况，使公司的冷库恢复正常的工作状态。同时将情况反馈给质管部。
- 冷库恢复正常工作后，质管部应协同公司储运部、办公室做好转运工作。
- 冷库异常期间销售部门应与客户加强联系，处理好冷藏药品销售事宜。

- 整个过程密切关注温度变化并做好记录。
- 质管部需将上述情况以书面报告的形式上交公司总经理室。

（2）冷藏药品运输的应急处理。

①冷藏车处于维修状态、运输途中制冷系统异常或其他情况导致的异常情况，必须另派冷藏车。

②车辆驾驶员应尽可能将冷藏车停至阴凉处，并用备用冷冻袋降温，同时将停车地点、异常原因等情况告知储运部负责人。

③储运部负责人应马上联系其他车辆商定冷藏车转运事宜。

④在其他冷藏车到达指定地点后，公司驾驶员应一起将冷藏药品送至目的地。

⑤冷藏车需维修时，储运部应联系好车辆并商定租借事宜。

⑥储运部应将上述情况记录存档。

## 7.2.4　不同运输工具运输药品的规定

### 1. 用冷藏箱、保温箱运送冷藏药品的规定

（1）装箱前将冷藏箱、保温箱预热或预冷至符合药品包装标示的温度范围内。

（2）按照验证确定的条件，在保温箱内合理配备与温度控制及运输时限相适应的蓄冷剂。低温蓄冷剂与药品之间进行隔离。

（3）药品装箱后，冷藏箱启动动力电源和温度监测设备，保温箱启动温度监测设备，检查设备运行正常后，将箱体密闭。

### 2. 使用冷藏车运送冷藏、冷冻药品的规定

（1）提前打开温度调控和监测设备，将车厢内预热或预冷至规定的温度。

（2）开始装车时关闭温度调控设备，并尽快完成药品装车。

（3）药品装车完毕，及时关闭车厢厢门，检查厢门密闭情况，并上锁。

（4）启动温度调控设备，检查温度调控和监测设备运行状况，运行正常方可启运。

## 7.2.5　委托第三方运输冷藏、冷冻药品的规定

企业委托其他单位运输冷藏、冷冻药品时，应当保证委托运输过程符合相关规定。

（1）索取承运单位的运输资质文件、运输设施设备和监测系统证明及验证文件、承运人员资质证明、运输过程温度控制及监测等相关资料。

（2）对承运方的运输设施设备、人员资质、质量保障能力、安全运输能力、风险控制能力等进行委托前和定期审计，审计报告存档备查。

（3）承运单位冷藏、冷冻运输设施设备及自动监测系统不符合规定或未经验证的，不得委托运输。

（4）与承运方签订委托运输协议，内容包括承运方制定并执行符合要求的运输标准操作规程，明确对运输过程中温度控制和实时监测的要求，明确在途时限以及运输过程中的质量安全责任。

（5）根据承运方的资质和条件，必要时对承运方的相关人员进行培训和考核。

### 7.2.6　运输部经理岗位规范

国内贸易行业标准《药品流通企业通用岗位设置规范》（SB/T 10766—2012）对运输部经理（车辆运营经理）的岗位做了规范，如表 7－5 所示。

表 7－5　　运输部经理（车辆运营经理）岗位规范

| | | |
|---|---|---|
| 任职资格 | 学历与专业 | 大学专科以上学历，管理或物流类相关专业 |
| | 工作经验 | 带领团队适应多变环境的经验 |
| | 知识结构 | 具备所属领域丰富的专业知识 |
| | 工作能力 | 指导能力、沟通能力、抗压能力、信息监控能力 |
| 职责及工作内容 | 1. 确保车辆运营成本符合既定预算要求，有效落实成本控制 | |
| | 2. 监督车辆运营成本，对超标费用采取有效措施加以控制 | |
| | 3. 客户订购的货物出现损坏或丢失的，应予记录，并采取必要弥补措施 | |
| | 4. 确保货物安全，及时送达 | |
| | 5. 确保车辆运输不间断，保证全天候服务 | |
| | 6. 确保车辆性能可靠，各项操作符合要求 | |
| | 7. 就客户服务过程中出现的问题进行调研，及时反馈，采取补救措施，避免同类问题重复出现 | |
| | 8. 配合物流中心经理级管理团队，努力改善各项业务 | |

### 7.2.7 物流运输管理系统（TMS）

TMS 是 Transportation Management System 的英文缩写，意为运输管理系统。TMS 大部分只作为一个管理系统中的子系统来运用，主要对物流管理系统中运输环节包括车辆、运途中货物等进行管理。

**1. 业务管理**

（1）订单录入：将固定合同、临时合同登记在订单里面，供调度员调派。支持跟踪订单的状态，订单状态分为完成、未完成和取消三种状态。

（2）调度配送：将订单安排到车辆、驾驶员进行运输。支持拆分、组合订单进行运输。

（3）出车登记：车辆出车时操作人员进行登记，需要填写司机出车的预支款以及实际的货物出车量。

（4）回车报账：车辆回厂后操作人员进行登记收支情况。

（5）简易登记：简化运输单的登记，不需要按照订单—调度—出车—回车报账四个步骤登记，而是待车辆回厂时再将运输单进行一次性登记，生成的结果与按流程登记的结果是一致的。

（6）车辆状态：车辆的状态分为三种，分别是“待命状态”“出车状态”“维修状态”。车辆的状态会根据出车登记和回车报账自动跳转，也可以由操作人员手工改变其状态。

（7）运输模板：对于一些固定的运输单，可以在运输模板中前期编辑好，登记运输单时，直接选择模板后就可以生成运输单了，大大降低了工作量。

**2. 车辆管理**

（1）配件采购：配件采购回来时进行入库登记以及登记应付已付。

（2）配件库存：查询配件的即时库存。

（3）维修登记：车辆维修时进行登记。维修分为内部维修与外部维修。外部维修需指定维修地点（维修厂），以便进行应付已付计算；内部维修会从配件库存中减掉。

（4）加油登记：车辆加油时进行登记。如果是出车时候的加油，可以在业务管理中的回车报账或简易登记的加油明细中登记，此处加油登记的作用是除了出车加油外的加油。

（5）保养登记：车辆保养时进行的登记。下一次保养时系统会自动预警。

（6）轮胎管理：登记轮胎的使用情况。此模块为单独模块，与配件采购、配件库存、维修没有任何关联。

（7）固定费用登记：登记车辆的固定费用。固定费用项目支持自定义，比如年审、季审、保险、GPS 费、一级维护、二级维护等，用户可根据实际情况进行自定义。

（8）固定费用预警：系统根据固定费用登记的到期日在设置的预警天数时自动提醒用户哪些费用即将到期。

**3. 现金银行**

（1）费用支出：企业日常经营中除了出车费用、固定费用、工资以外的其他费用支出。

（2）其他收入：企业日常经营中的经营外收入。

（3）银行转存款：将现金银行中的各账户的金额进行转存。比如将支票的金额转入现金或银行账中，或者将现金转入银行账中。

（4）司机借还款：司机在出车借款、回车报账时进行登记，也可以直接在出车登记、回车报账时登记。

（5）现金银行余额：查看现金银行账中各账户当前余额。整个系统中有关金额的地方都与现金银行有关系，即产生金额的时候都会自动产生一张现金凭证。

（6）相关报表：即现金银行明细账簿、现金银行账簿汇总、现金银行账簿分类汇总、费用汇总表、收入汇总表、司机报账汇总表。

**4. 应收应付**

（1）应收运费结算：收到委托单位的运费时进行的登记。

（2）应付运费结算：付给承运车队（外包车队）运费时进行的登记。功能与应收运费结算上框架一致。

（3）应付配件采购结算：付给配件供应商费用时进行的登记。

（4）应付加油结算：付给加油站费用时进行的登记。

（5）应付维修结算：付给维修厂费用时进行的登记。

（6）相关报表：即应收运费对账单、应收运费汇总、应收运费分月汇总、应付运费对账单、应付运费汇总、应付配件采购对账单、应付配件采购汇总、应付加油对账单、应付加油汇总、应付维修对账单、应付维修汇总。

**5. 工资管理**

（1）考勤登记：员工在缺勤时进行登记。

（2）工资结算：生成员工工资结算表。

（3）工资设置：设置员工的工资构成表，比如基本工资、补助等。司机还可以设置出车提成比例。

（4）司机工资对账单：生成司机出车的工资明细，以便司机对账。

**6. 经营分析**

（1）出车费用查询：生成车辆的出车费用明细表。

（2）出车费用统计：统计车辆的出车费用汇总表。

（3）车辆单车核算：列出每部车辆的所有支出与收入，并计算出单车利润。

（4）单车利润分析：列出每部车辆的所有支出与收入，并计算每笔费用占利润的百分比。

（5）货物计量统计：生成承运货物的清单，可以按车号、委托单位等条件进行筛选。

（6）单车月报表：根据车辆分类显示运输清单。

（7）运输线路台账表：根据运输线路分类显示运输清单。

（8）驾驶员产值表：根据司机分类显示运输清单。

（9）每日汇总分析：统计车辆每天的收入与支出情况。

（10）耗油量分析：统计车辆的百公里耗油量及节超。

## 课后思考

1. 冷链运输工具有哪几类？

2. 保温车、冷藏车的基本功能和制冷原理是什么？

3. 药品冷链运输的主要手段与流程是什么？

4. 企业在接收冷藏、冷冻药品时检查哪些方面？如有不符合规定的药品，如何处理？

5. 观察自己所在区域的药品冷链运输现状，写一份调研报告。

## 案例分析

### 国药物流有限责任公司的系统整合[①]

2004 年 5 月，国药集团医药物流有限公司注册成立，注册资本 3 亿元，是国药控股有限公司的全资子公司，是国家一级抢险、救灾、军需、外援等药械商品的特种储备企业。

北京物流中心通过北京市药品监督管理局检查，取得《药品经营许可证》《医疗器械经营企业许可证》《药品经营质量管理规范认证证书》，于 2005 年获得中成药、化学原料药、化学药制剂、抗生素、生化药品、生物制品、麻醉药品、精神药品（一、二类）等药品的第三方储存和配送资质。物流中心占地 27000 平方米，仓储面积 20000 平方米，库区全部采用中央空调和温湿度自动实时监控系统，药品分别储存于阴凉库、低温库（冷藏库、冷冻库）。库区设置自动立体库储位，重型料架储位，零散储位。

中心采用先进的 ERP、WMS 软件，AS/RS、电子标签、RF、SPS、条形码等设备和技术，并配备近 60 辆包括救护车、冷藏车在内的各种运输车辆，充分满足北京市内收货、送货需求，现配送已覆盖北京市 1500 多家医疗机构、商业客户。所有冷藏车辆经过专业验证，严格按照运输要求的温度范围控制车内温度，所有车辆安装 GPS 系统，实时监控车辆位置、车速及车厢内温度情况。与中铁快运、邮局、EMS、航空货运、集装箱运输公司签订有严格的货运代理协议，根据户主需求，将货物门到门地送达全国各地。

### 思考题

1. 简述该公司物流中心的系统集成内容。

2. 对于本案例来讲，还应增添哪些冷链运输与配送的系统要素？

① 中国冷链物流网（www. cclcn. com）。

# 第 8 章 药品的储存养护与接收验证

药品的储存与养护工作质量直接影响到药品的质量，必须配备符合药品储存要求的条件，达到控制药品质量的目的，来保证药品安全、有效的使用。在实际工作中，应制定储存与养护的各项管理制度、人员岗位职责及控制程序，并严格执行各项规章制度，使药品储存及养护得到规范化、科学化管理，从而保证了药品质量。因药品的储存条件、注意事项在前面章节已做过介绍，本章主要讲述药品养护和接收验证方面的知识。

## 8.1　药品的储存与养护

《药品物流服务规范》规定：应根据库房条件、外部环境、药品质量特性对药品进行养护并记录；建立重点品种的养护制度；对药品采取近效期预警及超过有效期自动锁定等措施，防止过期药品出库。

### 8.1.1　影响药品质量的因素

药品质量事关人体健康和生命，应重点关注药品质量。为此，首先应了解影响药品质量的一些因素。影响药品质量的因素包括化学因素、物理因素和外在因素。

#### 1. 影响药品养护的化学因素

（1）易水解的化学结构：当药品的化学结构中含有酯、酰胺、酰肼、醚、苷键时，易发生水解反应。

（2）易被氧化的化学结构：当药品的化学结构中含有酚羟基、巯基、香胺、不饱和碳键、醇、醚、醛、吡唑酮、吩噻嗪等时，易发生氧化反应。

**2. 影响药品养护的内在物理因素**

（1）挥发性。指液态药品能变为气态扩散到空气中的性质。具有挥发性的药品，如果包装不严或贮存时的温度过高，可造成挥发减量。

（2）吸湿性。指药品自外界空气中不同程度地吸附水蒸气的性质。药品的吸湿性并不限于水溶性药品，某些高分子药品和水不溶性药品同样可以吸湿，但当含有少量的氯化镁等杂质时，则表现出显著的吸湿性。

（3）吸附性。药品能够吸收空气中的有害气体或特殊臭气的性质被称为药品的吸附性。例如淀粉、药用炭、滑石粉等因表面积大而具有显著的吸附作用，从而使本身具有被吸附气体的气味，亦称“串味”。

（4）冻结性。以水或乙醇作溶剂的一些液体药品遇冷可凝结成固体，这种固体会导致药品的体积膨胀而引起容器破裂。

（5）风化性。有些含结晶水的药品在干燥空气中易失去全部或部分结晶水，变成白色不透明的晶体或粉末，称为“风化”。风化后的药品的药效虽然未变，但影响使用的准确性，尤其是一些毒性较大的药品可因此而超过剂量，造成医疗事故。

（6）色、嗅、味。色、嗅、味是药品重要的外观性状，也是药品的物理性质之一，当色、嗅、味发生变化时，经常意味着药品性质发生了变化，所以它们是保管人员实施感官检查的重要根据。

**3. 影响药品质量的外在因素**

（1）空气。对药品质量影响最大的是氧气和二氧化碳，这些成分参与到某些反应中，导致某些药品的化学结构发生变化。许多具有还原性的药品，可被空气中的氧所氧化，发生分解、变色、变质，甚至产生毒性；空气中的二氧化碳可使某些药品因发生碳酸化而变质。

（2）温度。温度在药品的保管养护中是重要条件之一，它与湿度有密切的关系，干燥的固体药品受温度影响的程度远比吸潮或呈液体状态的药品小得多。中药材在常温15℃～20℃下，成分稳定，利于储存。对于大多数药材，在5℃～25℃温度储存是稳定的，也是经济的，当温度低于5℃时，水针剂、酊剂、膏剂等剂型要注意保温。

（3）湿度。湿度是药品养护的重要条件之一。湿度太大，能使药品潮解、液化、变质或霉烂；湿度太小，容易使某些药品风化。最适宜的相对湿度为45% ~75% 。

（4）光线。紫外线是药品发生分解、氧化、还原、水解等化学反应的催化剂之一。如肾上腺素受到光照的影响，可发生氧化反应逐渐变成红色至棕色，使疗效降低或失效；又如氧化氢溶液分解为氧和水等。

（5）微生物。微生物（细菌、霉菌、酵母菌）和昆虫很容易进入包装不严的药品内，它们的生长、繁殖是造成药品腐败、发酵、蛀蚀等变质现象的一个主要原因。为此，门店要注意卫生的清洁和安装门帘；库存房要注意卫生和使用无蝇灯；中药材要定期翻晒、通风等养护。

（6）时间。药品贮存一定时间以后就会变质。尤其是一些有效期药品，即使贮存条件适宜，久存也易降低效价，如抗生素、生物制品等。

### 8.1.2　药品养护的要求

企业养护的品种包括：主营品种、首营品种、质量性状不稳定的品种、有特殊储存要求的品种、储存时间较长的品种，以及近期发生过质量问题、药监局重点监控的品种。

**1. 原则**

严按要求、手段科学、控制条件、定期检查、防止质变。

**2. 基本要求**

（1）按月填报“近效期药品催销表”。

（2）定期检查储存条件和库存药品质量。

（3）定期汇总分析、上报药品养护质量信息。

（4）管理验收仪器设备，建立药品养护档案。

**3. 具体实施**

（1）药品储存的合理性：分类储存、货垛码放、垛位间距、色标管理。

（2）仓储条件监测与控制：库内温湿度条件、储存设备是否适宜、避光和防鼠措施的有效性、安全消防设施的运行状态。

（3）库存药品的检查：按每个货架顺时针检查。主要检查内容：包装情况、外观性状、储存时间较长、近效期不足1年的药品及其他品种。

**4. 温湿度记录**

（1）干湿温度计的测量时间：每日上午9：00、下午4：00各记录一次。

（2）干湿温度计的悬挂位置：一座库房挂两个干湿温度计，一个挂在不靠门窗、墙角而空气又能适当流通的地方，避免日光直接照射，高度宜在1.5米左右，以便保管人员起立平视观测；另一个挂在温度和湿度最差的位置。当发现水银柱内有气泡和中断情形，应立即调换。湿球上包的纱布在任何时间都应保持洁白、柔软和湿润。

（3）温湿度的日变化：最低温度出现在近日出的时候，绝对湿度也最小；日出以后，气温逐渐升高，到14：00～15：00时达到最高值，绝对湿度也达到最高值；以后温湿度逐渐下降，一直到日出前为止。一般来说，气温升高，相对湿度下降，气温降低，相对湿度上升。华北地区平均相对湿度为60%～70%。

（4）温湿度的年变化：1月为冬季代表月，是一年之中气温最低的月份，应注意防冻。7月为夏季代表月，是一年之中气温最高的月份，应注意冷藏。绝对湿度的变化规律是：1月、2月份因北方冷、高压，干燥，降水量小，水汽蒸发量小，绝对湿度最低；7月、8月份夏季气温高，蒸发旺盛，水汽丰富，绝对湿度最高。

（5）库内温湿度变化：库内最高温度一般比库外低一些，而库内最低温度比库外稍高一些。一般夜间的库内温度比库外高，白天的库内温度比库外低。越接近库房顶部，温度越高；越接近地面，温度越低。库内空气的相对湿度则与库内温度变化相反，大致来说，库内温度和相对湿度的差异在垂直方向上大于水平方向上。

（6）温湿度调控设施设备使用记录要如实填写（如空调、排气扇的使用记录）。

（7）干湿温度计要始终保持棉布的湿润，水要始终保持清洁，棉布一般每月更换一次，干湿温度计要每年检定一次。

### 8.1.3 主要剂型的保管养护

**1. 注射剂**

（1）温度。注射剂在储存过程中要注意温度的变化，温度过低或过高，都会影响注射剂的质量。注射剂中的水针剂在储存中要注意防冻，在 0℃以下时则易冻裂受损。注射剂中有许多药品是生物制品、酶制剂、抗生素，也容易受温度影响，温度过高易失效、变质，最适合的保管温度是 2℃ ~8℃。

（2）防潮。注射剂中的粉针剂由于压盖、储存、运输等原因造成密封不严，因此在储存保管中要注意防潮。严格控制空气湿度，相对湿度保持在 45% ~75%。

（3）避光。日光中的紫外线能加速药品的氧化分解，因此储存注射剂的仓库、门窗应采取避光措施。

（4）加强澄明度检查。注射剂在储存过程中澄明度会起变化，如中草药注射剂久储会发生氧化、聚合等反应，逐渐变混浊或产生沉淀；西药制剂中的某些盐类注射剂久储会侵蚀玻璃，造成脱片，影响澄明度。

**2. 片剂**

（1）防潮湿。片剂的保管主要是防潮，因片剂中含有淀粉等辅料，在湿度较大时淀粉等辅料吸湿而使片剂发生质量变化，产生碎片、潮解、粘连等现象。糖衣片吸潮后产生花斑，花色无光泽，严重的产生粘连、膨胀、霉变等现象。因此，一般片剂可储存于常温库，糖衣片最好储存于阴凉库。库房的相对湿度保持在 45% ~75%。

（2）避光。某些片剂的活性成分对光线敏感，易受光照而变质，应采取避光保存。

**3. 胶囊剂**

胶囊在受热、吸潮以后容易粘连变形或破裂，有色胶囊会出现色泽不均等现象，所以胶囊剂应存放于阴凉库，保持适宜温度。也不能过于干燥，否则会因过于失水而脆裂。

**4. 水溶液剂、糖浆剂**

水溶液剂应存放在常温库。温度过高，含乙醇挥发性物质的制剂及芳香水剂会挥发。乳剂温度过高会凝结，过低会冻结分层。所以，水剂应存放于凉暗处，冬季应有防冻措施。

糖浆剂受热、光照等，易产生霉变和沉淀，因此应存放于阴凉库，避免阳光直射。

**5. 软膏剂**

乳剂基质和水溶性基质制成的软膏，在冬季应注意防冻，以免水分和基质分离。一般在常温库保存。防止重压，以免锡管变形。

**6. 栓剂**

栓剂若储存温度过高（超过36.5℃），会熔化变形影响质量，温度过低会干裂。一般储存在常温库密闭保存，并控制好相对湿度。

## 8.2 中药材的储藏与养护

国家鼓励发展中药材现代流通体系，提高中药材包装、仓储等技术水平，建立中药材流通追溯体系。药品生产企业购进中药材时，应当建立进货查验记录制度。中药材经营者应当建立进货查验和购销记录制度，并标明中药材产地。

《中华人民共和国中医药法》第24条规定，采集、贮存中药材以及对中药材进行初加工，应当符合国家有关技术规范、标准和管理规定。

### 8.2.1 专用术语

《中药材生产质量管理规范（试行）》（国家药品监督管理局令第32号，2002年4月17日）对中药材的相关术语做了界定。

**1. 中药材**

指药用植物、动物的药用部分采收后经产地初加工形成的原料药材。

**2. 中药材生产企业**

指具有一定规模、按一定程序进行药用植物栽培或动物养殖、药材初加工、包装、储存等生产过程的单位。

**3. 最大持续产量**

指不危害生态环境，可持续生产（采收）的最大产量。

**4. 地道药材**

传统中药材中具有特定的种质、特定的产区或特定的生产技术和加工方法所生产的中药材。

**5. 种子、菌种和繁殖材料**

指植物（含菌物）可供繁殖用的器官、组织、细胞等，菌物的菌丝、子实体等；动物的种物、仔、卵等。

**6. 病虫害综合防治**

从生物与环境整体观点出发，本着预防为主的指导思想和安全、有效、经济、简便的原则，因地制宜，合理运用生物的、农业的、化学的方法及其他有效生态手段，把病虫的危害控制在经济阈值以下，以达到提高经济效益和生态效益之目的。

**7. 半野生药用动植物**

指野生或逸为野生的药用动、植物辅以适当人工抚育和中耕、除草、施肥或喂料等管理的动、植物种群。

### 8.2.2　中药饮片的保管要求

中药饮片应储存在阴凉库（含脂肪、树脂类、芳香气味的饮片），避光保存。《医院中药饮片管理规范》对医院中药饮片的保管做了单独规定，具体如下。

（1）中药饮片仓库应当有与使用量相适应的面积，具备通风、调温、调湿、防潮、防虫、防鼠等条件及设施。

（2）中药饮片出入库应当有完整的记录。中药饮片出库前，应当严格进行检查核对，不合格的不得出库使用。

（3）应当定期进行中药饮片养护检查并记录检查结果。养护中发现质量问题，应当及时上报本单位领导处理并采取相应措施。

### 8.2.3　中药储存变质的因素与防止

**1. 虫蛀**

虫蛀指害虫侵入药物内部引起组织破坏的现象。常见的害虫有：谷象、米象、大谷盗、药谷盗、锯谷盗、日本标本虫、印度谷螟、粉螨等。

（1）害虫的来源。

①从产地采收时受到污染；饮片加工未彻底杀灭害虫及卵。

②在运输工具、包装材料或仓储容器和用具等潜伏的害虫。

③害虫本能的传播（成虫传播）。

④空仓未经彻底灭虫。

⑤较小的虫害和螨类（随动物、风力传播）。

（2）药的性质与虫蛀的关系。

①药物的成分。一般含多量淀粉（如白芷、山药、芡实等）、含糖分高（如党参、枸杞、大枣等）、含蛋白质多（如乌梢蛇、土元、九香虫等）、含脂肪油大（如苦杏仁、柏子仁、郁李仁等）的药物易虫蛀，而含辛辣、苦味成分（如细辛、花椒、干姜、黄檗、黄连等）的药物一般不易虫蛀。

②药物的质地。质地柔润的药物（如红参、地黄、党参）在潮湿状况容易生虫，而质地坚硬致密的药物（如桂枝、赭石、石决明）不易生虫。

③药物的完整度。原药材外表面有保护组织（如木栓、角质、茸毛等），害虫不易侵入。

（3）害虫的危害。

①消耗药品，造成浪费。

②污染药品，传播疾病。害虫食蛀药品时，积聚大量的粪便、虫蜕、虫尸、微生物并排泄大量的水分，可导致药品在短期内发热、发霉变质。服用这些被污染的药品，人会生病。如螨类能引起皮炎、皮疹；若随药品内服后，螨能穿过胃壁进入内部器官，当进入尿道时可产生血尿，进入呼吸系统可引起哮喘，进入血液循环系统可引起发烧、水肿等症状。鼠类传播的疾病更多。

（4）中药虫蛀的防治。

①预防在先。室内环境应保持干燥通风，温度适宜（温度控制在30℃以下，相对湿度在70%以下）；药物进仓前将容器、货位打扫干净，消除死角隐患；来货严格接收，凡有灰屑、虫迹、潮软或质量低劣的药品，应拒收。平时认真执行有关制度，勤查、勤晒、勤理，防患于未然。

②暴晒：以太阳辐射热作用于虫体，破坏虫体软组织及生活机能，使虫死亡。

- 时间与温度：杀虫温度应在45℃～52℃，时间为4～6小时。
- 薄摊勤翻：一般摊3～5厘米为宜，每小时翻动一次。晒后先将药聚堆，保持堆内高温，达到杀虫目的。

③经验储藏。如对抗法：人参与细辛、冰片与灯芯草、泽泻与牡丹皮、土元与大蒜、三七与樟脑放置一起储藏。还可用酒，将白酒或95%的酒精洒在药物的表面，然后密闭（如栝楼、当归、紫河车、大枣、枸杞、黄精等不宜暴晒烘烤的药物）。

④熏蒸法。用磷化铝熏蒸。

**2. 发霉**

发霉的原因大概有三点：①在采收、加工、运输、储存等各个环节的污染，在条件适宜时发霉；②药物本身水分含量过高；③仓库或药店内环境不清洁或因生虫引起。

药品发霉，可使药物变质失效，严重的还会产生有毒致癌物质。

对于药品的发霉，可采取的防治措施有：①加强来货的验收检查（水分）；②经常对库存饮片进行检查，常通风。

**3. 泛油**

中药泛油是指中药材所含的油分在一些自然因素的作用下溢出表面，呈油润状态或质地发生变化，或色泽加深，或有哈喇味等现象。

（1）原因。

①中药的性质。含脂肪油（如杏仁、桃仁、柏子仁、郁李仁）、挥发油（如当归、木香、独活、桂皮）、糖分和黏液质多（如天冬、怀牛膝、党参）的中药药物易泛油。

②温度的影响。环境温度过高，药物呼吸作用增强，使药物发热引起泛油。

③压力的影响。在夏季，若库内温度过高，通风差，存量大，容器过于封闭，使药物遭挤压和闷热而发生泛油。

④库存过久。有些中药久储后所含成分自然变色走油，此类药品不宜久储，最好不使此类药物过第二个夏天。

（2）判定。

①眼看。主要是观察药材内外色泽的变化，表面是否有油质物溢出，有无干枯、粘连等情况。

②手摸。主要是感觉药材的松软程度、有无油腻感等。如蛤蚧，如果其尾部松软，色泽变黄，即可确定已经泛油；肉桂质地变糠也是泛油的征兆。

③鼻闻。如嗅到药材有哈喇味或其他不正常的刺激性气味，也可断定中药材已经泛油。对于表面有壳的药材如使君子、巴豆，或直接观察有困难的药材如胡黄连、木香等，可采用折断、剖开、去壳等机械手段暴露药材的内部。

（3）处理方法。

①晾晒。常用于植物类药材，如柏子仁，泛油不甚严重，可暴晒几小时，待凉后再装包储藏；如较严重，则采用冷藏处理。

②烘烤。此法根据药材自身性质，分别采用。对含挥发油较多的药材，则应将温度控制在50℃以下；对于昆虫类药材，要注意火力不能过猛，操作仔细小心，以防虫体残损、焦碎等；对于含脂肪油多的药材如刺猬皮等，则不宜用此方法。

③酒喷。适用于不能沾水而色泽、质地变化的药材，如麝香存放过久，无油润，呈干枯状，喷点白酒即可回润。

④用硫黄熏。此为传统方法，其适用范围和作用均较广泛，可用于当归、独活、羌活等药材。但需要保持颜色的药材不宜用此法。

**4. 变色**

指药物失去原有色泽，颜色变深或变浅的现象。其主要是受温度、湿度、日光、酶的作用。

对这类药物，应加强养护，将药物处于阴凉干燥处，避光，防止受潮、受热，掌握出库原则和储存时间。另外，可破坏酶的活性。

**5. 味的散失**

指挥发性成分气味挥散后造成药物气味淡薄或消失的现象（如当归、白芷、肉桂等）。对此类药物，应密封储藏，去潮时禁止高温、通风过久，控制储存期不宜超一年。

### 8.2.4 中药材的包装、运输与贮藏要求

《中药材生产质量管理规范（试行）》对中药材的包装、运输与贮藏做了具体规定，如下。

（1）包装前应检查并清除劣质品及异物。包装应按标准操作规程操作，并有包装记录，其内容应包括品名、规格、产地、批号、重量、包装工号、包装日期等。

（2）所使用的包装材料应清洁、干燥、无污染、无破损，并符合药材质量要求。

（3）在每件药材包装上，应注明品名、规格、产地、批号、包装日期、生产单位，并附有质量合格的标志。

（4）易破碎的药材，应使用坚固的箱盒包装；毒性、麻醉性、贵细药材，应使用特殊包装，并贴上相应的标记。

（5）药材批量运输时，不应与其他有毒、有害、易串味物质混装。运载容器应具有较好的通气性，以保持干燥，并有防潮措施。

（6）药材仓库应通风、干燥、避光，必要时安装空调及除湿设备，并具有防鼠、虫、禽畜的措施。地面应整洁、无缝隙、易清洁。

（7）药材应存放在货架上，与墙壁保持足够距离，防止虫蛀、霉变、腐烂、泛油等现象发生，并定期检查。

（8）在应用传统贮藏方法的同时，应注意选用现代贮藏保管新技术、新设备。

## 8.3　药品交接与验证

企业应当按照国家有关法律法规及《药品经营质量管理规范》，制定药品收货与验收标准。对药品收货与验收过程中出现的不符合质量标准或疑似假、劣药的情况，应当交由质量管理部门按照有关规定进行处理，必要时上报药品监督管理部门。

### 8.3.1　药品交接的原则

《药品物流服务规范》对药品的交接做了具体要求。

（1）药品物流服务的各环节，均应按交接手续进行交接。

（2）药品运输到达收货方时，应在收货方指定地点卸货，双方当场清点确认，由收货方签证回单。如发生药品破损、货差等纠纷，应当场与收货方分清责任，并在回单上批注清楚。

（3）有温控要求的药品交接，应符合《药品冷链物流运作规范》的相关规定。

（4）对收货方签字的凭证，应逐项检查；核对完毕后分类归档，以便备查。

### 8.3.2　冷藏药品的收货与验货

**1. 冷藏药品的交货**

药品批发企业接收到供应商的药品交货，须核对与确认运输方式、冷链药品运输过程的温度、随货票据等是否符合相关要求。药品批发企业对不符合相关要求的交货，处理时应留存相关记录、资料，并对药品予以拒收、代管的处置，同时通知供应商。供应商对药品批发企业拒收、代管的品种，要及时妥善处理。

药品批发企业收货后，凡验收不符合要求的药品，不得入库，并由本企业的质量管理部门处理。

**2. 冷藏药品的收货与验证**

按照市场需求，药品批发企业和供应商应共同协作合理控制库存，避免出现缺货或积压，造成品种供需不平衡。鼓励有条件的企业与供应商在约定的范围内，利用电子商务平台采用储备自动补货系统进行库存管理。

（1）冷藏药品的收货区应根据药品说明书上规定的贮存温度要求而设置在相应的温度条件下或阴凉处，不得置于阳光直射、热源设备附近或其他周围环境温度可能会提升的位置。

（2）收货时收货方应检测药品及环境温度：检查运输药品的冷藏车或冷藏箱、保温箱是否符合规定，对未按规定运输的，应当拒收；查看冷藏车或冷藏箱、保温箱到货时温度数据，导出、保存并查验运输过程的温度记录，确认运输全过程温度状况是否符合规定。

（3）冷藏药品收货时，收货方应索取运输交接单，做好实时温度记录，并签字确认。符合规定的，将药品放置在符合温度要求的待验区域待验；不符合规定的应当拒收，将药品隔离存放于符合温度要求的环境中，并报质量管理部门处理。有多个交接环节的，每个交接环节的收货方都要签收交接单。收货须做好记录，内容包括：药品名称、数量、生产企业、发货单位、运输单位、发运地点、启运时间、运输工具、到货时间、到货温度、收货人员等。交接单见表 8－1。

（4）对退回的药品，接收企业应视同收货，并做好记录，必要时送检验部门检验。对销后退回的药品，同时检查退货方提供的温度控制说明文件和售出期间温度控制的相关数据。对于不能提供文件、数据，或温度控制不符合规定的，应当拒收，做好记录并报质量管理部门处理。

**表 8－1**　　　　　　　　　　**冷藏药品运输交接单**

日期：　　年　　月　　日

<table>
<tr><td>供货单位<br>（发运单位）</td><td colspan="5"></td></tr>
<tr><td>购货单位<br>（接收单位）</td><td colspan="5"></td></tr>
<tr><td rowspan="3">药品简要信息<br>（应与所附销售随货同行联相对应）</td><td>序号</td><td colspan="2">药品名称/规格/生产企业/生产批号</td><td>数量</td><td>备注</td></tr>
<tr><td>1</td><td colspan="2"></td><td></td><td></td></tr>
<tr><td>2</td><td colspan="2"></td><td></td><td></td></tr>
<tr><td colspan="2">温度控制要求</td><td></td><td colspan="2">装载环境温度</td><td></td></tr>
<tr><td colspan="2">温度控制设备</td><td></td><td colspan="2">预冷温度</td><td></td></tr>
<tr><td colspan="2">运输方式</td><td></td><td colspan="2">运输工具</td><td></td></tr>
<tr><td colspan="2">启运时间</td><td></td><td colspan="2">启运时温度</td><td></td></tr>
<tr><td colspan="2">保温时限</td><td></td><td colspan="2">随货同行联编号</td><td></td></tr>
<tr><td colspan="2">发货人员签字</td><td></td><td colspan="2">运输人员签字</td><td></td></tr>
<tr><td colspan="2">备　注</td><td colspan="4"></td></tr>
<tr><td colspan="6">以上信息发运时填写<br>以下信息收货时填写</td></tr>
<tr><td colspan="2">到达时间</td><td></td><td colspan="2">在途温度是否报警</td><td></td></tr>
<tr><td colspan="2">到达时温度</td><td></td><td colspan="2">接收人员签字</td><td></td></tr>
<tr><td colspan="2">备注</td><td colspan="4"></td></tr>
</table>

（5）冷藏药品的收货、验收记录应保存至超过冷藏药品有效期 1 年以备查，记录至少保留 5 年。疫苗的收货、验收记录应保存至超过冷藏药品有效期 2 年以备查，记录至少保留 5 年。

表 8－2 是药品批发企业收货与验收的指导原则。

**表 8－2**　　　　　　**药品批发企业收货与验收现场检查指导原则**

| 序号 | 条款号 | 检查项目 |
|---|---|---|
| 153 | *07201 | 企业应当按照规定的程序和要求对到货药品逐批进行收货、验收，防止不合格药品入库 |
| 154 | *07301 | 药品到货时，收货人员应当核实运输方式是否符合要求，并对照随货同行单（票）和采购记录核对药品，做到票、账、货相符 |

续表

| 序号 | 条款号 | 检查项目 |
|---|---|---|
| 155 | 07302 | 随货同行单（票）应当包括供货单位、生产厂商、药品的通用名称、剂型、规格、批号、数量、收货单位、收货地址、发货日期等内容，并加盖供货单位药品出库专用章原印章 |
| 156 | ＊07401 | 冷藏、冷冻药品到货时，应当对其运输方式及运输过程的温度记录、运输时间等质量控制状况进行重点检查并记录，不符合温度要求的应当拒收 |
| 157 | 07501 | 收货人员对符合收货要求的药品，应当按品种特性要求放于相应待验区域，或者设置状态标志，通知验收 |
| 158 | ＊07502 | 冷藏、冷冻药品应当在冷库内待验 |
| 159 | 07601 | 验收药品应当按照药品批号查验同批号的检验报告书 |
| 160 | 07602 | 供货单位为批发企业的，检验报告书应当加盖其质量管理专用章原印章。检验报告书的传递和保存可以采用电子数据形式，但应当保证其合法性和有效性 |
| 161 | ＊07701 | 企业应当按照验收规定，对每次到货药品进行逐批抽样验收 |
| 162 | 07702 | 抽取的样品应当具有代表性。 |
| 163 | 07703 | 同一批号的药品至少检查一个最小包装，但生产企业有特殊质量控制要求或者打开最小包装可能影响药品质量的，可不打开最小包装 |
| 164 | 07704 | 破损、污染、渗液、封条损坏等包装异常以及零货、拼箱的，应当开箱检查至最小包装 |
| 165 | 07705 | 外包装及封签完整的原料药、实施批签发管理的生物制品，可不开箱检查 |
| 166 | 07801 | 验收人员应当对抽样药品的外观、包装、标签、说明书以及相关的证明文件等逐一进行检查、核对 |
| 167 | 07802 | 验收结束后，应当将抽取的完好样品放回原包装箱，加封并标示 |
| 168 | ＊07901 | 特殊管理的药品应当按照相关规定在专库或者专区内验收 |
| 169 | 08001 | 验收药品应当做好验收记录，包括药品的通用名称、剂型、规格、批准文号、批号、生产日期、有效期、生产厂商、供货单位、到货数量、到货日期、验收合格数量、验收结果等内容 |
| 170 | 08002 | 中药材验收记录应当包括品名、产地、供货单位、到货数量、验收合格数量等内容 |
| 171 | 08003 | 中药饮片验收记录应当包括品名、规格、批号、产地、生产日期、生产厂商、供货单位、到货数量、验收合格数量等内容，实施批准文号管理的中药饮片还应当记录批准文号 |
| 172 | 08004 | 验收不合格的应当注明不合格事项及处置措施 |
| 173 | 08005 | 验收人员应当在验收记录上签署姓名和验收日期 |

续表

| 序号 | 条款号 | 检查项目 |
| --- | --- | --- |
| 174 | 08101 | 企业应当建立库存记录，验收合格的药品应当及时入库登记；验收不合格的，不得入库，并由质量管理部门处理 |
| 175 | 08201 | 企业按《药品经营质量管理规范》规定进行药品直调的，可委托购货单位进行药品验收 |
| 176 | 08202 | 应当建立专门的直调药品验收记录 |
| 177 | 08203 | 验收当日应当将验收记录相关信息传递给直调企业 |

注：* 为重点检查项目。

### 8.3.3　药品养护员岗位规范

《药品经营质量管理规范》规定：养护人员应当根据库房条件、外部环境、药品质量特性等对药品进行养护，主要内容是：①指导和督促储存人员对药品进行合理储存与作业。②检查并改善储存条件、防护措施、卫生环境。③对库房温湿度进行有效监测、调控。④按照养护计划对库存药品的外观、包装等质量状况进行检查，并建立养护记录；对储存条件有特殊要求的或者有效期较短的品种应当进行重点养护。⑤发现有问题的药品应当及时在计算机系统中锁定和记录，并通知质量管理部门处理。⑥对中药材和中药饮片应当按其特性采取有效方法进行养护并记录，所采取的养护方法不得对药品造成污染。⑦定期汇总、分析养护信息。

国内贸易行业标准《药品流通企业通用岗位设置规范》（SB/T 10766—2012）对药品养护员、药品验收员制定了岗位规范，如表 8 – 3、表 8 – 4 所示。

**表 8 – 3　药品养护员岗位规范**

| | | |
| --- | --- | --- |
| 任职资格 | 学历与专业 | 大学专科以上学历，医药、生物相关专业 |
| | 工作经验 | 有质量管理经验，经过专业培训，持证上岗 |
| | 知识结构 | 熟悉药品知识，对药品养护过程中发现的问题能及时作出正确的判断和处理 |
| | 工作能力 | 分析问题能力、语言表达能力 |
| 职责 | 1. 对药品入库、存储工作的规范性负责 | |
| | 2. 对药品入库、在库、出库数量的准确性负责 | |
| | 3. 对入库、在库、出库药品的质量负相应责任 | |

续表

| | |
|---|---|
| 工作内容 | 1. 根据 GSP 有关规定，指导保管员正确分库（区）、分类、合理存放药品，实行色标管理，纠正药品存放中的违规行为 |
| | 2. 坚持“预防为主”的原则，依据药品流转情况、季节变化和市场药品质量动态确定药品养护方案，拟定药品养护计划 |
| | 3. 依据养护计划对库存和陈列药品进行质量检查，依据药品的特性采取正确的方法进行科学养护 |
| | 4. 每月汇总、分析和上报养护检查、近效期或长时间陈列和存储的药品等质量信息 |
| | 5. 填写并上报有效期商品报表和各类质量信息报表 |
| | 6. 定期对企业的养护用仪器设备、温湿度监控仪器等检查维护，确保设施设备和监控仪器的正常运行 |

**表 8-4 药品验收员岗位规范**

| | | |
|---|---|---|
| 任职资格 | 学历与专业 | 大学专科以上学历，医药类相关专业 |
| | 工作经验 | 需经过专业培训，持证上岗 |
| | 知识结构 | 熟悉药品知识及有关法规、验收标准，明确药品验收程序及出现问题的处理方法 |
| | 工作能力 | 分析问题能力、语言表达能力 |
| 职责 | 1. 对所验收药品的质量负责 | |
| | 2. 对验收记录的真实性、准确性、完整性负责 | |
| | 3. 对验收工作的及时性负责 | |
| 工作内容 | 1. 审核供应商是否具有符合规定的供货资格 | |
| | 2. 审核来货是否在供货企业被批准的经营范围之内 | |
| | 3. 严格按规定的标准、验收方法和抽样原则进行验收和抽取样品 | |
| | 4. 对验收不合格的药品拒收，做好不合格药品的隔离存放工作，并及时报质量管理人员处理 | |
| | 5. 对验收合格的药品与保管员办理入库交接手续 | |
| | 6. 规范填写验收记录并签章，收集药品质量检验报告书和进口药品检验报告书按规定保存备查 | |
| | 7. 按法定标准和验收规程及时完成入库药品的验收工作，并做好验收记录 | |
| | 8. 收集质量信息，配合质量管理人员做好药品质量档案工作，验收中发现的质量变化情况及时报质量管理人员 | |

## 课后思考

1. 冷藏药品的养护内容是什么？

2. 为什么药品的收货与验证受到这般重视？

3. 中药材的养护要点有哪些？

## 案例分析

### 基层社区卫生服务中心药房药品的养护储存不足与对策①

药品质量的好坏直接影响人民群众的生命健康，药房药品的养护储存管理完善与否，直接影响药品的管理、质量和使用效果。然而，目前一些基层社区卫生服务中心药房药品的养护储存与有关法律、法规及规章要求标准尚有一定距离，需进一步完善。

1. 存在的问题

（1）药房（库）冷链设备不足，影响药品效价。对疫苗供货公司的相关资料保存不全，冷链相关制度不全，冷链制度没有“上墙”；存放药品的冰箱没有配备温度计，温度记录不规范、不连续，没有温度调控记录，致使冷藏室、冷冻室温度无法调节到相应的温度；冰箱里药品堆垛距离不符合要求。

（2）药品储存设施设备较差。一是部分药柜、药架和地垫枕木陈旧、变形，有的还数量不足，不能满足药品贮藏保管要求，常有药品直接堆放地上的现象。二是药品在库的保管养护设施达不到要求。一些应在2℃～10℃低温处保管的药品直接存放在常温库。如一些抗生素类按要求应放置在冰箱2℃～8℃保存，可是部分还存放在常温库，而这些常温库一般温度都在20℃左右，夏天更是高达30℃以上。适于部分药品保存要求的阴凉库设备设施与按要求需阴凉保存的药品数量不相符。

（3）药学人员对药品养护储存的专业知识缺乏。药房药学专业技术人员缺乏药品养护储存的专业知识培训，加上重医轻药，对药剂人员重视不够，缺乏中高级药师，人才建设、职称结构不均衡，少有机会外出学习交流，工作只限于以调配处方、领药、做账等为

---

① 吴圣：“基层社区卫生服务中心药房药品的养护储存不足与对策”，《中国社区医师：医学专业》，2011 年第 28 期。有删改。

主，大部分人知识老化而不能适应现代药学同步发展。

（4）软件资料不健全或制度执行不到位。药品养护储存台账记录不完整，对药品质量定期检查养护不完善，有些近效期药品没有做到近期先出。

2. 原因分析

（1）对药品的质量管理重视不够。一是医疗机构在管理上普遍存在重医轻药的现象，忽视了对药品的质量管理。二是由于基层医疗机构竞争意识不强，危机感还不够。三是“以药养医”的现象仍然存在。

（2）投入不够。尽管药品收入在基层医疗机构所占比例不低，但对药房（库）的资金投入少之又少，药房的改造工作进展缓慢，好几年都没有投入对其进行改造和建设，硬件设施仍停留在20世纪90年代的水平，与临床医疗、预防保健基础建设的发展形成极大的反差，直接影响了药品的养护存储，给药品质量保障带来安全隐患。

（3）制度不健全。虽然制定了药品养护存储的各项工作制度，但是，随着社会的发展和医药制度的逐步改革，有些制度已远远不能适应药房（库）工作的需要。因此，在药房规划、人员结构、药品储存、养护等环节上，没有严格统一的标准予以要求，从而造成药房药品养护存储管理工作参差不齐的现状。

3. 对策措施

（1）紧抓规范药房创建机遇。规范药房建设活动的中心工作，就是改善药房药品养护储存条件，规范药品各环节管理，提高医药学人员综合素质，提升药房管理水平，通过药品养护储存硬件设施完善合理、药品养护储存制度健全、药品养护储存台账记录完备、药品养护储存日常管理到位达到确保药品使用质量安全的目标，为广大人民群众创造良好的就医用药环境。根据药品养护储存保管要求，主要做好两点：①药房（库）应分别设置与其使用量相适应的常温库、阴凉库（柜）、冷藏库（柜），要求阴凉库（柜）温度不超过20℃，冷藏库（柜）温度为2℃～10℃；相对湿度应保持在45%～75%，每天上、下午各记录一次温湿度。如库房温湿度超出规定范围，应及时采取调控措施，并予以记录。②设有符合卫生要求的药品分装拆零操作室（柜）和设施以及符合洁净要求的静脉注射液配制室。③药品养护储存、管理等使用的各种仪器、设施设备等，应做到定期检查、维护、保养和校验，并建立记录档案。

（2）强化药品养护存储知识教育培训，切实提高药学人员综合素质。

一是通过各种教育培训提高药学人员对药品养护存储知识的认知度，认真学习《中华人民共和国药品管理法》《药品经营质量管理规范》等法规，同时强化药品养护储存管理制度的执行力。明确药品养护储存的目的、养护原则、养护工作主要内容。

二是根据不同药品的储存特性要求，采取科学、合理、经济的手段和方法，通过控制调节药品的储存条件，对药品储存质量进行定期检查，达到有效防止药品质量变异、确保储存药品质量的目的。主要做好四点：①易受光线影响的药品：凡遇光易引起变化的药物，如银盐、过氧化氢等，见光易氧化分解，必须保存在密闭的避光容器中。②易受潮湿影响的药品：此类药物受潮后易变质或发霉，可装入玻璃瓶内用软木塞塞紧，蜡封瓶口，外加螺旋盖盖紧。对易挥发的药品，应密封后置于阴凉干燥处。③应控制药库的湿度：使其保持在45%～75%。库内湿度过大时，应安装排风扇。除排风设备外，在晴朗干燥的天气应开门窗通风；在下雾下雨时应紧密门窗。④受温度影响的药品：受热后易变质的药物，如胰岛素、各种生物制剂等，应置于低温处保存。

三是药品的外观性状质量检查工作显得特别重要。几种常用制剂的检查要点如下：①注射剂由于生产原因，温度的变化，运输、贮藏条件等引起很多质量问题，因此应注意做好以下方面的检查。检查有无变色、沉淀、长霉等现象，同一包装内有无颜色深浅不一，有结晶析出时加温是否溶化，安瓿是否有漏气、冷爆等现象。混悬注射剂检查有无颗粒粗细不均匀或分层现象，若分层经振摇后观察能否均匀混悬。注射用粉剂应检查色泽有否变色、严重黏瓶和结块现象。②片剂、胶囊剂的质量检查。一般压制片检查有无变色、黏瓶发霉、橙片、裂片、异物斑点等现象。包衣片检查有无遇光、褪色、龟裂、溶化、粘连、膨胀脱壳、花斑等现象。对不稳定药品的包衣片更要密切观察。另外，胶囊剂最易受潮受热的影响，应检查胶囊外观是否光洁，有无斑点、膨胀、变硬、发霉、变形及异物贴附现象。硬胶囊是否长短一致，大小相等，腔丸晨粒是否大小圆滑均匀。③对芳香剂、乳剂、溶液剂、糖浆剂，检查有无变色、浑浊、沉淀、变味、分层、酸败，析出结晶，有无杂质异物。

总之，提升一些基层社区卫生服务中心药房药品养护存储管理水平，提高冷藏药品的储存养护效率，确保药品安全有效，关系到老百姓的切身利益，关系到基层社区卫生服务中心的生存与发展。通过认真分析药品养护存储管理存在的不足，查找出问题产生的根源，制定切实有效的对策措施，狠抓落实，确保人民群众用药安全有效。

### 思考题

1. 你认为社区卫生服务中心的药品储存养护与其他医疗机构有哪些不同?
2. 除了文中提及的改进措施，还有其他可以改进的地方吗?

# 第9章 冷链药品的温湿度监测和控制

药品冷链监测系统的建设与运营是一个庞大的系统工程，涉及药品生产企业、温度监测产品生产厂家、冷链物流企业、药品经营企业，乃至医疗机构、零售药店及药品监管部门，需要各方通过合作，共同制定冷藏药品冷链的国家或行业标准。严密监测冷藏药品在冷链各环节中的运行状况，实现冷藏药品从生产到使用的全程监控，确保我国冷链冷藏药品的质量。

## 9.1 温度监测技术

适当的温湿度是保证药品存储安全的首要条件。如何对药品存储环境的温湿度进行有效监管是药品经营企业与药监部门共同关注的问题。在新修订的药品 GSP 中明确规定，企业应当对药品仓库采用温湿度自动监测系统，对仓储环境实施持续、有效的实时监测；通过对库房环境温湿度的自动监测和数据采集，对库房温湿度实行 24 小时连续、自动的监测和实时记录。每一仓间（或库房）应设置多个温湿度监测设备，用于库房温湿度状况的自动监测和数据采集。

目前，采用冷藏药品冷链环境温控技术（如表 9 -1 所示），可以掌握药品在整个流通过程中的温湿度状况，以及由于温湿度的变化给药品质量带来的影响。

表 9－1　　冷藏药品冷链环境温控技术

| 序　号 | 监测对象 | 监测手段与技术 |
|---|---|---|
| 1 | 最小销售包装单位监测 | 温度标签试纸 |
| 2 | 中包装监测 | 温度标签试纸 |
| 3 | 箱件包装温控监测 | 电子温度记录标签 |
| 4 | 冷藏运输温控监测 | RFID 温度标签＋GPS |
| 5 | 仓储温控监测 | 电子温度记录仪 |

### 9.1.1 温度标签试纸①

#### 1. 技术与产品

这是类似于变色试纸的化学物质标签。当环境接触温度超过温控的阈值时，标签发生颜色变化，为永久性不可逆。该类产品为纸质小型贴纸，背面涂抹不干胶，应用时粘贴在最小销售包装单位的冷藏药品包装上。如某品牌系列表面温度标签采用在小型贴纸上有一列方格或圆点，代表不同的温度值，当温度上升至该温度点时，方格会变色，即使温度降低后也不会恢复到原来的颜色。这样就可以知道该包装内的药品曾经历过的最高温度，也可以知道药品在运输储存中是否曾有超温脱冷状况。

#### 2. 工作原理

温度标签试纸的原理是一种化学反应：一个带 pH 指示剂的脂肪酸底物在特定温度下的酶促反应。当酶催化底物水解反应产生酸底物，将 pH 值从原先 pH8.4 值降低下来后，标签开始变色。该反应速度对温度很敏感。

### 9.1.2 温度显色标签卡

#### 1. 技术与产品

该产品类似于上述温度标签试纸，标签在一个可粘贴的标签袋或条形片中，其中分成两个液体部分并分别密封，启用激活时可分别被人工挤压而破碎，两种液体混合，反应就

① 陈怀冰："冷藏药品冷链各环节温度监测技术的应用与存在的问题探讨"，《海峡药学》2010 年第 22 卷第 11 期。

开始了。每次使用时需进行激活操作。该标签应用于包装及单箱件的一次性周转流通的冷链药品。

**2. 工作原理**

同上述温度标签试纸，参与酶促反应的各化学成分被分成两部分存放，使用前激活混合。

### 9.1.3　电子温度记录标签

**1. 技术与产品**

电子温度记录标签尺寸如名片大小，使用时无须任何专有软件和数据连接线。其参数在出厂之前已预先设置，即买即用，无须专用的读写设备。温度标签内置 USB 插头和折断停止功能，到达目的地后客户只需折断温度标签，将露出的 USB 插头插入计算机，电脑就会自动生成 PDF 或 Excel 格式数据报告。数据报告将完整地展示整个过程的温度曲线、报警信息、标签信息和概要信息等，实现端到端无缝监测。该类产品应用于冷藏药品国内物流或城市短途物流及大中型冷链物流公司的车载温度监测，或极其贵重的生物制剂的运输存储。

**2. 工作原理**

内嵌温度传感器的电子存储芯片。

### 9.1.4　RFID 温度标签

**1. 技术与产品**

这也是内嵌温度传感器的 RFID 标签。标签标准体积：8 厘米（长）×2.5 厘米（宽）×1.5 厘米（高）。冷藏药品发货时将带有内嵌温度传感器的 RFID 标签放置在药品包装箱（柜）中，实时记录药品包装箱（柜）中的温度变化。当药品到达时，收货的药品经营企业通过 RFID 读写装置读取 RFID 芯片内的温度数据，系统自动生成整个运输储存链中温度变化静态图。如温度超出预设的规定温度，温度静态图的温度超出部分的曲线将变成红色报警。温度静态图的横轴是时间，纵轴是温度，所以能准确地知道在什么时间温度发生了怎样的变化，容易界定责任，方便追溯信息。

由于放置于冷藏药品包装箱或冷藏车内，收发货双方均必须配置相同的专用读写器。

**2. 工作原理**

RFID 技术是利用射频方式进行非接触式双向通信交换数据，以达到识别目的的自动识别技术。将温度传感器采集的温度定时写入 RFID 标签的存储芯片中，当 RFID 标签接到 RFID 读写器天线信号时，将 RFID 芯片内的温度数据上传给 RFID 读写器，交由后端监控管理系统处理。

### 9.1.5 RFID 温度标签 + GPS

**1. 技术与产品**

这是 RFID 技术、GPS 技术、无线通信技术及温度传感技术的结合。该项技术解决了冷藏药品冷链管理中最重要的运输途中实时温度监测的问题，目前主要应用于已建立 GPS + 温度监控冷链管理系统的药品生产经营企业和专业冷藏药品冷链运输物流公司的冷藏运输车。使用时，在每台运输车安装 GPRS 无线传输系统终端。在冷藏车辆运输全程中，车厢内的 RFID 温度标签将车厢内温度的变化数据信息，定时或实时通过 GPS 网络传送到企业的冷链信息管理系统平台。一旦运输、存储途中出现温度异常，企业终端的信息系统就会自动报警。

**2. 工作原理**

将温度变化记录在内嵌温度传感器的 RFID 温度标签上，通过 GPS 无线通信技术终端，上传到企业的“GPS + 温度监控冷链管理系统管理平台”上，对冷藏药品运输存储过程进行实时监控。

### 9.1.6 物联网“温度传感标签”①

温度传感标签，长 6 厘米、宽 2 厘米。将该标签贴在一支疫苗上，就可以在冷链运输过程中实现对这支疫苗 ID（身份标识号）和温度的全程实时监控，监控数据可实时查看、全程溯源。

---

① “物联网‘温度传感标签’：给医药冷链上‘双保险’”，新华网（http：//www. gd. xinhuanet. com/newscenter/2017 - 08/19/c_ 1121509483. htm）。

“温度传感标签”将部分冷链运输设备与监控设备相结合，将带身份识别的无源温感标签贴敷到疫苗的最小包装上，并以此作为数据采集点，将监管从环境温度细化到物体本身。

“温度传感标签”还可以通过实时数据通信，达到实时采集、实时预警、超温报警、全程溯源的目的，防止数据篡改、作假等事件发生，将事后检查变为事中预警，使企业在降低冷链运输成本的同时更进一步降低产品的损耗率，并支持将全过程监控的数据向所有用户公开，用户可通过微信扫码等形式清晰地了解自己所接种产品的全生命周期情况。

“温度传感标签”的“核心”是镶嵌在标签内的无源超高频 RFID 温度传感芯片，长 3 毫米、宽 2 毫米。它在具有物联网智能识别功能之外，更是一个微型的无线温度传感器，具有轻巧、不带电池、高精度及远距离测温等特点。

“温度传感标签”可以贴附在各类物体表面，对大批量物品的每个单品进行无线、连续、实时的温度监测，可适用于冷链物流、电力设备安全监控、铁路交通设施安全、人体及动物体温监测、文博收藏、智能家电等应用场景。

## 9.2 无线温湿度记录仪及其运用

### 9.2.1 无线温湿度记录仪

冷链温湿度记录仪是一种利用 GPRS 网络进行远程数据传输的设备，可以实现远程多通道温湿度数据监控，不受距离的限制。主要应用于冷藏车、保温箱、药品连锁店等温度和湿度的监控。其功能特点如下。

（1）仪器外壳根据空气流动原理设计，空气流动快，传感器响应迅速。

（2）采用数字化温湿度传感器，具有高精度，高可靠性。

（3）大屏幕液晶实时显示并记录所测环境的温湿度变化，信号状态、电池状态、实时时钟同时显示。

（4）基于 GPRS 通信方式的传输，无须现场布线，使用方便。

（5）检测的温湿度通过 GPRS 按规定时间间隔自动传输到管理部门的数据服务器上，无须人工干涉，数据传输过程中稳定性高。

（6）若出现 GSM 网络通信不畅、服务器中断的情况，检测的温湿度数据自动存储在仪器自身的存储器内，一旦恢复通信，所存数据立即自动补发到管理部门的数据服务器上。

（7）系统具有超限报警功能，当温湿度数据超过设定标准时，仪器自带蜂鸣器并向相关人员的手机发送报警信息。

（8）使用锂电池和外接电源双重供电系统，有外接电源的情况下不用电池供电，无外接电源工作状态下立即切换电池供电，保证数据链完整。

### 9.2.2 冷藏药品的温度监测和控制

《药品冷链物流运作规范》规定了冷藏药品的温度监测和控制，具体如下。

（1）冷藏药品在收货、验收、贮存、养护、发货、运输过程中应进行温度控制，可采用温度记录仪（见表 9－2）、温度电子标签、温湿度监控仪等温度记录设备或温度监测材料。

**表 9－2　　冷藏运输型温湿度记录仪**

| 性能/参数 | 温　度 | 湿　度 |
|---|---|---|
| 测量范围 | －20℃～70℃ | 0～100% RH |
| 精　度 | ±0.5℃（全程） | ±3% RH（20%～90% RH），其他区间 ±5% RH |
| 分辨率 | 0.1℃ | 0.1% RH |
| 传感器类型 | 优质 NTC（内置） | 美国 Honeywell（内置） |
| 记录总容量 | 32768 条数据 | |
| 记录间隔 | 最短记录间隔为 1 秒，可选择以秒、分钟、小时、天任意设定采样记录间隔 | |
| 显示刷新 | 实时/同步 | |
| 启动方式 | 立即启动/定时启动/手动启动 | |
| 停止方式 | 存满为止/先进先出/次数停止/定时结束 | |
| 报警方式 | “液晶显示提示”加“LED 灯闪烁” | |
| 供电方式 | 3.6 伏工业锂电池 | |
| 记录仪软件 | 中文简体、繁体、英文版本 | |
| 通　信 | 一体式 USB 数据线 | |
| 支持系统 | Windows@ 98/2000/XP/2003/Vista/Win7/Win8 | |

续表

| | |
|---|---|
| 尺寸大小 | 长 82 毫米 × 宽 51 毫米 × 高 21 毫米 |
| 防水等级 | IP67（在一定时间内，完全置于水中，水不浸入仪器设备） |
| 工作环境 | −20℃ ~70℃（整机） |
| 液晶显示 | 45 毫米 ×25 毫米 |

（2）手工记录的温度监测数据应保留原始单据，自动温度监测数据可读取存档。

（3）冷库温度记录间隔时间不得超过 30 分钟/次，冷藏车的温度记录间隔时间不超过 10 分钟/次，冷藏（保温）箱的温度不能超过药品的贮存要求。

（4）温度报警装置应能在临界状态下报警，应有专人及时处理，并做好温度超标报警情况的记录。

（5）制冷设备的启停温度设定值：冷藏应在 3℃ ~7℃，冷冻应在 −23℃ ~ −12℃。

（6）应按规定对自动温度记录设备、温度自动监控及报警装置等进行校验，保持准确完好。

（7）冷藏药品的温度记录至少保留 5 年。

**【拓展阅读】**　某产品特点（国家专利产品）

1. 本产品精美小巧，正面小于卡片；具有带 USB 接口、可循环使用、掉电数据不丢失等特点。

2. 主要功能：它可以全程自动跟踪记录药品阴凉柜、冰箱、培养箱、实验设备、孵化间、恒温箱、冷藏运输车、集装箱等环境温湿度变化情况，在线显示时钟、温度、湿度值，实现温湿度超限液晶喇叭显示/LED 报警灯闪烁。

3. 符合国家 GSP、GMP、HACCP 等认证标准。计量校准合格，符合医药新版 GSP 验证规范，是作为冷库、冷藏车、冷藏箱、保温箱以及温湿度自动监测系统验证设备的选择。批量购买可提供验证方案及第三方法定计量机构校准报告。

4. 与记录仪壳体一体式 USB 数据线设计。

①数据导出方便，无须寻找单独 USB 数据线，可直接用笔记本移动连接导出，无须到远在办公室的台式机上去分析数据；

②软件操作仪器自动连接、自动下载保存数据，操作更方便；

③独特的USB供电设计，即使在内部电池没电的情况下也能正常下载数据。

5. 存储时间长：例如15分钟记录一次数据，可存储记录长达5.7个月（标配型）。

6. 液晶显示及LED灯双报警方式，置于设备内看到闪烁灯光，即可分辨设备内温湿度环境是否异常。

7. 整机电路采用低功耗处理，采用内置工业锂电池供电。例如，记录间隔分钟级，在非报警状态下，电池能持续工作1年。

8. 记录仪采用防水设计，连接处均有密封圈和密封胶，防水IP等级达到IP67，将记录仪设备完全浸入水中，水不会浸入仪器设备。

9. 立即启动/定时启动/手动启动多种启动方式选择；精致小巧加上手动启动开关机功能，是做温湿度验证的搭档，全程记录完全有效的验证数据记录。

10. 数据记录仪软件（具有国家著作版权登记证）。

①界面简洁、使用方便、极易操作，无须专业人员培训；温湿度数据，跟踪过程曲线趋势，最大值、最小值、平均值显示等查看方便，清晰明朗，一目了然。

②可将存储记录的数据以数据库文件、Txt、Word、Excel等Office格式备份保存，方便以后调用。

③温度数据报表、曲线图均可选择时段查询查看，并可通过计算机打印出来。

④软件有中英文双语版本，软件操作语言可自行切换，无须安装多个版本。英文版具有国际通用性。

⑤曲线图与国际接轨，具有设置超限区域着色功能，显示更直观，为客户带来更多便利。

⑥曲线坐标均可自行设置和移动，分析历史走向更清晰、时间把握更明朗。

⑦完全兼容市场上所有的32/64位Windows系统，包括最新的Win7/8系统。

11. 记录温湿度数据无法修改，能在食品医药检查、运输过程等方面出现问题时提供强有力的调查证据及索赔证据。

## 9.3　温湿度自动监测系统

按照《药品经营质量管理规范》的要求，企业在储存药品的仓库和运输冷藏、冷冻药品的设备中配备温湿度自动监测系统（以下简称系统）。系统对药品储存过程中的温湿度状况和冷藏、冷冻药品运输过程的温度状况进行实时自动监测和记录，有效防范储存运输过程中可能发生的影响药品质量安全的风险，确保药品质量安全。

### 9.3.1　温湿度自动监测系统的要素

温湿度自动监测系统是指能对环境多点温湿度进行实时监测，并将数据传输到 PC 机上进行数据存储与分析、输出打印，在温湿度超出设定值或设备异常情况下能自动报警的系统。该系统通常由温湿度传感器、数字变送器、通信总线和嵌入版触摸屏及上位机管理软件四部分组成。

温湿度自动监测系统的要素主要包括以下内容。

（1）由测点终端、管理主机、不间断电源以及相关软件等组成。各测点终端能够对周边环境温湿度进行数据的实时采集、传送和报警；管理主机能够对各测点终端监测的数据进行收集、处理和记录，并具备发生异常情况时的报警管理功能。

（2）自动生成温湿度监测记录，内容包括温度值、湿度值、日期、时间、测点位置、库区或运输工具类别等。

（3）系统温湿度测量设备的最大允许误差应当符合以下要求。

①测量范围为 0℃ ~40℃，温度的最大允许误差为 ±0.5℃；

②测量范围为 -25℃ ~0℃，温度的最大允许误差为 ±1.0℃；

③相对湿度的最大允许误差为 ±5% RH。

（4）自动对药品储存运输过程中的温湿度环境进行不间断监测和记录。系统应当至少每隔 1 分钟更新一次测点温湿度数据，在药品储存过程中至少每隔 30 分钟自动记录一次实时温湿度数据，在运输过程中至少每隔 5 分钟自动记录一次实时温度数据。当监测的温湿度值超出规定范围时，系统应当至少每隔 2 分钟记录一次实时温湿度数据。

（5）当监测的温湿度值达到设定的临界值或者超出规定范围，系统应当能够实现就地和在指定地点进行声光报警，同时采用短信通信的方式，向至少 3 名指定人员发出报警信息。当发生供电中断的情况时，系统应当采用短信通信的方式，向至少 3 名指定人员发出报警信息。

（6）系统各测点终端采集的监测数据应当真实、完整、准确、有效。

①测点终端采集的数据通过网络自动传送到管理主机，进行处理和记录，并采用可靠的方式进行数据保存，确保不丢失和不被改动。

②系统具有对记录数据不可更改、删除的功能，不得有反向导入数据的功能。

③系统不得对用户开放温湿度传感器监测值修正、调整功能，防止用户随意调整，造成监测数据失真。

（7）企业应当对监测数据采用安全、可靠的方式按日备份，备份数据应当存放在安全场所，数据保存时限符合《药品经营质量管理规范》第 42 条的要求。

（8）系统应当与企业计算机终端进行数据对接，自动在计算机终端中存储数据，可以通过计算机终端进行实时数据查询和历史数据查询。

（9）系统应当独立地不间断运行，防止因供电中断、计算机关闭或故障等因素，影响系统正常运行或造成数据丢失。

（10）系统保持独立、安全运行，不得与温湿度调控设施设备联动，防止温湿度调控设施设备异常导致系统故障的风险。

（11）企业应当对储存及运输设施设备的测点终端布点方案进行测试和确认，保证药品仓库、运输设备中安装的测点终端数量及位置，能够准确反映环境温湿度的实际状况。

（12）药品库房或仓间安装的测点终端数量及位置应当符合以下要求：

①每一独立的药品库房或仓间至少安装 2 个测点终端，并均匀分布。

②平面仓库面积在 300 平方米以下的，至少安装 2 个测点终端；300 平方米以上的，每增加 300 平方米至少增加 1 个测点终端，不足 300 平方米的按 300 平方米计算。

平面仓库测点终端安装的位置，不得低于药品货架或药品堆码垛高度的 2/3 位置。

③高架仓库或全自动立体仓库的货架层高在 4.5 ~ 8 米的，每 300 平方米面积至少安装 4 个测点终端，每增加 300 平方米至少增加 2 个测点终端，并均匀分布在货架上、下位置；货架层高在 8 米以上的，每 300 平方米面积至少安装 6 个测点终端，每增加 300 平方米至少增加 3 个测点终端，并均匀分布在货架的上、中、下位置；不足 300 平方米的按 300 平方米计算。

高架仓库或全自动立体仓库上层测点终端安装的位置，不得低于最上层货架存放药品的最高位置。

④储存冷藏、冷冻药品仓库测点终端的安装数量，须符合本条上述的各项要求，其安装数量按每 100 平方米面积计算。

（13）每台独立的冷藏、冷冻药品运输车辆或车厢，安装的测点终端数量不得少于 2 个。车厢容积超过 20 立方米的，每增加 20 立方米至少增加 1 个测点终端，不足 20 立方米的按 20 立方米计算。

每台冷藏箱或保温箱应当至少配置 1 个测点终端。

（14）测点终端应当牢固安装在经过确认的合理位置，避免储运作业及人员活动对监测设备造成影响或损坏，其安装位置不得随意变动。

（15）企业应当对测点终端每年至少进行 1 次校准，对系统设备应当进行定期检查、维修、保养，并建立档案。

（16）系统应当满足相关部门实施在线远程监管的条件。

### 9.3.2　温湿度自动监测系统的指标

《药品物流设施与设备技术要求》对药品温湿度自动监测系统的指标做了详细规定。

**1. 系统的主要性能指标**

（1）温度误差应控制在 ±0.5℃；相对湿度误差应控制在 ±5% 范围内。

（2）应能对 −40℃ ~120℃ 温度范围内、0 ~100% 相对湿度范围内的温湿度情况进行实时监测。

（3）能反映库区温湿度分布情况。

（4）具备实时监测温湿度变化，显示和自动记录、远程传输、报表打印等功能。

（5）温湿度异常时，温湿度自动监测系统应能自动声光报警、短信报警或其他有效报警，并能自动通知管理人员。

（6）提供与其他系统（如空气调节系统、企业信息管理系统、监管部门的管理系统等）对接的接口。

**2. 其他**

（1）应定期进行校验，并形成校验报告。温湿度监测、调控及设备校准记录保存应不少于 5 年。

（2）有设备台账和运维记录，台账应包含各监测设备的安装位置。

（3）根据建筑结构、货物堆放、空气调节系统布置等综合因素布置，应满足《药品经营质量管理规范》对于物流中心温湿度监控要求。

（4）配置不间断电源（UPS）。

**【拓展阅读】** GPRS 温湿度记录变送器（冷藏车配套专用，GPRS 无线通信）

GPRS 温湿度记录变送器具有以下特点。

（1）可在冷藏车驾驶室内实时显示冷藏车厢内多个监测点的温湿度变化情况。

（2）可根据客户需要自行设定 GPRS 上传间歇。

（3）可通过电脑上的监测系统软件实时查看冷藏车厢内的温湿度数据，并可随时查询保存的历史数据和曲线。

（4）可根据客户需要自行设定温湿度报警上下限，一旦温湿度超标，驾驶室内的主机会自动发出报警信号（内置蜂鸣报警 + 短信报警），监测系统软件也会同步报警。

（5）一旦出现报警情况，监测系统软件会自动切换到每 2 分钟记录一次温湿度数据。

（6）可根据需要现场打印冷藏车内的温湿度数据。

### 9.3.3 监测系统验证

《药品经营质量管理规范》规定，企业应当根据验证的内容及目的，确定相应的验证项目。监测系统验证的项目至少包括以下几点。

（1）采集、传送、记录数据以及报警功能的确认。

（2）监测设备的测量范围和准确度确认。

（3）测点终端安装数量及位置确认。

（4）监测系统与温度调控设施无联动状态的独立安全运行性能确认。

（5）系统在断电、计算机关机状态下的应急性能确认。

（6）防止用户修改、删除、反向导入数据等功能确认。

### 9.3.4　医药冷链温湿度监测系统服务方案[①]

**1. 系统组件**

温湿度监测系统主要由库房温湿度监测系统、运输车辆温湿度监测系统、冷藏箱用温湿度监测系统组成。其电子测温流程如图 9 - 1 所示，冷链温度监控系统仪表配备如表 9 - 3所示。

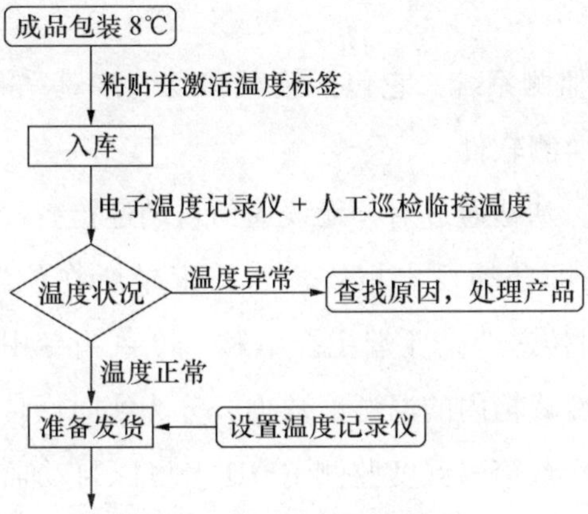


图 9 - 1　电子测温流程示意

表 9 - 3　冷链温度监控系统仪表配备

| 序号 | 产品名称 | 标配明细 |
| --- | --- | --- |
| 1 | 温度传感器 | 每辆车标配为 3 台 |
| 2 | 车载屏 | 每辆车标配为 1 台，带 GPS 定位 |
| 3 | 短信报警器 | 装于用户电脑端，一套系统需要 1 台 |
| 4 | 冷链车温度监测系统软件（单机版） | 装于用户电脑端，一套系统需要 1 套软件，默认为单机版 |
| 5 | 冷链车温度监测系统软件（网络版） | 装于用户电脑端，一套系统需要 1 套软件，为网络版，支持网络访问 |

（1）库房温湿度监测系统。该系统通过网线将终端机与管理机连接，将所有库区的温湿度数据实时上传至主控电脑。

（2）运输车辆温湿度监测系统。它包括车载移动管理基站、车载温湿度监测终端、专

① http：//www. kuyibu. com/c_ jcj2012/p2581153. html。

用直流转换电源、GPRS 通信模块及药品储运温湿度动态监测软件。

①车载移动管理基站：（放置在驾驶室）主要是巡检车厢内监测到的温湿度数据，并自动保存，通过内置的天线、移动通信模块及 GPRS 网络将温湿度数据实时上传至企业端主控电脑；如有超限数据，基站会自动发出报警并发送超限报警短信。

②车载温湿度监测终端：主要是通过外置智能温湿度传感器实时测量运输车辆厢内的温湿度，并将监测到的温湿度数据传送至移动基站；如有超限信息，监测终端将就地发出报警声音。

（3）冷藏箱用温湿度监测系统。它包括箱载移动管理基站、冷藏箱温湿度监测 RFID 卡和药品储运温湿度动态监测软件。

①箱载移动管理基站。基站通过射频无线通信自动巡检各冷藏箱内的温湿度数据，如超过数据限制，信息基站可自动发出报警声音，记录所在位置的经纬度数据，并通过 GPRS 将所记录的数据实时传送至企业端主控电脑。冷藏箱专用温湿度电子标签放置于冷藏箱内，自动监测并记录冷藏箱内的温湿度数据，分为实时回传和批量导出两种。

数据实时回传方式：冷藏箱温湿度监测 RFID 卡可以自动监测温湿度数据，并通过无线射频方式将记录的数据发送至箱载移动管理基站，基站再通过 GPRS 实时上传至主控电脑。

数据批量导出方式：冷藏箱温湿度监测 RFID 卡自动监测箱内温湿度数据，并自动保存于设备内。用户可在货物配送完毕后，使用数据传输线将数据批量导入电脑查看并保存。

②冷藏箱温湿度监测 RFID 卡。RFID 卡自动监测箱内温湿度数据，并自动保存于设备内。用户可在货物配送完毕后，使用主数据传输线将数据批量导入电脑查看并保存。

③药品储运温湿度动态监测软件。此软件主要是对车载基站发回的温湿度数据进行处理分析，可在软件界面实时显示运输车辆的温湿度数据并保存，对超限数据进行色标区分，可随时查询各个测点的历史数据、超限数据、变化曲线及车辆所在位置的经纬度。

动态监测软件可实现集中化管理，与仓库、冷藏箱温湿度监测系统并行使用，数据共享，同界面显示温湿度数据。

**2. 系统功能**

——自动监测运输车辆车厢内（冷藏箱）的温湿度数据和所在位置的经纬度。

——自动巡检监测的温湿度数据，在移动基站实时显示，可让驾驶员实时查看当前的温湿度数据。

——自动保存运输过程中的温湿度数据。

——自动将监测的温湿度数据通过 GPRS 实时上传至企业端主控电脑。

——自动对超过界限的数据进行分析，实现就地报警和手机短信报警。

——可在软件界面上实时显示车厢内温湿度数据，并随时查看保存的历史数据、超过界限数据、环境变化曲线及车辆位置的经纬度信息。

——集中化管理，与仓库、冷藏箱温湿度监测系统并行同步使用，统一进行数据管理。

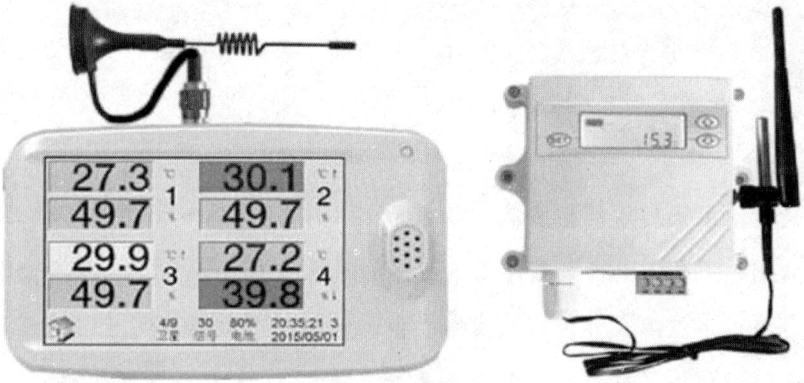


图 9－2　温湿度检测仪

**3. 系统参数**

温度测量范围：－40℃ ~80℃；

温度测量准确度：±0.5℃；

湿度测量范围：0 ~100% RH；

湿度测量准确度：±3% RH。

**【拓展阅读】**　　　冷藏库与冷链运输温湿度远程监控管理系统

北京某公司的冷藏库与冷链运输监控系统可以通过互联网实现客户与冷链运输公司数据的动态共享。通过建立统一的应用平台，可以保证客户、物流企业都能透明地查看和监督冷链物流企业的配送业务，保证冷链运输企业的业务规范管理，保证运营过程是可信、可控和可靠的，让用户放心。

1. 系统功能及设备特点

（1）采集现场温湿度数据，将数据通过 GPRS 或 CDMA 上传到管理中心，实现远程实时监控。

（2）监控冷链运输车门的开关状态，并将状态信息实时传送到管理中心。

（3）可以通过互联网实现数据共享，支持手机浏览（在世界任何地方，在浏览器中输入 IP 地址就可以查询数据）。

（4）管理中心服务器记录并保存实时监控数据和历史数据，管理系统可按多维要求生成实时数据和历史数据曲线，以方便监测。

（5）管理系统提供多种报警方式，如人声报警、E-mail 报警、手机短信报警、拨打振铃报警等。

2. 设备简介

该设备是针对温湿度远程监控需求而设计的一款集温湿度测量、多路开关量采集、继电器报警输出、无线 GPRS 数据传输于一体的远程监控主机，适用于冷藏库与冷链运输车内，实时监控温湿度、开关门状态等参量，并将监测数据实时上传到管理中心，实现对运输和储藏过程的远程监控。它可同时接入 8 只总线式温湿度传感器，或 64 只总线式温度传感器，轻松实现多点温湿度监控，现场布线简捷，维护方便。它还可以同时采集 64 只无线温度传感器信号，现场无须布线，传感器可以灵活方便地安装在冷藏库或运输车的任意位置，适用于任何需要监控温度的地方。

### 9.3.5 纳米“智能标签”监测系统

附着于商品外包装的“智能标签”，通过由绿到红的颜色变化，实时、直观地反映产品外界温度和储运时间，从而知道产品在物流和销售环节是否新鲜或者变质。“智能标签”获国家发明专利授权，具有成本低、应用广、安全、非破坏性监控产品品质的优点。

“智能标签”的市场化应用，将为生产方、物流方、销售方、消费者全程提供良好可靠的服务和保障，为产品品质“保驾护航”。

**【拓展阅读】**

## 某品牌冷链监控系统

### 1. 系统简介

该冷链监控系统主要用于药品、医疗器械等各种冷链货品的温湿度实时监测。该系统温湿度采集器将采集的数据通过无线方式发送到无线管理主机，管理主机对数据进行打包，利用 GPRS、TCP/IP 或者 Wi-Fi 通信的方式将数据传输至服务器，再由对应的管理软件进行数据解析、数据存储等操作。如果存在异常情况，及时发出报警信息。

### 2. 硬件组成

该冷链监控系统的硬件部分主要有：智慧温湿度采集卡、智能无线管理主机、NFC 移动终端、NFC 读写终端、便携式打印机。采用高精度传感芯片、多级数据加密处理，完善的产品体系，保障了数据信息的精确采集、稳定传输、有效应用，提高了监控效率，保证了冷链环境下物品的质量安全。

### 3. 软件平台

该冷链监控系统的软件部分主要有：冷链监控云平台、智慧冷链 App。通过一体化的平台建设，整合仓库、物流车辆冷链环境监测数据，配套先进的云端数据汇总、分析、处理软件，同时分别提供 PC 端监控软件和移动端监控 App，对整个冷链环境过程实现科学管理。

### 4. 完全满足 GSP 相关标准

该冷链监控系统是完全遵循国家新版 GSP 标准的一套软硬件结合的物联网监测系统，采用超高精度的传感芯片、精细化的产品设计，设备采集精度超越国家 GSP 相关标准，满足需要严格遵循 GSP 相关要求的各类应用环境。

### 5. 全过程自动预警

整个监控过程中引入了多级预警机制，一旦产品在某个环节超过标准温湿度，系统将自动向相关人员报警，以便采取应对措施。

### 6. 目标追溯管理

全程记录运输过程中的温湿度信息，对整个冷链温湿度进行可追溯管理。系统与企业计算机终端进行数据对接，自动在计算机终端中存储数据。工作人员可以通过计算机终端进行实时数据查询和历史数据查询。

7. 现场交付，实时报表打印

通过 NFC 近场通信功能，快速实现 NFC 手持终端与温湿度采集卡数据实时交互，现场实现温湿度数据续传及完成订单交付流程。

手持终端通过 Wi-Fi 直连便携式打印设备，快速实现现场客户订单报表交付，不依赖客户现场打印设备的情况下实现脱机打印标准的温湿度报表单，交由客户留作存档。

8. 功能特点

该冷链监控系统完全符合 GSP 要求，具有温湿度数据信息不间断监测、实时信息查询、图形化展示、多用户角色管理以及第三方系统数据对接等功能特点。

9. 应用领域

该冷链监控系统是一套成熟的综合性冷链温湿度监控系统，完全符合国家 GSP 规范及其他冷链监控相关标准，可广泛应用于疾控中心、医院、冷链运输等多个领域的温湿度监控。

### 9.3.6 基于物联网的冷链储运环境温湿度监控 Web 平台①

**1. 平台简介**

冷链监控主要包含两大环节：运输环节和冷库存储环节。“基于物联网的冷链储运环境温湿度监控 Web 平台”可满足这两大环节的全程温湿度环境监控。

冷链过程中所关联的供货方、运输方、收货方、有权限的第三方监管方都可以通过手机、平板等移动办公设备及电脑登录平台查询每个环节的实时环境情况。

采用物联网技术、车载智能终端 + 无线传感器探头 + BS 框架组建的 Web 平台软件，实现构建如生鲜食品、冷链药品等的运输，以及存储环境的实时温湿度监控；实现运输方、存储方、托运方、货物接收方、国家监管方等同步查看权限内的整个冷链环节的温湿度数据，以及监测对象、冷链车的具体地理位置。

**2. 特点与功能介绍**

（1）实现运输方、存储方、托运方、货物接收方、国家监管方等的全程实时冷链监

① 顺企网，https：//product. 11467. com/info/4431579. htm。

管，保障运输物品的品质。

（2）降低冷链企业冷链系统的投入。

（3）提高冷链企业的物流运作效率，提供运输车辆调度。

（4）实现与监管、溯源系统的实时连接，明确运输物品的安全责任，降低冷链企业的经营风险。

（5）提升冷链企业的品牌形象，改变传统的消费观念，使企业在同行业中更具有竞争力。

**3. 服务对象**

它的服务对象主要有四大类。

（1）企业自有冷链车运输队或冷链物流公司。

（2）从事冷链车出租的公司或个体出租户。

（3）具有冷链运输的企业。

（4）物流港的冷库出租企业，如生鲜批发、肉联厂、奶制品厂等相关食品企业。

对于已经有物流管理平台的用户，生鲜电商平台的物流配送系统可给客户定制平台接口，将监测数据和用户现有的物流管理平台进行对接或跟对方订单号形成匹配。

**4. 核心硬件**

核心硬件及其特点如下。

（1）采用无线温湿度探头或温度探头，电池供电，安装非常简单（用户可自行安装），只要将传感器放到车厢内被测位置即可。

（2）监控主机外形美观，外形尺寸为115毫米×76毫米×25毫米，时尚轻薄，自带续航充电锂电池、USB数据导出口，兼容安卓手机接口数据线。轻松连接微型打印机，打印机为电池供电，方便携带对接，USB口即插即用。

（3）监控主机配有3.5英寸高分辨率的触控屏，方便查看历史数据及数据曲线。存储容量大于26万条数据，每分钟记录一次，可存储超过180天的数据。

（4）主机通过GPRS无线通信将数据上传至Web平台，GPS定位，平台上电子地图实时轨迹查询。

（5）所有无线模块为内置天线。

（6）主机带声音报警，可设定报警值。

（7）短信报警功能。用户可通过网站的用户中心登录，设置报警手机号码。

（8）主机安装形式分为两种，一种是采用手机或平板的吸盘车载支架固定安装；另一种是通过后背板直接螺丝固定到车辆前面板。

（9）主机可用于保温箱、冷藏车、冷链、疾控中心冰箱的温度或温湿度监控。

**5. 冷链平台网站功能特点**

（1）用户管理。注册用户分三类：有发货需求方，如生鲜水果批发商等；有个人冷藏车主和冷库出租方；有大型企业方，大型企业有自己的冷链车队的管理需求，这种属于企业用户，可提供特定要求的功能模块。

（2）企业会员。监测所拥有的冷藏车、冷库等的温湿度数据，超标报警给对应的管理人员。通过 GPS 定位技术监测冷藏车的实时位置，协调调度。

（3）个人会员/供给方。添加空闲的冷链设备、车辆租售信息。

（4）需求方。添加需要冷藏、运输的货物信息。

（5）数据监测。采用 GPS + LBS 定位技术、无线传输技术将冷藏车的实时位置信息、实时温湿度数据，通过蜂窝移动网络发送到服务器，实时记录冷藏车的地理位置信息和温湿度信息，一旦超标，变色报警。

（6）冷库数据监测。实时监测库房的温湿度数据情况，超标报警。

**【拓展阅读】** 北京某公司的温湿度监控系统

北京某公司结合医药 GSP、GMP 认证的相关规定，有针对性地推出了医药行业温湿度监测系统，以便协助企业顺利通过相关认证。

1. 系统组成

一套功能全面的温湿度监测系统主要由以下几个部分组成（部分产品为可选项）。

（1）温湿度监控硬件设备：包括温湿度监控记录仪、温湿度管理主机、电源适配器、通信转换器、UPS 不间断电源箱等。

（2）温湿度监测软件平台：根据实际监测的需要，提供实现各功能的温湿度监测软件。

2. 功能

（1）按设定间隔记录温湿度数据。

(2) 按监控计算机指令上传存储的数据或实时数据直接控制除湿机和空调等。

(3) 可选功能。采集空气调节设备的开关状态；对设备状态进行智能纠错。

3. 温湿度管理主机 LBGZ -02

它的主要功能是：

(1) 执行采集、记录、传输、报警管理等多项任务。

(2) 检测实时数据，记录容量、电量、电压等多个参数。

(3) 多行高分辨 LED 显示，现场声光报警提示。

(4) 权限控制密码。

(5) 手动及软件双重操作模式，便捷可靠。

## 课后思考

1. 药品冷链运输中有哪些温湿度自动监测仪器和设备？挑选某一个，说说它是如何运行的。

2. 温湿度自动监测系统主要构成是什么？各自的功能是什么？

3. 选择一家从事药品冷链的企业，看看它的温湿度监测设备情况，写一份 800 字左右的调研报告。

4. 请设计一份药品温湿度监测故障的应急方案。

## 案例分析

### 某医药公司建立全程可控 360 度冷链技术管理体系

某医药公司多年来一直潜心建设冷链技术管理体系，目前已初步建立起全程可控的 360 度冷链技术管理体系，并为每辆冷藏车配备了监控温度的“黑匣子”。

该公司建立的全程可控的360度冷链技术管理体系是由药品仓储冷链监管系统、药品运输冷链监管系统、企业冷链信息管理系统、第三方冷链诊断中心四部分组成。

该公司在存储、温度监控、收发货、运输各冷链环节，均采用了欧盟“全过程认证理念”。目前，其冷链的相关环节一一经过严格的验证确认。

针对药品冷链运输环节的监控短板，该公司在每辆冷藏车上都安装了“黑匣子”——一套冷链运输环境监测系统软件，辅以每辆冷藏车配置的3个PT1000温度监测探头。“黑匣子”可以对运输过程中药品的温湿度进行自动监测、记录和异常情况报警，并通过GPS卫星数据传输系统，将数据传输到公司各级管理部门。另外，每套车载系统都配置了嵌入式打印机，当冷藏药品到达目的地时，可将运输途中温度的历史数据打印出来。

据介绍，该系统实现了三方面的“升级换代”：通过事前预警的方法，减少了事后报警；冷链系统实现全面监管，替代了仅对温度记录的监测；冷链仓储和运输环节实现实时在线监控，取代了原先仅对温度进行事后追溯，真正做到动态监控、全程监控。

该公司温湿度监测系统数据的信息传递如图9－3所示。

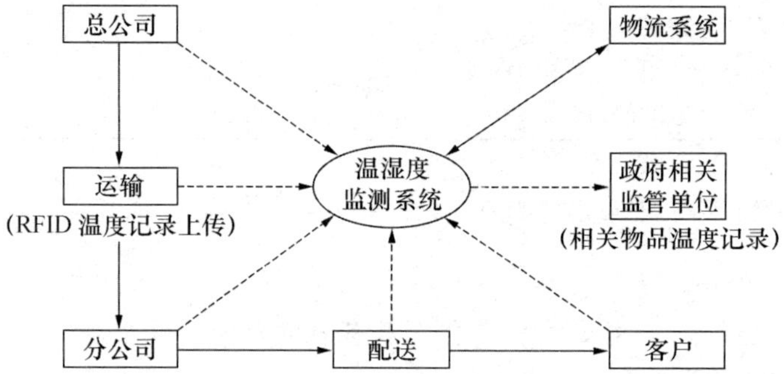


**图9－3 温湿度监测系统数据信息传递示意**

## 思考题

1. 简述该温湿度监测系统数据信息传递的过程。
2. 该系统还可在哪些方面加以改进？

# 第10章 药品物流信息系统

药品经营企业应当建立与经营范围和经营规模相适应的计算机系统，实时控制并记录药品经营各环节和质量管理全过程，并符合电子监管的实施条件。

药品经营企业应当按照《药品经营质量管理规范》（简称《规范》）的相关规定，在系统中设置各经营流程的质量控制功能，与采购、销售以及收货、验收、储存、养护、出库复核、运输等系统功能形成内嵌式结构，对各项经营活动进行判断，对不符合药品监督管理法律法规以及《规范》的行为进行识别及控制，确保各项质量控制功能的实时和有效。

## 10.1 药品管理信息系统

根据《药品流通企业关键绩效指标（KPI）体系》（SB/T 11184—2017），药品流通企业的信息化程度是指企业在应用信息化手段时所处的某个层级，可按四个层级予以评定：购销存系统；购销存、财务系统；购销存、财务、仓储运输、质量管理系统；企业内外信息一体化系统，即企业资源计划系统（ERP）。

### 10.1.1 药品批发企业的信息系统

为保证药品质量，药品批发企业需要加强信息系统管理，这主要包括硬件设施和网络环境、信息管理部门、质量管理部门、建立数据库等方面，并根据有关法律法规、《药品经营质量管理规范》以及质量管理体系内审的要求，及时对系统进行升级，完善系统功能。

**1. 硬件设施和网络环境**

药品批发企业系统的硬件设施和网络环境应当符合以下要求。

（1）有支持系统正常运行的服务器。

（2）有与质量管理、采购、收货、验收、储存、养护、出库复核、销售等岗位配备的专用终端设备。

（3）有稳定、安全的网络环境，有固定接入互联网的方式和可靠的信息安全平台。

（4）有实现相关部门之间、岗位之间信息传输和数据共享的局域网。

（5）有符合《药品经营质量管理规范》和企业管理实际需要的应用软件和相关数据库。

**2. 信息管理部门的职责**

药品批发企业信息管理部门应当履行以下职责。

（1）负责系统硬件和软件的安装、测试及网络维护。

（2）负责系统数据库管理和数据备份。

（3）负责培训、指导相关岗位人员使用系统。

（4）负责系统程序的运行及维护管理。

（5）负责系统网络以及数据的安全管理。

（6）保证系统日志的完整性。

（7）负责建立系统硬件和软件管理档案。

**3. 质量管理部门的职责**

药品批发企业质量管理部门应当履行以下职责。

（1）负责指导设定系统质量控制功能。

（2）负责系统操作权限的审核，并定期跟踪检查。

（3）监督各岗位人员严格按规定流程及要求操作系统。

（4）负责质量管理基础数据的审核、确认生效及锁定。

（5）负责经营业务数据修改申请的审核，符合规定要求的方可按程序修改。

（6）负责处理系统中涉及药品质量的有关问题。

**4. 对系统数据的管理责任**

药品批发企业应当严格按照管理制度和操作规程进行系统数据的录入、修改和保存，以保证各类记录的原始、真实、准确、安全和可追溯，并对系统各类记录和数据进行安全管理。

（1）各操作岗位通过输入用户名、密码等身份确认方式登录系统，并在权限范围内录入或查询数据，未经批准不得修改数据信息。

（2）修改各类业务经营数据时，操作人员在职责范围内提出申请，经质量管理人员审核批准后方可修改，修改的原因和过程在系统中予以记录。

（3）系统对各岗位操作人员姓名的记录，根据专有用户名及密码自动生成，不得采用手工编辑或菜单选择等方式录入。

（4）系统操作、数据记录的日期和时间由系统自动生成，不得采用手工编辑、菜单选择等方式录入。

**5. 建立质量管理基础数据库**

（1）质量管理基础数据包括供货单位、购货单位、经营品种、供货单位销售人员资质、购货单位采购人员资质和提货人员资质等相关内容。

（2）质量管理基础数据与对应的供货单位、购货单位购销药品的合法性、有效性相关联，与供货单位或购货单位的经营范围相对应，由系统进行自动跟踪、识别与控制。

（3）系统对接近失效的质量管理基础数据进行提示、预警，提醒相关部门及岗位人员及时索取、更新相关资料；任何质量管理基础数据失效时，系统都会自动锁定与该数据相关的业务功能，直至数据更新和生效后，相关功能方可恢复。

（4）质量管理基础数据是企业合法经营的基本保障，须由专门的质量管理人员对相关资料审核合格后，据实确认和更新，更新时间由系统自动生成。其他岗位人员只能按规定的权限，查询、使用质量管理基础数据，不能修改数据的任何内容。

**6. 药品的收货储存信息系统**

（1）药品采购订单中的质量管理基础数据应当依据数据库生成。系统对各供货单位的合法资质，能够自动识别、审核，防止超出经营方式或经营范围的采购行为发生。采购订单确认后，系统自动生成采购记录。药品到货时，系统应当支持收货人员查询采购记录，对照随货同行单（票）及实物确认相关信息后，方可收货。

（2）验收人员按规定进行药品质量验收，对照药品实物在系统采购记录的基础上录入药品的批号、生产日期、有效期、到货数量、验收合格数量、验收结果等内容，确认后系统自动生成验收记录。

（3）系统会按照药品的管理类别及储存特性，自动提示相应的储存库区。

（4）系统应当依据质量管理基础数据和养护制度，对库存药品按期自动生成养护工作计划，提示养护人员对库存药品进行有序、合理的养护；并对库存药品的有效期进行自动跟踪和控制，具备近效期预警提示、超有效期自动锁定及停销等功能。

（5）销售药品时，系统应当依据质量管理基础数据及库存记录生成销售订单，拒绝无质量管理基础数据或无有效库存数据支持的任何销售订单的生成。销售订单确认后，系统自动生成销售记录。系统将确认后的销售数据传输至仓储部门提示出库及复核。复核人员完成出库复核操作后，系统自动生成出库复核记录。

（6）处理销后退回药品时，系统能够调出原对应的销售、出库复核记录。对应的销售、出库复核记录与销后退回药品实物信息一致的，方可收货、验收，并依据原销售、出库复核记录数据以及验收情况，生成销后退回验收记录；退回药品实物与原记录信息不符，或退回药品数量超出原销售数量时，系统拒绝药品退回操作。

**7. 系统对质量有疑问药品的控制**

药品批发企业系统应当对药品运输的在途时间进行跟踪管理，对有运输时限要求的，应当提示或警示相关部门及岗位人员。系统应当按照《药品经营质量管理规范》的要求，生成药品运输记录。对于发现的有疑问的药品，各岗位人员按照本岗位操作权限实施锁定，并通知质量管理人员。被锁定药品由质量管理人员确认，不属于质量问题的解除锁定，属于不合格药品的由系统生成不合格记录。系统对质量不合格药品的处理过程、处理结果进行记录，并跟踪处理结果。

## 10.1.2 药品零售企业的信息系统

药品零售企业管理信息系统的硬件、软件、网络环境及管理人员的配备，应当满足企业经营规模和质量管理的实际需要。

药品零售企业管理信息系统应当符合以下要求。

（1）建立包括供货单位、经营品种等相关内容的质量管理基础数据。

（2）依据质量管理基础数据，自动识别处方药、特殊管理的药品以及国家有专门管理要求的药品。拒绝国家有专门管理要求的药品超数量销售。

（3）与结算系统、开票系统对接，对每笔销售自动打印销售票据，并自动生成销售记录。

（4）依据质量管理基础数据，对拆零药品单独建立销售记录，对拆零药品实施安全、合理的销售控制。

（5）依据质量管理基础数据，定期自动生成陈列药品检查计划。

（6）依据质量管理基础数据，对药品有效期进行跟踪，对近效期的给予预警提示，超有效期的自动锁定及停销。

此外，药品零售企业应当根据有关法律法规、《药品经营质量管理规范》以及质量管理体系内审的要求，及时对系统进行升级，完善系统功能。

### 10.1.3　药品物流信息管理系统

根据《药品物流设施与设备技术要求》（SB/T 11036—2013），药品物流信息管理系统是由人、计算机及其他外围设备等组成的能进行信息的收集、传递、存贮、加工、维护和使用的系统，满足企业对于物流活动各作业环节的管理和作业支持。它包括仓库管理系统（WMS）、运输管理系统（TMS）等。一个正常运行的药品物流信息管理系统应具备以下条件。

（1）应满足《规范》中关于计算机管理系统的计算机管理、配置要求、操作管理、数据安全等方面的要求。

（2）应满足对药品采购、收货、验收、储存、养护、出库、销售、销后退回、运输与配送、售后管理等每一个环节进行管理的要求，应满足《规范》对药品管理的相关要求。

（3）能进行多物流网点、多货主协同运作，能提供决策分析报表。

（4）具备与其他系统（自动化立体仓库系统、输送分拣系统、拣选辅助系统、上下游客户的计算机系统、温湿度自动监测系统、政府监管系统等）进行数据交换的 EDI 接口。

（5）功能配置应满足政府监管部门对于药品电子监管码的相关管理要求。

（6）功能配置能满足企业对于物流各作业环节、作业过程的作业支持和管理需求。

## 10.1.4 国家药品编码管理

为加强对药品的监督管理，确保公众的用药安全，依据《药品注册管理办法》，国家对批准上市的药品实行编码管理。

### 1. 国家药品编码的概念及适用范围

国家药品编码，是指在药品研制、生产、经营、使用和监督管理中由计算机使用的表示特定信息的编码标识。国家药品编码以数字或数字与字母组合的形式表现。

国家药品编码适用于药品研制、生产、经营、使用和监督管理等各个领域，以及电子政务、电子商务的信息化建设、信息处理和信息交换。

### 2. 国家药品编码的管理

国家药品监督管理局成立国家药品编码编制工作领导小组，领导小组下设办公室，负责国家药品编码的日常管理工作。主要工作包括四个方面：

（1）落实国家药品编码工作原则和有关规定。

（2）拟定国家药品编码编制规则、技术标准与方案、使用制度。

（3）组织实施国家药品编码的编制、使用、修订、维护等工作。

（4）承担药品编码的赋码、系统运行和管理等工作。

### 3. 国家药品编码的编制及变更

国家药品编码包括本位码、监管码和分类码。本位码由药品国别码、药品类别码、药品本体码、校验码依次连接而成。国家药品编码遵循科学性、实用性、规范性、完整性与可操作性的原则，同时兼顾扩展性与可维护性。

国家药品编码本位码由国家食品药品监督管理总局统一编制赋码，药品在生产上市注册申请获得审批通过的同时获得国家药品编码，在生产、经营、使用和监督管理过程中使用。

药品注册信息发生变更时，国家药品编码本位码进行相应的变更，行政相对人有义务配合药品监管部门及时更新国家药品编码相关信息；药品批准证明文件被注销时，国家药品编码同时被注销。药品编码变更、注销后，原有国家药品编码不得再被使用。国家药品编码及变更信息在国家药品监督管理局网站上统一发布。

在国家药品编码的基础上，对药品生产、经营实施药品电子监管和药品分类管理。监管码、分类码的发布和变更方式另行制定。

### 10.1.5　国家药品编码本位码的编制规则

国家药品编码本位码共 14 位，由药品国别码、药品类别码、药品本体码和校验码依次连接组成，不留空格。药品国别码为“86”，代表在中国境内生产、销售的所有药品。药品类别码为“9”，代表药品。药品本体码的前 5 位为药品企业标识，根据《企业法人营业执照》《药品生产许可证》，遵循“一照一证”的原则，按照流水的方式编制；后 5 位为药品产品标识，是前 5 位确定的企业所拥有的所有药品产品。校验码是国家药品编码中的最后一个字符，通过特定的数学公式来检验国家药品编码中前 13 位数字的正确性，计算方法按照《全国产品与服务统一代码编制规则》（GB 18937）执行。

国家药品编码本位码的结构如图 10－1 所示。

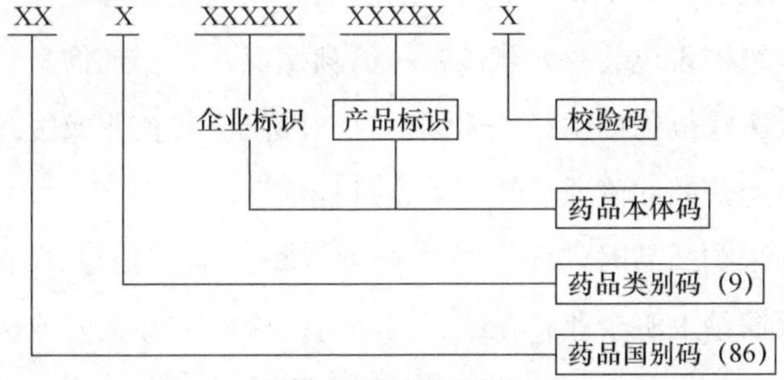


示例：86900001000019

**图 10－1　国家药品编码本位码示意**

### 10.1.6　药品信息化追溯体系建设

2018 年 10 月 31 日，国家药监局以“国药监药管〔2018〕35 号”文件形式颁布了《国家药监局关于药品信息化追溯体系建设的指导意见》，其中明确规定了如何建设与管理药品信息化追溯体系。

**1. 编制统一信息化追溯标准**

结合药品信息化追溯体系建设实际需要，国家药品监督管理局规划确立药品信息化追溯标准体系，明确基本要求，发布追溯体系建设指南、统一药品追溯编码要求、数据及交换标准。

**2. 建设信息化药品追溯体系**

药品信息化追溯体系是药品上市许可持有人、生产企业、经营企业、使用单位、药品监督管理部门、消费者等与药品质量安全相关的追溯方，通过信息化手段，对药品生产、流通和使用等各环节的信息进行追踪、溯源的有机整体。药品上市许可持有人、生产企业、经营企业、使用单位要遵守相关法规和技术标准，建立健全信息化追溯管理制度，切实履行主体责任，并按照质量管理规范要求对相关活动进行真实、准确、完整记录，方便追溯和防篡改，向监管部门提供相关数据；通过药品追溯系统实现追溯信息存储、交换、互联互通，为社会公众提供信息查询。药品上市许可持有人和生产企业可以自建药品信息化追溯系统，也可以采用第三方技术机构的服务。药品经营企业和使用单位应配合药品上市许可持有人和生产企业建设追溯系统，并将相应追溯信息上传到追溯系统。

药品上市许可持有人和生产企业应履行药品信息化追溯管理责任，按照统一药品追溯编码要求，对产品各级销售包装单元赋以唯一追溯标识，以实现信息化追溯。在销售药品时，应向下游企业或医疗机构提供相关追溯信息，以便下游企业或医疗机构验证反馈；要及时、准确获得所生产药品的流通、使用等全过程信息。

药品批发企业在采购药品时，向上游企业索取相关追溯信息，在药品验收时进行核对，并将核对信息反馈给上游企业；在销售药品时，应向下游企业或医疗机构提供相关追溯信息。

药品零售和使用单位在采购药品时，也要向上游企业索取相关追溯信息，在药品验收时进行核对，并将核对信息反馈给上游企业；在销售药品时，应保存销售记录明细，并及时调整售出药品的相应状态标识。

**3. 推进追溯信息互联互通**

国家药品监督管理局建立全国药品信息化追溯协同服务平台，不断完善药品追溯数据交换、共享机制。鼓励药品上市许可持有人、生产企业、经营企业、使用单位、行业协会、第三方服务机构、行政管理部门通过药品追溯协同服务平台，实现药品信息化追溯各方互联互通。鼓励企业创新查询方式，面向社会公众提供药品追溯数据查询服务。

#### 4. 拓展药品追溯数据价值

各级药品监督管理部门基于药品信息化追溯体系构建大数据监管系统，创新药品安全监管手段，探索实施药品全过程信息化、智能化监管，完善风险预警机制。充分发挥药品追溯数据在问题产品召回及应急处置工作中的作用，进一步挖掘药品追溯数据在监督检查、产品抽检和日常监管中的应用价值。

药品追溯数据“谁产生、谁所有”，未经所有方授权，其他各方不得泄露。鼓励相关方按照合法合规方式，利用药品追溯数据为社会服务。

#### 5. 建立数据安全机制

药品追溯各相关方应从制度上、技术上保证药品追溯数据真实、准确、完整、不可篡改和可追溯。药品追溯数据记录和凭证保存期限应不少于 5 年。应明确专职部门及人员负责药品追溯数据管理，确保数据安全、防止数据泄露。

#### 6. 药品监督管理部门应指导和监督追溯体系建设

药品监督管理部门应履行指导和监管责任，根据监管需求，建设追溯监管系统。省级药品监督管理部门应依照相关法律、法规与标准，结合行政区域实际，制定具体措施，明确各级责任。

地方药品监督管理部门应加强对药品上市许可持有人、生产企业、经营企业、使用单位建立信息化追溯系统情况监督检查，督促相关单位严格遵守追溯管理制度，建立健全追溯体系。

## 10.2　药品冷链信息系统

### 10.2.1　信息系统技术

#### 1. 标识技术

物品编码是物联网的基础，是物联网信息交换内容的核心和关键字，是物品、设备、地点、属性等的数字化名称。

（1）条码技术。条码由一组按一定编码规则排列的条、空符号组成，用以表示一定的信息。条码系统是由条码符号设计、制作及扫描阅读组成的自动识别系统。

（2）二维条码。二维条码依靠其庞大的信息携带量，能够把过去使用一维条码时存储于后台数据库中的信息包含在条码中，可以直接通过阅读条码得到相应的信息，并且二维条码还有错误修正及防伪功能，增加了数据的安全性。

**2. 产品电子代码（EPC）编码技术**

全球统一标识系统是由国际物品编码协会开发，对贸易项目、物流单元、贸易方位置、资产、服务关系等进行编码，服务于物流供应链的开放的标准体系，是全球统一标识和通用商业语言。

EPC 编码是 EPC 系统的重要组成部分，它可对实体及实体的相关信息进行代码化，并通过统一、规范化的编码建立全球通用的信息交换语言。EPC 编码是 EAN · UCC[①] 在原有的全球统一编码体系基础上提出来的，它是新一代的全球统一标识的编码体系，是对现行编码体系的拓展与延伸。[②]

EPC 系统由应答器、阅读器、Savant（专家软件、中间件）服务器、对象名称解析服务器（ONS）和 EPC 信息服务器（EPCIS）与网络组成，如表 10－1 所列。

**表 10－1　　EPC 系统构成表**

| 系统构成 | 名　称 | 注　释 |
|---|---|---|
| EPC 的编码体系 | EPC 的编码标准 | 识别目标的特定编码 |
| 射频识别系统 | EPC 标签 | 贴在物品之上或内嵌在物品之中 |
| | 识读器 | 识读 EPC 标签 |
| 信息网络系统 | EPC 中间件 | EPC 系统的软件支持系统 |
| | 对象名称解析服务器 | 进行物品解析 |
| | EPC 信息服务器 | 提供产品相关信息接口，采用可扩展置标语言（XML）进行信息描述 |

资料来源：任宗伟主编：《物联网基础技术》，中国物资出版社 2011 年版。

应答器装载有 EPC 编码，它附着在物品上，也称为标签。阅读器读或读/写 EPC 标

① 即国际物品编码协会（EAN International）和美国统一代码委员会（UCC）。

② 张飞舟、杨东凯编著：《物联网应用与解决方案》，电子工业出版社 2014 年版。

签，并链接到本地网络之中。Savant 是链接阅读器和应用程序的软件，也称为中间件，是物联网中的核心技术，被认为是该网络的神经系统，故称为 Savant。对象名称解析服务器的作用类似于因特网中的域名解析服务，它给 Savant 指明了存储产品有关信息的服务器（EPCIS）。系统中 EPC 信息描述采用实体置标语言（PML），PML 是在可扩展置标语言（XML）的基础上发展而成，用于描述有关物品信息的一种计算机语言。

阅读器从标签中读取 EPC 编码，Savant 处理和管理由阅读器读取的一连串 EPC 编码，将 EPC 编码提供的指针传给 ONS，ONS 告知 Savant 保存该物品匹配信息的 EPCIS 服务器，保存该物品匹配信息的文件可由 Savant 复制，从而获得该物品的匹配信息。

**3. 条码阅读器**

条码阅读器是用于读取条码所包含信息的设备，通常包括光源、接收装置、光电转换部件、译码电路和计算机接口五个部分。其基本原理为：由光源发出的光线经过光学系统照射到条码符号上面，被反射回来的光经过光学系统成像在光电转化器上，使之产生电信号，信号经过放大后产生一个模拟电压，它与照射到条码符号上被反射回来的光成正比，再经过滤波、整形，形成与模拟信号对应的方波信号，经译码器解释为计算机可以直接接受的数字信号。

普通的条码阅读器通常有三种形式：光笔、CCD（Charge Couple Device）和激光枪。它们都有各自的优缺点，没有一种阅读器能够在所有方面都具有优势。

**4. 电子数据交换（EDI）**

EDI 是英文 Electronic Data Interchange 的缩写，译为“电子数据交换”，其定义为：在通常情况下，EDI 是商业贸易伙伴之间，将按标准、协议规范化和格式化的信息通过电子方式，在计算机之间进行自动交换和处理，完成交易的全过程。EDI 有以下五个特点。

（1）EDI 的使用对象是不同的计算机系统。

（2）EDI 传送的是业务资料，是为了满足商业目的。

（3）采用共同的标准化结构数据模式。

（4）由收送双方的计算机系统直接传送、交换资料，无须人工。

（5）可以与用户计算机系统的数据库进行平化连接，直接访问数据库或从数据生成 EDI 报文。

**5. 物联网感知技术**

（1）红外感应技术。红外感应技术是指利用目标与背景之间的红外辐射差异所形成的热点或图像来获取目标和背景信息。红外接收光学系统由一系列器件组成，包括光学系统和探测器、信息处理器、扫描和伺服控制器、显示装置、信息输出接口、中心计算机等。

红外接收光学系统的作用是把目标上或目标区域内的红外辐射聚焦在探测器上，其结构类似于通常的接收光学系统，但由于工作在红外波段，其光学材料和镀膜必须与其工作波长相适应。红外感应器将目标及背景的红外辐射转换成电信号，经过非均匀性修正和放大后以视频形式输出至信息处理器。

信息处理器由硬件与软件组成，对视频进行快速处理后获得目标，然后通过数据接口输出。显示装置可以实时显示视频信号和状态信息。中心计算机对整个系统提供时序、状态、接口以及对内和对外指令等控制。扫描和伺服控制器控制光学扫描镜或伺服平台的工作，并把光学扫描镜或伺服平台的角度位置信息反馈给中心计算机。

（2）GPS。GPS 是英文 Global Positioning System 的缩写，其含义是利用导航卫星进行测时和测距，以构成全球定位系统。

（3）遥感技术。遥感（Remote Sensing）系统由遥感器、遥感平台、信息传输设备、接收装置以及图像处理设备等组成。遥感器装在遥感平台上，是遥感系统的重要设备，它可以是照相机、多光谱扫描仪、微波辐射计或合成孔径雷达等。信息传输设备是在飞行器和地面之间传递信息的工具。图像处理设备对地面接收到的遥感图像信息进行处理（几何校正、滤波等），以获取反映地物性质和状态的信息。图像处理设备分为模拟图像处理设备和数字图像处理设备两类，现在常用后一类。

（4）地理信息系统（Geographic Information System，GIS）。它是以地理空间数据为基础，采用地理模型分析方法，适时地提供多种空间和动态的地理信息，是一种为地理研究和地理决策服务的计算机技术系统。其主要特征是存储、管理、分析与位置有关的信息。

GIS 按内容、功能和作用可以分为工具性地理信息系统和应用性地理信息系统两种。

（5）云计算技术。云计算是分布式处理（Distributed computing）、并行处理（Parallel computing）和网络计算（Grid computing）的延伸与发展，是一种新兴的商业计算模型，或者说是这些计算机科学概念的商业实现。

狭义的云计算是指厂商通过分布式计算和虚拟化技术搭建数据中心或超级计算机，以免费或按需租用方式向技术开发者或企业客户提供数据存储、分析以及科学计算等服务，如亚马逊的数据仓库出租业务。

广义的云计算是指厂商通过建立网络服务器集群，向各种不同类型的客户提供在线软件服务、硬件租借、数据存储、计算分析等不同类型的服务。它包括了更多的厂商类型和服务类型。例如，国内用友、金蝶等管理软件厂商推出的在线财务软件，谷歌发布的 Google 应用程序套装等。

（6）便携式数据终端和射频技术。便携式数据终端（PDT）可以把采集到的有用数据存储起来或传送至信息管理系统。便携式数据终端一般包括一个扫描器、一个体积小但功能很强并带有存储器的计算机、一个显示器和一个供人工输入的键盘。

### 10.2.2　第三方医药冷链物流实时监控系统①

基于 RFID 技术的第三方医药冷链物流实时监控主要应用于物流中的仓储与运输环节，同时还可以实现追溯功能，切实提供药品温度、物流信息查询和监控。

**1. 仓储环节**

（1）药品入库。第三方物流企业接到药品生产商的订单，货物到库后，立即组织药品入库，扫描或输入订单号码至本系统。系统根据订单号码，以条码打印机打印 RFID 标签并由工作人员粘贴在包装上，由读写器自动读取数据，此时药品冷链物流实时监控正式开始。最后，入库手续和药品清点完毕之后，完成入库并开始记录药品信息、温度及物流信息，这些信息会自动上传到仓库管理系统。

（2）冷链储存。在药品上粘贴药品身份的 RFID 电子标签，并将基本信息写入药品 RFID 电子标签，实现药品本身的识别。在药品冷链储存过程中，用手持终端扫描药品上的 RFID 标签，进行存储作业的存取、拣选、盘点和订单管理。RFID 的应用，使得存取作业、拣货作业、库存盘点、订单管理等得到优化，药品品名、数量、批次、生产商、生产日期、物流企业等库存信息都能够在仓储管理信息平台和监控中心进行记录和监控。

---

① 王维娜："基于 RFID 技术的第三方医药冷链物流实时监控系统"，《网络与信息化》2015 年第 34 卷 5 月刊。

贴有 RFID 标签的冷链箱如同有了一张电子身份证，可以记录药品所有的信息，包括药品的实时温湿度信息。药品的冷链储存对环境要求较高，尤其是对温度的范围要进行严格的控制，否则容易使药品发生变质。基于 RFID 技术的第三方医药冷链物流实时监控系统可以在药品储存环节对温度进行有效监控，并将温度实时地反映在监控信息系统平台，仓库管理人员可以对仓库的温度进行监控，一旦发生异常情况，系统会自动发出预警信息，方便管理人员对温度进行控制和调节。

（3）药品出库。首先，仓储管理系统接到药品出库的信息后，系统会根据出库指示内容，提取相应的货物准备。其次，药品箱号与单号要互相对应，用条码枪扫描要出库的药品，使其与运单号一致。再次，RFID 标签与单号要对应，扫描或输入 RFID 标签编号，使之与订单号对应，并将单号信息记录到 RFID 标签内，上传至实时监控系统。最后，药品出库时，读写器一次性读取到该批次各冷链保温箱内的所有 RFID 温度标签的信息，并自动上传到监控平台，实现了自动化管理，缩短出库时间的同时也确保了出入库信息的准确性，此时药品进入运输环节，并实时传递温度及物流运输信息。

**2. 运输环节**

基于 RFID 技术的第三方医药冷链运输实时监控系统主要由车载终端设备、GSM 通信网络和监控中心组成。车载终端将采集到的温湿度和定位数据通过 GPRS 网络实时上传至监控中心，监控中心的管理人员可以在线对在途药品的状态和车辆所在的地理位置进行监测。

在车载终端上装有 RFID 阅读器，RFID 阅读器负责接收射频信号并进行解析，读取温湿度以及物流运输信息数据，阅读器一秒钟可同时读取 200 个电子标签，完全满足冷链车厢内温湿度节点的布控安排。

对于特殊加长型车厢，可以考虑采用两个或者多个阅读器。RFID 电子标签与读写器构成一个小型局域网。车载终端主控模块，包括 RFID 阅读器等，每节车厢通常只需一个。一般监测点位于冷藏车厢的药品箱上，这样可以全方位地实现药品温湿度数据及运输信息的采集与读取。中间件通过对阅读器采集到的温湿度数据和 GPS 模块采集到的定位数据进行预处理，然后通过 GSM 模块将处理后的相关信息发送至监控中心。监控界面可在线监控温湿度变化情况，对车辆进行电子地图定位、查询管理司机和药品信息。

# 10.3　物联网与药品冷链物流

物联网（The Internet of Things）的定义是：通过射频识别（RFID）、红外感应器、全球定位系统、激光扫描器等信息传感设备，按约定的协议，把任何物品与互联网连接起来，进行信息交换和通信，以实现智能化识别、定位、跟踪和管理的一种网络。

物联网就是“物物相连的互联网”，这有两层意思：第一，物联网的核心和基础仍然是互联网，是在互联网基础上延伸和扩展的网络；第二，其用户端延伸或扩展到任何物品与物品之间，进行信息交换和通信。

物联网从外在形式上可被视作射频识别、无线传感网、全球定位系统、红外线传感器、云计算、各种系统软件等技术的融合体，也可以被称为微型处理器、通信芯片、传感器、电子标签、读写器、天线、宽带、计算机、手机、摄像头等设施设备工具的融合体。

## 10.3.1　物联网核心技术

### 1. 射频标识技术

射频标识技术（Radio Frequency Identification Technology，RFID）是一种非接触式的自动识别技术，它通过射频信号自动识别目标对象并获取相关数据，识别工作无须人工干预，可工作于各种恶劣环境。RFID技术可识别高速运动物体上的标签，可同时识别多个标签，操作快捷、方便。

RFID技术是利用无线电波对记录媒体进行读写的一种自动识别技术。无线射频识别距离可从几厘米到几十米，且根据读写方式的不同，输入多至数千字节的信息，同时还具有极高的保密性和不可伪造性。典型的RFID应用系统由标签（Tag）、读写器（Reader）和天线（Antenna）构成，三部分协调工作。

### 2. 无线传感器网络技术

无线传感器网络（Wireless Sensor Networks，WSN）由部署在监测区域内的大量廉价微型传感器组成，通过无线通信方式形成的一个多跳自组织网络。WSN是一种全新的信息获取平台，能够实时监测和采集网络分布区域内的各监测对象的信息，并将这些信息发送到网关节点，以实现复杂的指定范围内的目标检测与跟踪，具有快速展开、抗毁性强等特点。

WSN与传统的无线网络（如WLAN和蜂窝移动电话网络）有着不同的设计目标。后者可在高度移动的环境中通过优化路由率和资源管理策略，为用户提供一定的服务质量保证；WSN则是由部署在监测区域内的大量廉价微型传感器节点组成，通过无线通信方式形成的一个多跳自组织网络。

**3. 4G 技术**

3G与2G的主要区别是在传输声音和数据速度上的提升，它能够在全球范围内更好地实现无线漫游，并处理图像、音乐、视频流等多种媒体数据，提供包括网页浏览、电话会议、电子商务等多种信息服务，同时也有与第二代系统的良好兼容性。

4G有时也写作4-G，是英文fourth-generation的缩写，指移动通信系统的第四代，也是3G的延伸，是新一代的无线通信系统。

（1）正交频分复用（OFDM）技术。4G主要以OFDM为核心技术。OFDM技术实际上是多载波调制技术中的一种，其主要思想是：将信道分成若干正交子信道，将高速数据信号转换成并行的低速数据流，调制在每个子信道上进行传输。正交信号可以通过在接收端采用相关技术来分开，这样可以减少子信道之间的相互干扰。每个子信道上的信号带宽小于信道的相关带宽，因此每个子信道可以看成是具有平坦型衰落特性，从而可以消除信号间的干扰。而且由于每个子信道的带宽仅仅是原信道带宽的一部分，各信道均衡相对容易。

（2）真正实现“无缝”漫游。4G移动通信系统实行全球统一的标准，能使各类媒体、通信主机及网络之间进行“无缝”链接，真正实现一部手机在全球的任何地点都能够进行通信。采用智能技术的4G通信系统将是一个高度自治、自适应的网络，它采用智能信号处理技术，对信道条件不同的各种复杂环境进行结合后正常发送与接收，有很强的智能性、适应性和灵活性。

**4. 超宽带技术**

超宽带（Ultra-wideband，UWB）技术起源于20世纪50年代末，此前主要作为军事技术在雷达等通信设备中使用。该技术是一种与其他技术有很大区别的无线通信技术，它将为无线局域网（LAN）和个人局域网（PAN）的接口卡和接入技术带来低功耗、高带宽且相对简单的无线通信技术。

**5. 智能技术**

智能技术是为了有效地达到某种预期目标，利用知识所采用的各种方法和手段。通过在物体中植入智能系统，可以使物体具有一定的智能性，能够主动或被动地实现物体与用户的沟通。在目前的技术水平下，智能技术主要是通过嵌入式技术实现的，智能系统也主要由一个或多个嵌入式系统组成。

## 10. 3. 2　物联网原理

物联网可以分为五个层级，分别为信息采集层（也叫末梢节点层）、接入层、承载网络层、应用控制层和用户层，如图 10－2 所示。

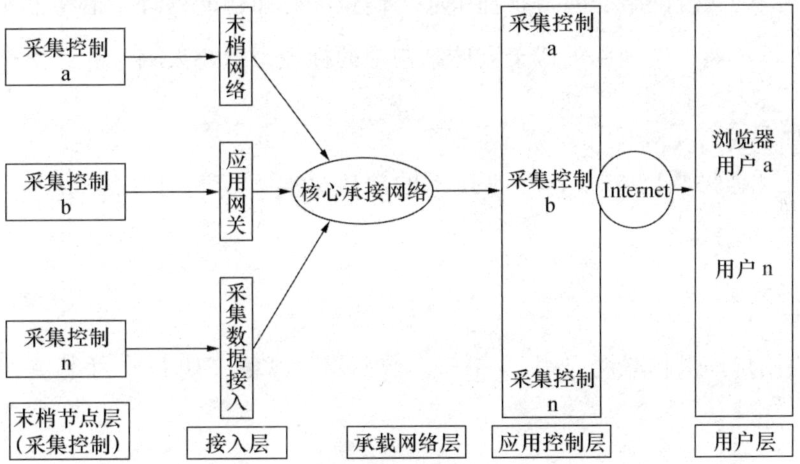


**图 10－2　物联网网络组成示意**

资料来源：任宗伟主编：《物联网基础技术》，中国物资出版社 2011 年版。

**1. 信息采集层**

信息采集层也叫末梢节点层，由智能传感器节点和接入网关组成，包括二维码标签和识读器、RFID 标签和读写器、摄像头、GPS、传感器、终端、传感器网络等。

智能节点感知信息（温度、湿度、图像等），并自行组网传递到上层网关接入点，由网关将收集到的感应信息通过网络层交到后台处理。环境监控、温湿度监控、污染监控等都基于这类结构的物联网。

**2. 接入层**

接入层由基站节点和接入网关组成，完成应用末梢各节点信息的组网控制和信息汇集，或完成向末梢节点下发信息的转发等功能。也就是末梢节点之间组网后，如果末梢节点需要上传数据，则将数据发送给基站节点；基站节点收到数据后，通过接入网关完成和承载网络的连接。而应用控制层需要下发控制数据时，接入网关接收到承载网络的数据后，由基站节点将数据发送给末梢节点，从而完成末梢节点与承载网络之间的信息转发和交互功能。

**3. 承载网络层**

承载网络层是物联网的“神经中枢”，负责“大脑”信息传递和处理。承载网络层包括通信与互联网的融合网络、网络管理中心、信息中心和智能处理中心等。承载网络层将获取的信息进行传递和处理，类似于人体结构中的神经中枢与大脑。

**4. 应用控制层**

应用控制层是物联网与行业专业技术的深度融合，与行业需求结合，实现行业智能化。

**5. 用户层**

用户层为用户提供物联网应用 UI 接口，包括用户设备（如 PC、手机）、客户端等。

## 课后思考

1. 观察你所能接触到的药品物流企业的信息系统现状，写一份 800 字左右的调查报告。

2. RFID 技术在药品冷链物流中是如何应用的？

## 案例分析

### 北京物通时空网络科技开发有限公司的医药物流管理信息系统

医药物流管理信息系统（Medicine Logistics Information System，MLIS）是由人员、计算机硬件、软件、网络通信设备及其他办公设备组成的人机交互系统。其主要功能是通过对信息的收集、存储、传输、加工整理、维护和输出，实现对线体、分拣、堆垛和终端设备的驱动和对作业过程的跟踪，为操作人员提供作业支持，为管理人员提供决策支持，以实现提高效率、降低成本、防止出错的目的，进而提高企业竞争力。

北京物通时空网络科技开发有限公司是国家级高新技术企业、国家发改委专项资金支持企业，荣获2014年“中国物流信息化杰出服务商”称号。企业以打造世界一流的物流信息平台为己任，为物流企业提供量身制作所需的信息化管理系统、货物跟踪查询系统、电子商务网站、北斗/GPS智能监控平台等系列的IT服务。北京物通时空网络科技开发有限公司旗下物流行业网站——中国物通网，是国内唯一的互联网、手机网、下载软件、配货手机、配货平板电脑、北斗/GPS双模智能配货行车记录一体机、北斗/GPS在线监控平台七网同步传播的物流信息平台，被国内众多物流专家誉为“中国物流信息航母”“中国专业的物流行业网站”，是中国物流行业信息化的倡导者与领航者。

一套完整的医药物流管理信息系统通常包括企业资源计划（Enterprise Resource Planning，ERP）、仓库管理系统（Warehouse Management System，WMS）和运输管理系统（Transportation Management System，TMS）三个子系统。三个子系统分别对应医药物流企业的采购营销系统、仓储系统和运输配送系统。

1. 入库与出库

如某药品来货57件+20盒，进入整垛库前，先将货品和托盘绑定（多对1），再将托盘和货位绑定（1对1）。进入整件库和散件库前，先将货品和中包装与货位绑定（多对1）。

该药品出库1540盒（=25件+4个中包装）。

2. 补货规则

散件库存不足，由整件库拆至中包装补货。整件库存不足，由整垛库与托盘解绑后补货。

3. 组货方式

整垛库、整件库按品种、批号拣货，散件库按订单拣货，等货品流至集货区再按线路集中、按客户分货。

4. 拣货、复核

整垛库、整件库根据品种、批号打印标签，以标签拣货，复核只需二次扫码即可。散件库根据任务注册桶号，沿途作业人员或自动拣货设备扫描桶号，根据任务拣货，将货品与桶绑定（多对1），最后由复核员将货品和桶解绑，封箱并贴标签。

5. 理货

除整垛库货品直接由叉车或电梯整板送至集货区指定客户理货位外，整件库、散件库货品都按件由线路输送至集货区，先按线路集中，再分到各客户集货位。

6. 派车

下架后，TMS 根据各客户所在地址、要求到货时间、货量多少，各线路交通情况，各自运车情况，各承运商协议，将货品和线路、车辆或承运商绑定，并指定装车顺序。

7. 到货跟踪

出车前司机刷卡验证个人信息。扫描路单，确认送货路线、各客户货量和要求到货时间。到货后扫描货单，确认货已到客户处，正在交接中。客户签单后扫描签单、货品，并拍照上传确认交接完成。

8. 数据共享

收货完成后，WMS 将数据上传至 ERP，供采购与供应商对账、付款。配送完成后，TMS 将数据上传至 ERP，供销售与客户对账，开票收款。

仓库作业过程中，WMS 会与 ERP 共享实时库存，以便决定采购和销售计划。运输配送过程中，TMS 会与 ERP 共享车辆、货品、司机、承运商和实时路况信息，并提供延误预警，以便与客户沟通。有条件的企业，也可将 WMS、TMS 共享至供应商、客户端和微信公众平台，以便上下游客户能及时查询企业缺货、存货信息，直观看到车辆和货品状态。

9. 效率、差错和成本

除根据供应商来货情况将货品推荐至不同库区，提高仓库利用率外，WMS 还根据客户要货情况，分别从不同库区同时出货，减少搬运动作，提高作业效率。WMS还可基于历史数据，对货品进行ABC分配，将不同出库频率的货品推荐至不同的货位，并根据历史需求进行预补货，以缩短作业和等待时间。

同时，根据以往差错数据，WMS将已混淆的货品物理隔离，以降低人工和分拣吸盘、触手误判的可能性，减少差错。

市场环境受很多因素的影响，基于历史数据的ABC分类法有一定的局限性，在设计分类和预补货法则时，要留人工确认和干预的端口。

在企业发展过程中，仓库布局、配送方式、硬件设备和作业流程有可能调整和变更，目前由人工完成的作业动作有可能改成自动化，由机器完成的动作有可能改为手动作业，政府药品监管的方式也可能会调整，因此软件设计要有一定的前瞻性，保留相应的升级、回退空间并预留足够的与客户、供应商、政府监管部门和网络媒体相互兼容的接口。

物通北斗/GPS车联网智能管控平台是北京物通时空网络科技开发有限公司旗下的车联网智能管控平台。平台通过运用卫星定位技术、移动通信技术、地理信息技术、云信息技术、互联网技术，将运输过程中的车辆位置、里程、速度、油耗、线路、防盗安全提醒等信息展现在平台上，任何企业或个人只要访问www.wtbds.com，就可以实现对车辆的实时监控与智能调度，使管车、调车、控车轻松完成。要实现对车辆的智能管理，首先需要在车辆上安装信息采集设备，如北斗/GPS双模智能行车记录仪、GPS智能监控定位仪等电子设备，通过这些车载终端实时获取车辆的最新运输数据，真正实现对运输过程的管理，告别依靠电话沟通信息不畅、信息延误、信息不准等问题。

## 思考题

1. 简述该公司的信息系统要素。
2. 简述该公司信息系统应用的主要技术，并尝试提出可进一步增加的技术。

# 参考文献


## 一、政策法规

[1]《国家药监局综合司 国家卫生健康委办公厅关于做好疫苗信息化追溯体系建设工作的通知》（药监综药管〔2019〕103号）

[2]《国家药监局关于药品信息化追溯体系建设的指导意见》（国药监药管〔2018〕35号）

[3]《食品药品监管总局关于推动食品药品生产经营者完善追溯体系的意见》（食药监科〔2016〕122号）

[4]《中华人民共和国药品管理法》2015年4月24日第二次修正版

[5]《中华人民共和国药品管理法实施条例》2019年3月18日第2次修订版

[6]《关于加强药品监督管理促进药品现代物流发展的意见》（国食药监市〔2005〕160号）

[7]《疫苗流通和预防接种管理条例》，中华人民共和国国务院令第668号2016年4月23日

[8]《关于进一步加强疫苗流通和预防接种管理工作的意见》（国办发〔2017〕5号）

[9]《中华人民共和国疫苗管理法》2019年7月1日

## 二、标准规范

[10] 关于发布《药品信息化追溯体系建设导则》《药品追溯码编码要求》两项信息化标准的公告（2019年第32号）

[11]《国家药监局关于发布《药品追溯系统基本技术要求》等3项信息化标准的公告》（2019年第67号）附件一、《药品追溯系统基本技术要求》；附件二、《疫苗追溯基本数据集》；《疫苗追溯数据交换基本技术要求》

[12]《中国药典》2015年版

[13]《药品经营质量管理规范》2016年6月30日修正版

[14] 关于发布《药品经营质量管理规范》冷藏、冷冻药品的储存与运输管理等5个附录的公告

[15]《药品经营质量管理规范现场检查指导原则及评定标准》（食药监药化监〔2014〕20号）

[16] 中华人民共和国国家标准《药品物流服务规范》（GB/T 30335—2013）

[17] 中华人民共和国国家标准《药品冷链物流运作规范》(GB/T 28842—2012)
[18] 中华人民共和国国内贸易行业标准《药品物流设施与设备技术要求》(SB/T 11036—2013)
[19] 中华人民共和国国内贸易行业标准《药品流通企业关键绩效指标(KPI)体系》(SB/T 11184—2017)
[20] 中华人民共和国医药行业标准《药品冷藏箱》(WS/T 400—2012)
[21] 中华人民共和国卫生行业标准《血液运输要求》(WS/T 400—2012)
[22] 中华人民共和国国家标准《血液冷藏箱》(GB/T 21278—2007)
[23] 中华人民共和国国家标准《人体血液及血液成分袋式塑料容器 第一部分:传统型血袋》(GB 14232. 1—2004/ ISO 3826—1:2003 代替 GB 14232——1993)
[24] 中华人民共和国国家标准《人体血液及血液成分袋式塑料容器 第二部分:用于标签和使用说明书的图形符号》(GB 14232. 2—2015/ ISO 3826—2:2008)
[25] 中华人民共和国国家标准《人体血液及血液成分袋式塑料容器 第三部分:含特殊组件的血袋系统》(GB 14232. 3—2011/ ISO 3826—3:2006)
[26] 中华人民共和国国家标准《制冷术语》(GB/T 18517—2012)
[27] 中华人民共和国国家标准《物流企业冷链服务要求与能力评估指标》(GB/T 31086—2014)
[28] 中华人民共和国国内贸易行业标准《零售药店经营服务规范》(SB/T 10763—2012)
[29] 中华人民共和国国内贸易行业标准《药品流通企业诚信经营准则》(SB/T 10764—2012)
[30] 中华人民共和国国内贸易行业标准《药品流通行业职业经理人标准》(SB/T 10765—2012)
[31] 中华人民共和国国内贸易行业标准《药品流通企业通用岗位设置规范》(SB/T 10766—2012)
[32] 中华人民共和国国内贸易行业标准《药品批发物流服务能力评估指标》(SB/T 10767—2012)
[33] 中华人民共和国国内贸易行业标准《药品批发企业对供应链管理规范》(SB/T 11185—2017)
[34] 浙江省地方标准《药品冷链物流技术与管理规范》(DB33/T 713—2008)
[35] 辽宁省地方标准《药品冷链物流技术与管理规范》(DB21/T 2528—2015)
[36] 国家卫生计生委、食品药品监管总局.《疫苗储存和运输管理规范》(2017 年版)
[37] 中华人民共和国国家标准《冷库管理规范》(GB/T 30134—2013)
[38] 中华人民共和国国家标准《冷库安全规程》(GB/T 28009—2011)
[39] 中华人民共和国国家标准《低温仓储作业规范》(GB/T 31078—2014)
[40] 中华人民共和国国家标准《制冷机组及供制冷系统节能测试第一部分:冷库》(GB/T 15912. 1—2009 代替 GB/T 15912——1995)
[41] 中华人民共和国国家标准《系列 1:集装箱的技术要求和实验方法 保温集装箱》(GB/T 7392—1998 idt ISO 1496—2:1996)
[42] 中华人民共和国国家标准《航空货运保温集装箱热性能要求》(GB/T 18433—2001 idt ISO 8058:1999)
[43] 中华人民共和国国家标准《通用仓库及库区规划设计参数》(GB/T 28581—2012)
[44] 中华人民共和国国家标准《工业货架设计计算》(GB/T 28576—2012)
[45] 中华人民共和国机械行业标准《自动化立体仓库 设计规范》(JB/T 9018—2011)
[46] 中华人民共和国国内贸易行业标准《物流仓库货架储位编码》(SB/T 10846—2012)
[47] 中华人民共和国国家标准《冷库设计规范》(GB 50072—2010)

## 三、图书资料

[48] 邓金栋,温再兴主编. 中国药品流通行业发展报告(2017). 北京:社会科学文献出版社,2017
[49] 陈文玲,李金菊,颜少君等著. 药品现代流通研究报告. 北京:中国经济出版社,2010

[50] 孙前进，曾渝主编．中国医药物流发展报告（2015）——医药物流政策与统计分析．北京：中国财富出版社，2015
[51] 叶建恒主编．冷链物流管理．北京：北京师范大学出版社，2011
[52] 叶建恒主编．冷链运输原理与方法．北京：化学工业出版社，2017
[53] 白世贞，曲志华主编．冷链物流．北京：中国物资出版社，2012
[54] 张华俊主编．制冷原理与性能．武汉：华中科技大学出版社，2010
[55] 金国砥主编．制冷与制冷设备技术．北京：电子工业出版社，2013
[56] 王一农，高润梅主编．冷库工程施工与运行管理．北京：机械工业出版社，2013
[57] 李建华，王春主编．冷库设计．北京：机械工业出版社，2003
[58] 李敏主编．冷库制冷工艺设计．北京：机械工业出版社，2016
[59] 谈向东主编．冷库建筑．北京：中国轻工业出版社，2017
[60] 李援瑛主编．小型冷藏库结构、安装与维修技术．北京：机械工业出版社，2013
[61] 邓锦军，蒋文胜主编．冷库的安装与维护．北京：机械工业出版社，2016
[62] 张时正，王健，吴文利编著．冷库实用制冷技术．北京：机械工业出版社，2012
[63] 上岗就业百分百系列丛书编委会．制冷设备维修工．北京：机械工业出版社，2011
[64] 张华俊主编．制冷机辅助设备．武汉：华中科技大学出版社，2012
[65] 张晓川编著．现代仓储物流技术与装备．北京：化学工业出版社，2013
[66] 刘昌祺主编．物流配送中心设施与设备设计．北京：机械工业出版社，2004
[67] 朱永祥主编．冷藏运输技术与应用．北京：机械工业出版社，2014
[68] 张国东主编．冷库设计及实例．北京：化学工业出版社，2013
[69] 任宗伟主编．物联网基础技术．北京：中国物资出版社，2011
[70] 张飞舟，杨东凯编著．物联网应用与解决方案．北京：电子工业出版社，2012